Historische Biografie

herausgegeben von

Manfred Clauss
Nikolas Jaspert
Michael North
und
Volker Reinhardt

Holger Sonnabend

Nero

Die Deutsche Nationalbibliothek verzeichnet diese Publikation
in der Deutschen Nationalbibliografie;
detaillierte bibliografische Daten sind im Internet über
http://dnb.d-nb.de abrufbar.

Der Verlag Philipp von Zabern ist ein Imprint der WBG.

© 2016 by WBG (Wissenschaftliche Buchgesellschaft), Darmstadt
Die Herausgabe des Werkes wurde durch die Vereinsmitglieder der WBG ermöglicht.
Lektorat: Karin Haller, Stuttgart
Einbandabbildung: getty images / Svetlana Zhukova
Einbandgestaltung: Harald Braun, Berlin
Satz: SatzWeise GmbH, Trier
Gedruckt auf säurefreiem und alterungsbeständigem Papier
Printed in Germany

Besuchen Sie uns im Internet: www.zabern.de

ISBN 978-3-8053-4953-6

Elektronisch sind folgende Ausgaben erhältlich:
eBook (PDF): 978-3-8053-5018-1
eBook (epub): 978-3-8053-5019-8

Holger Sonnabend

Nero

Inszenierung der Macht

Philipp von Zabern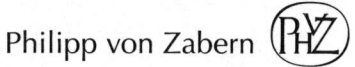

Inhalt

Neros Geschichte haben viele geschrieben, von denen die einen aus Dankbarkeit für seine Gunstbezeugungen die Wahrheit absichtlich verschleierten, die anderen aber aus Hass und Feindseligkeit ihn derart mit Lügen verfolgten, dass sie dafür volle Verachtung verdienen.
Flavius Josephus, Jüdische Altertümer

Die Taten des Tiberius und Caligula sowie des Claudius und Nero sind zu ihren Lebzeiten aus Furcht gefälscht, nach ihrem Tod mit frischem Hass geschildert worden.
Tacitus, Annalen

1

Einleitung:
Der berühmteste römische Kaiser

In der modernen Medienlandschaft ist es üblich, in regelmäßigen Abständen den Bekanntheitsgrad und die Popularität der aktuellen politischen Prominenz zu erfragen. Eher unüblich ist es, die Werte historischer Persönlichkeiten zu ermitteln. Würde man aber ein Ranking der bekanntesten römischen Kaiser aufstellen, so dürfte der Name Nero mit einer signifikanten Häufigkeit auftauchen, vermutlich auch in der Spitzengruppe und wahrscheinlich sogar noch vor Augustus, dem Begründer der römischen Monarchie, und sicher vor Herrschern wie, um nur einige Beispiele zu nennen, Claudius, Nerva und Antoninus Pius. Würde man die Befragten weiterhin auffordern, Kaiser Nero einige charakteristische Eigenschaften zuzuordnen, so wäre das Ergebnis für den Betroffenen wenig erfreulich. Man würde von einem blutrünstigen Tyrannen sprechen, der wie kein anderer Inbegriff der sprichwörtlichen „Zustände wie im alten Rom" war. Und wenn die Meinungsforscher sich weiterhin nach einem repräsentativen Auszug aus dem Sündenregister Neros erkundigen würden, so würden Stichworte wie Brandstifter, Christenverfolger, Muttermörder oder eine unpassende Affinität zu eigenen musikalischen Darbietungen fallen.

Bald 2000 Jahre ist es her, dass Kaiser Nero das römische Imperium regierte. Woher kommt dieser zweifelhafte Ruhm? Wieso ist sein Name bis heute präsent und so berüchtigt? Eine nicht zu unterschätzende Quelle sind ohne Frage cineastische Hollywood-Produktionen wie *Quo vadis* aus dem Jahre 1951, in der Peter Ustinov unter Aufbietung all seiner Schauspielkunst einen so hinreißend dekadenten Nero verkörperte, dass viele der Meinung waren, den echten, wenn nicht gar einen besseren Nero als das Original gesehen zu haben. Wer konnte auch die Szene vergessen, wie Ustinov-Nero auf der Terrasse seiner Villa, umgeben von Getreuen und flackerndem Lichtschein, angesichts der brennenden Hauptstadt Rom ein selbst komponiertes Lied über den Brand von Troja vortrug? Oder wie er in der Arena den Daumen senkte, was seitdem – übrigens nicht korrekt – als typisch römisch-kaiserliche Geste für die Lizenz zum Töten gilt? (In

Wirklichkeit war es umgekehrt. Daumen herunter bedeutete: Der Kaiser lässt Gnade walten).

Eine wesentliche Rolle bei der Produktion des grausamen Nero spielte aber auch eine Fülle von Büchern, seien es wissenschaftliche Darstellungen, historische Romane oder populäre Sachtitel. Sie bedienten in mehr oder weniger spektakulärer Weise jene Vorstellungen, die mit Nero anscheinend untrennbar verbunden waren. Jedoch hat sich die internationale Forschung in den letzten Jahren und Jahrzehnten mit Erfolg darum bemüht, ein differenzierteres Bild vom Leben und der Herrschaft dieses Kaisers zu zeichnen. Die Bandbreite der dabei vorgenommenen Analysen und Interpretationen lässt allerdings gelegentlich daran zweifeln, ob dabei immer vom selben Nero die Rede ist. Zwar scheint es unmöglich zu sein, die negativen Seiten in der Person des letzten Herrschers aus der von Augustus gegründeten iulisch-claudischen Dynastie komplett zu ignorieren oder schönzuschreiben. Einen Friedens- oder Humanitätspreis wird man Nero posthum kaum verleihen können, und dafür hat sich auch keiner seiner modernen Biografen eingesetzt. Doch fehlt es nicht an Versuchen, Nero von dem Odium des bloß tyrannischen Kaisers zu befreien und seinen scheinbar nur abstrusen Handlungen einen zumindest partiell politisch-pragmatischen Anstrich zu verleihen. Stützen kann man sich dabei auf einen bekannten Ausspruch des späteren Kaisers Traian, der zwischen 98 und 117 n. Chr. das Reich regierte und der eigentlich keinen Grund hatte, sich für ein positives Andenken an Nero einzusetzen. Dennoch sagte er wiederholt, fünf Jahre der Herrschaft Neros – im Allgemeinen werden darunter seine ersten Regierungsjahre von 54 bis 59 n. Chr. verstanden – seien besser gewesen als die aller anderen Kaiser.[1]

Beliebt ist in der modernen, zumal deutschsprachigen Nero-Forschung die Tendenz, Nero gewissermaßen von der Couch des Psychotherapeuten abzuholen, ihn als eine labile, suchende, irrlichternde, durch Autoritäten wie die dominante Mutter und einflussreiche Berater gelenkte Natur auf der Suche nach einer eigenen Identität zu analysieren. Man darf skeptisch sein, ob solche Versuche in der Weise von Erfolg gekrönt sein können, dass sie geeignet sind, das Phänomen Nero erklären zu helfen. Medizinische und psychologische Ferndiagnosen sind, wenn man mit ihnen den Blick auf die Geschichte lenkt, stark problembehaftet, zumal gerade die antiken Quellen eine eigene Terminologie und Vorstellungswelt hatten, wenn sie politischen Führungspersönlichkeiten „Wahnsinn" oder

„Verrücktheit" attestierten. Bezeichnenderweise ist der Begriff „Caesaren-wahn", mit dem man Attitüden gekrönter Häupter und anderer Mächtiger wie Verschwendungssucht, Brutalität und Realitätsverlust gerne zu gei-ßeln pflegt, eine Erfindung des 19. Jahrhunderts. Geprägt von dem Schriftsteller Gustav Freytag, wurde er durch den Publizisten und späte-ren Friedensnobelpreisträger Ludwig Quidde salonfähig gemacht. Dieser veröffentlichte 1894 ein Buch über Neros Vorvorgänger Caligula, dem er den Titel *Caligula* und den Untertitel *Eine Studie über römischen Caesa-renwahn* gab. Dabei handelte es sich um eine kaum verklausulierte Ab-rechnung mit dem theatralischen Gehabe des damaligen deutschen Kai-sers Wilhelm II. Der Deckname Caligula diente dabei als Quiddes Lebensversicherung, denn eine offene Kritik an Wilhelm wäre undenkbar gewesen und hätte für den Autor unangenehme Konsequenzen gehabt.

An Neros Psyche heranzukommen, ist angesichts der zeitlichen Distanz und der Ausrichtung der zur Verfügung stehenden literarischen Quellen eher schwierig. Natürlich gibt es unbestreitbare, durch die schriftlichen Quellen abgesicherte, durch Inschriften, Münzen und Archäologie bestä-tigte oder ergänzte Fakten. Was jedoch einer Annäherung an die Person Nero massiv im Wege steht, ist die Tatsache, dass der Kaiser die antiken Berichterstatter, sogar, wenn sie vorgaben, objektiv schreiben zu wollen, in einer sonst nicht bekannten Weise zu meist negativen Wertungen ver-anlasste. Ziel einer modernen Nero-Biografie kann es daher nicht nur sein, Nero so darzustellen, „wie er wirklich gewesen ist". Natürlich verfügt die moderne Geschichtswissenschaft über ein ausgefeiltes, sich ständig erweiterndes Repertoire an kritisch-analytischer Methodik. Und selbst-verständlich ist in der Forschung ein hohes Maß an intellektuellen Ener-gien aufgewendet worden, um dem Phänomen Nero auf die Spur zu kom-men.[2] Doch beweist eben schon die große Zahl an unterschiedlichen Deutungen, Sichtweisen und Interpretationen, dass nicht alle richtig sein können. Zwischen einem wahnsinnigen Monster und einem unterschätz-ten Staatsmann ist Nero in der modernen Forschung so ziemlich alles gewesen. Man weiß heute, jedenfalls in einzelnen Bereichen, vielleicht mehr darüber, wie man in der Antike Nero gesehen und beschrieben hat, als darüber, wie Nero „wirklich" gewesen ist.

Eine moderne Biografie über Kaiser Nero muss sich also ihrer Grenzen bewusst sein – jedoch auch ihrer Möglichkeiten. Das Faktum, zu welchen Ansichten Zeitgenossen und spätere Generationen eine zweifellos unkonventionelle Gestalt wie Nero herausforderte, liefert wertvolle Erkenntnisse über die besondere Form der Erfassung einer politisch prägenden Persönlichkeit und bei Nero geradezu paradigmatisch über Grundlagen und Voraussetzungen des historischen Urteils. Andere Kaiser haben jedenfalls in der antiken Publizistik viel weniger Aufmerksamkeit gefunden, und sie haben auch nicht in vergleichbarer Weise polarisiert. Also muss Nero etwas an sich gehabt haben, was die Menschen – negativ, aber auch, wie sich zeigen wird, positiv – ansprach. Wenn man die jeweiligen Parameter kennt, die antike Informanten anlegten, wenn sie über Nero sprachen, besteht wiederum auch die Chance, etwas über den Herrscher an sich zu erfahren. Und wenn man weiß, was die einzelnen Autoren von einem Kaiser grundsätzlich erwarteten, lassen sich aus ihren Aussagen und Wertungen Rückschlüsse auf das tatsächliche Verhalten Neros ziehen.

Und ein zweiter Ansatz kann einen Ausweg aus dem möglichen Dilemma weisen, zu keinem klaren biografischen Profil des Kaisers Nero zu gelangen. Denn selbst ein Nero, vielfach stilisiert zu einer Figur jenseits von Raum und Zeit, agierte nicht in einem Vakuum, und mochte er in mancher Hinsicht auch exzentrisch sein, in dem Sinne, dass sein Verhalten nicht mit dem früherer Kaiser konform ging, so agierte er doch ganz notwendigerweise in dem politisch-sozialen Rahmen seiner Zeit. Daher gilt es, den politischen, gesellschaftlichen und kulturellen Koordinaten des Römischen Reiches der frühen Kaiserzeit die gebührende Aufmerksamkeit zu schenken. Nero regierte über ein riesiges Imperium, das sich von Syrien bis nach Spanien, von Nordafrika bis nach Britannien erstreckte. Daraus ergaben sich Anforderungen, denen sich jeder Kaiser und somit auch Nero zu stellen hatte. Seine Rolle als Administrator wird in den literarischen Quellen gerne unterschlagen beziehungsweise nur am Rande erwähnt (und das auch eher unabsichtlich), weil sie nicht zu dem Bild passte, das die Informanten gerne von Nero zeichnen wollten. Weiterhin hatte es Nero, wie alle seine Vorgänger und alle seine Nachfolger, mit den relevanten gesellschaftlichen Gruppen in Italien und vor allem in der Hauptstadt Rom zu tun. Aus Senatoren, Rittern, Soldaten und der Plebs urbana genannten Masse der städtischen Mittel- und Unterschichten rekrutierte sich ein enges Beziehungsgeflecht, in dem der Kaiser die zentrale Figur war – oder es jedenfalls sein sollte.

Diese Biografie des Kaisers Nero will, wie jede Biografie, ein Leben nachzeichnen. Sie soll aber auch zeigen, wie die antiken Biografen und

Historiker arbeiteten, wenn sie einen Kaiser zu porträtieren hatten, der als ganz junger Mann von seiner ambitionierten Mutter auf den Thron gehievt und der im Alter von 30 Jahren, vom Senat zum Staatsfeind erklärt, zum Selbstmord gezwungen wurde und der danach der Sanktion des offiziellen Vergessens anheimfiel. Die formale „Tilgung der Erinnerung" *(damnatio memoriae)* als Höchststrafe für einen Römer, insbesondere für einen aristokratischen Römer und erst recht für einen Kaiser, blieb ihm zwar erspart, nicht aber die Erklärung zum „Staatsfeind". Das war schlimm genug. Eine wichtige Maxime für jeden Römer von Stand lautete: So zu leben, dass man nach dem Tod nicht wirklich stirbt, denn wichtiger als die physische Absenz ist die Gewissheit, im kollektiven Gedächtnis der Menschen weiter präsent zu sein. Der Versuch des römischen Senats, nach dem Tod Neros am 9. Juni des Jahres 68 n. Chr. die Erinnerung an einen Herrscher der besonderen Art zu verdrängen, erwies sich als Fehlschlag. Nicht nur, dass sich viele Menschen schon bald nach dem unfreiwilligen Ableben Neros nach ihm zurücksehnten. Es gibt, wie die Nero-Rezeption bis heute zeigt, kaum einen römischen Kaiser, der sich über einen vergleichbaren Bekanntheitsgrad freuen darf.

Von Arnaldo Momigliano, dem bedeutenden italienischen Althistoriker und ausgewiesenen Kenner der antiken Literatur, stammt eine in ihrer Schlichtheit kaum zu übertreffende Definition dessen, was eigentlich eine Biografie ist. Eine Biografie, so sagte Momigliano, ist die „Darstellung des Lebens eines Menschen von der Geburt bis zum Tod"[3]. Wenn man sich an diese Anweisung hält, kann man nicht viel falsch machen. Und sie heißt auch nicht, und das wollte Momigliano damit auch nicht verlangen, dass man in einer modernen Biografie eine streng chronologische Vorgehensweise wählen muss. Nero wurde geboren, Nero wurde Kaiser, Nero war Kaiser, Nero starb – damit wird man sich so sicher nicht zufriedengeben wollen. Heutige Biografien sollten, anders als das bei den in der Antike entstandenen Lebensbeschreibungen der Fall war, zeigen, in welchem politisch-gesellschaftlich-kulturellen Umfeld die im Mittelpunkt stehende Persönlichkeit agierte, wie sie von diesem beeinflusst und geprägt wurde. Und auf der anderen Seite sollte umgekehrt deutlich werden, wie die betreffende Persönlichkeit ihre Zeit geprägt, ihr ihren Stempel aufgedrückt hat.

In der Form der Darstellung wird in den folgenden Ausführungen nicht durchgängig das meist favorisierte rein chronologische Schema verwendet. Vielmehr wird der Tatsache, dass die antiken Quellen tendenziell mehr ihr – unterschiedlich motiviertes – eigenes Nero-Bild präsentieren, als den Versuch unternehmen, den „echten" Nero zu porträtieren, Rechnung getragen. Es wird eine Differenzierung zwischen sicheren Fakten, vermittelt auch aus nichtliterarischen Quellen wie Inschriften, Münzen und archäologischen Zeugnissen und Wertungen vorgenommen. Ein eigenes Kapitel fasst kompakt zusammen, was sich über die Stationen der Herrschaft Neros authentisch festhalten lässt. In einzelnen Sachrubriken folgt eine systematische Analyse einzelner Themen, die mit Neros Tätigkeit als Kaiser prominent verbunden werden, mit dem Versuch, aus der vielschichtigen Überlieferung das herauszufiltern, was man als historische Realität ansehen kann. Dann wird sich auch ein Schema im Handeln Neros erkennen lassen, das als eine Art Schlüssel zum Verständnis dieses Kaisers gelten kann und das geeignet ist, die scheinbar so unvereinbaren Facetten auf einen gemeinsamen Nenner zu bringen.

Im Prinzip hat es, was die hier verfolgte Vorgehensweise angeht, der berühmte römische Kaiserbiograf Sueton, dem eine wichtige Lebensbeschreibung Neros zu verdanken ist, nicht viel anders gemacht. Jedoch gibt es einige Unterschiede, neben der Tatsache, dass sich inzwischen eine hochkomplexe Forschung des Themas Nero angenommen hat: Zum einen gilt es bei einer Vorgehensweise, in der prägende sachliche Segmente von Neros Leben unter die Lupe genommen werden, den Zusammenhang mit dem Ganzen im Auge zu behalten. Und zum anderen besteht die Möglichkeit und Notwendigkeit, diese Überlieferung, von der Sueton ein relevanter Teil ist, in ihrer Bedeutung für die Verbreitung einer bis heute wirkenden Vorstellung von Kaiser Nero zu würdigen.

2 Die Herstellung eines Tyrannen: Nero-Bilder in den Quellen

Zur Rekonstruktion von Leben und Herrschaft des Kaisers Nero liegen viele Quellen vor. Im Vergleich zu anderen Persönlichkeiten der antiken Geschichte können die Historiker hier aus dem Vollen schöpfen. Jedoch ist es gerade bei einem polarisierenden Kaiser wie Nero wichtig, die Quellen auf ihre Glaubwürdigkeit hin zu überprüfen. Das gilt insbesondere für die schriftlichen Quellen, als deren herausragende Vertreter, die das Bild Neros entscheidend beeinflusst haben, Tacitus, Sueton, Cassius Dio und Aurelius Victor gelten können. Zu unterschiedlichen Zeiten schrieben sie aus unterschiedlichen Motiven Unterschiedliches, aber auch Ähnliches über Nero. Diese Hintergründe müssen aufgezeigt und aufgeklärt werden, will man nicht nur Aussagen über Nero-Urteile, sondern auch über den „richtigen" Nero treffen. Unglücklicherweise hat es der Kaiser versäumt, selbst etwas Schriftliches zu hinterlassen, das es der Nachwelt erlaubt hätte, seine eigenen Gedanken, Ziele, Wünsche, Einstellungen zu analysieren. Augustus hat immerhin einen Tatenbericht, die Res Gestae, geschrieben, in dem er in knapper, aber auch sehr aussagekräftiger Weise Rechenschaft über seine Herrschaft ablegte. Dabei stellte er ein ausgesprochenes Geschick unter Beweis, sich selbst als Garant von Wohlstand, Sicherheit und Ordnung darzustellen. Augustus wurde knapp 76 Jahre alt und schrieb diesen Tatenbericht, der auf zwei großen Bronzetafeln vor seinem Mausoleum in Rom und später dann in vielen Kopien überall im Reich publiziert wurde, gerade noch rechtzeitig ein Jahr vor seinem Tod. Nero starb schon mit 30 Jahren, und dies ganz und gar unfreiwillig, sodass weder Zeit noch Gelegenheit zu autobiografischen Reminiszenzen blieb. Es wäre ein reizvolles Unternehmen, sich vorzustellen, wie der Tatenbericht Neros wohl ausgesehen haben würde.

Münzen

So bleiben als wichtigste Quellen die Aussagen derjenigen, die in der Antike über Nero geschrieben haben. Einfacher als die antike Historiografie und Biografie sind jene Quellen einzuordnen, die man, weil sie aus der Zeit selbst stammen und nicht mit der Absicht der Überlieferung produziert wurden, als Primärquellen bezeichnen kann. Sie bilden ein wichtiges Korrektiv zu den literarischen Quellen und ein Gerüst für die Fakten. Wichtige Informationen liefern die Münzen als Medium der Selbstdarstellung des Herrschers und der monarchischen Repräsentation. Wie jeder Kaiser vor ihm und nach ihm hat auch Nero die Chance genutzt, gerade jenen Menschen in seinem Reich, die weit entfernt lebten und nicht so nah am Geschehen waren wie die Bevölkerung in Italien (ganz zu schweigen von den Einwohnern der Haupt- und Residenzstadt Rom), den gewünschten Eindruck von seiner Regierung und seinen kaiserlichen Unternehmungen zu vermitteln. So ist es beispielsweise von einiger Aussagekraft, dass die ersten Münzen, die zwischen Oktober und Dezember 54 geprägt wurden, also gleich nach Neros Herrschaftsantritt, auf der Vorderseite die Porträts des neuen Kaisers und seine Mutter Agrippina zeigen – einander zugewandt, als ob es sich um ein Herrscherpaar handele. So etwas ist bei den römischen Kaisermünzen bis dahin ohne Beispiel gewesen. Man darf vermuten, dass diese Münzen weniger als Dankbarkeitsadresse Neros an seine Mutter gedacht gewesen sind, als vielmehr auf das Bestreben Agrippinas zurückgehen, ihren Anteil an der Herrschaft des Sohnes in das ihrer Meinung nach rechte Licht zu rücken.

Inschriften

Die antike Kultur war eine Inschriftenkultur. Auf Bronze, Stein oder anderen dauerhaften Materialien wurden Mitteilungen an die Zeitgenossen festgehalten – Grabinschriften für Verstorbene, Ehreninschriften für verdiente Persönlichkeiten, Bauinschriften für öffentliche Gebäude, Weihinschriften für die Götter, angebracht an Tempeln oder Altären. Die Verfasser dieser Texte dachten bei ihrer Produktion nicht daran, späteren Generationen historisch verwertbare Informationen über ihre Zeit zu liefern. Die Aussagen galten für das Hier und Jetzt, und daher sind Inschriften für Historiker Botschaften aus der Vergangenheit, die Erkenntnisse über diese Vergangenheit vermitteln, ohne dass dies die primäre Absicht derjenigen gewesen wäre, die diese Inschriften in Auftrag gaben. Selbstverständlich spielten Inschriften auch in der großen Politik eine Rolle. Kaiser wie Senatoren oder Feldherrn nutzten sie, um ihre Leistungen adäquat publik zu machen. Auf der anderen Seite pflegten diejenigen, die beim Kaiser gut angesehen werden wollten, wie die Honoratioren von Städten oder die Kommandeure von Legionen, jede Chance beim Schopf zu ergreifen, dem Kaiser ehrenvolle Beschlüsse zukommen zu lassen und diese epigrafisch zu dokumentieren. Was Nero betrifft, so geben die Inschriften Hinweise auf seine Herrschertitulatur, seine Vorliebe für bestimmte Götter, seine als segensreich deklarierte Tätigkeit für Stadt und Reich, aber auch umgekehrt dafür, wie man mittels Inschriften die Gunst des Kaisers zu erwerben versuchte.

Archäologische Überreste

Den Rang von Primärquellen dürfen auch Statuen des Kaisers und seiner Familie sowie Bauten, die von ihm initiiert wurden, beanspruchen. Allerdings stellt sich hier das Problem, dass nach dem Tod Neros viele nicht mehr an ihn erinnert werden wollten, und auf ihn zurückgehende Bauten, wenn nicht zerstört, so doch nicht weiter gepflegt oder umgewidmet wurden. Andere, wie das berühmte „Goldene Haus" Neros, wurden in spätere Palastanlagen integriert.

Literarische Zeugnisse

Quantitativ am ergiebigsten aber sind die literarischen Quellen, die sowohl Biografien als auch historiografische Werke umfassen. Keine der großen Nero-Darstellungen aus der Antike stammt von Zeitgenossen des Kaisers. Insofern handelt es sich bei ihnen um Sekundärquellen. Das muss im Prinzip kein Nachteil sein. Wer als Zeithistoriker arbeitet und seine eigene Zeit beschreibt, hat als Zeitgenosse den unschätzbaren Vorteil, bei allem, was passiert, dabei zu sein. Daraus kann im Ideal ein großer Kenntnisreichtum und eine spezielle Nähe zu den Dingen resultieren. Auf der anderen Seite hat der Status des Zeitgenossen auch seine Tücken und Fallstricke. So ist er in die Abläufe involviert und hat womöglich auch einen parteiischen Standpunkt. Auf jeden Fall fehlt die zeitliche Distanz, die notwendig ist, um über eine Epoche oder eine Persönlichkeit zu einem ausgewogen-kritischen Urteil zu gelangen. Der Zeitgenosse ist zu sehr Zeitgenosse, um als unabhängiger, neutraler Beobachter und Chronist gelten zu können.

Also ist es besser, wenn man später schreibt? Auch hier hat die Medaille zwei Seiten. Der Historiker oder Biograf, der rückblickend über Vorgänge schreibt, die er selbst nicht oder noch nicht bewusst miterlebt hat, läuft nicht Gefahr, an Diskussionen und Auseinandersetzungen direkt teilzunehmen, die in dieser Epoche stattfanden. Er verfügt zunächst einmal über das positive Kriterium der zeitlichen Distanz, die dazu verhelfen kann, die Dinge sachgerecht und angemessen einzuordnen. Doch ist er auf der anderen Seite selbst auf Quellen angewiesen, aus denen er sein Wissen bezieht. Und vor allem: Er schreibt aus einer bestimmten Perspektive heraus, die notwendigerweise von seinem eigenen Standpunkt, seiner politischen Einstellung und seiner sozialen Verortung geprägt ist. Nero wurde beschrieben von Historikern und Biografen, die ihn selbst nicht kannten. Und er wurde beschrieben von Autoren, die ein ganz dezidiertes, nicht eben vorurteilsfreies Urteil über diesen Kaiser hatten.

Der Nero des Tacitus

Tacitus ist einer jener Autoren, die das Bild Neros ganz entscheidend geprägt haben. Von ihm stammt das berühmte Postulat, er wolle Geschichte darstellen *sine ira et studio*[1]. „Ohne Zorn und Eifer(n)" hat er nun aber gerade nicht geschrieben. Vielmehr hat er Nero in seinen Annalen, die die Zeit vom Tode des Augustus bis zum Tode Neros zum Gegenstand haben, dem letzten Herrscher aus der iulisch-claudischen Dynastie ein wenig schmeichelhaftes Zeugnis ausgestellt. Wer heute nach negativen antiken Urteilen über Nero sucht, verfügt in Tacitus über einen optimalen Versorger mit Verdikten jeder Art. Auch mit den anderen Kaisern ging Tacitus nicht zimperlich um, manche hingegen fanden vor seinem strengen Auge Gnade. Kriterium seines Urteils war die Art und Weise, wie die Kaiser mit der Oberschicht, insbesondere mit den Senatoren, also der politischen Elite, umgingen. So zu denken, hatte er einen sehr naheliegenden Grund, denn er stammte selbst aus dieser Gruppe, die einst, in den Zeiten der Republik, an den Schaltzentralen der Macht gesessen hatte, nun aber im Princeps jemanden vor sich hatte, der ihre Bedeutung, ihren politischen Einfluss und ihre gesellschaftliche Stellung zumindest potenziell dezimieren konnte.

Geboren wurde er um das Jahr 55, im zweiten Jahr der Herrschaft Neros. Als der Kaiser starb, war Tacitus etwa dreizehn Jahre alt – zu jung, um sich einen eigenen, authentischen Eindruck zu verschaffen. Seine Familie stammte wahrscheinlich aus Gallien, jener nachhaltig romanisierten Region des Römischen Reiches, aus der viele Talente des politischen Führungsnachwuchses kamen. Als junger Mann genoss er die für einen hoffnungsvollen römischen Aristokraten obligatorische Ausbildung in Philosophie, Rhetorik und Rechtswesen. Unter Neros Nachfolgern, den flavischen Kaisern Vespasian, Titus und Domitian, startete er eine beachtliche politische Karriere, die ihm einen Platz im Senat sicherte und die ihn unter Kaiser Nerva 97 bis zum Konsulat führte, das immer noch als die Krönung der Laufbahn eines Senators galt. Um 112 hatte er die Statthalterschaft in der Provinz Asia inne. Für seine politische Einstellung ist das im Jahre 98 publizierte Erstlingswerk, eine Biografie seines Schwiegervaters Agricola, mehr als aufschlussreich. Primär eine Abrechnung mit der von ihm als Willkürherrschaft charakterisierten Regierung des im Jahr 96 verstorbenen Domitian, offenbart die Schrift ganz am Anfang viel über seine Haltung zu Kaisern, die nicht seiner Vorstellung vom Verhältnis zwischen Princeps und Senatoren entsprachen – und damit auch zu Nero.

Nunc demum redit animus – „Jetzt endlich kehrt der Mut wieder" lautet die entscheidende Formel: Bei einem Herrscher wie Domitian, der das Recht aus den Angeln gehoben hatte, der keine Kritik duldete, der die Freiheit der Senatoren und der Autoren unterdrückte, der wie ein Tyrann geherrscht hatte, befand sich Rom in einem traumatischen Zustand der Erstarrung: Erst Nerva, von Tacitus fast zu einem Heilsbringer stilisiert – was für den alten Senator und Übergangskaiser zwischen den Flaviern und den nachfolgenden Kaisern aus der Generation der Adoptivkaiser zweifellos eine nicht den realen Umständen entsprechende Beförderung darstellt –, habe zwei Kategorien wieder vereinigt, die eigentlich unvereinbar seien – *principatum ac libertatem*, die Herrschaft eines Einzelnen und die Freiheit – wobei Freiheit bei Tacitus immer ein für die politischen

Führungszirkel reserviertes Privileg ist. Er schrieb eine Biografie seines Schwiegervaters, um zu demonstrieren, dass es nun wieder möglich sei, jemanden anders zu rühmen und zu preisen und zu ehren als den Kaiser.

Mit dieser Einstellung und Mentalität verfasste Tacitus auch seine Annalen, die mit dem Tod Neros endeten. Die Darstellung der letzten beiden Jahre seiner Herrschaft ist allerdings nicht erhalten, der Text bricht mitten in der Szene ab, als Thrasea Paetus Selbstmord begeht beziehungsweise begehen muss.[2] Bemerkenswerterweise führt Tacitus diesen Politiker und Intellektuellen der neronischen Zeit in den Anfangskapiteln des Agricola auch als Beispiel für den Umgang Domitians mit Opponenten an: „Wir haben gelesen, dass die Lobschrift des Arulenus Rusticus auf Paetus Thrasea und die des Herennius Seneco auf Priscus Helvidius beiden den Tod gebracht habe, und dass man nicht nur gegen die Person der Verfasser, sondern auch gegen ihre Schriften rigoros eingeschritten sei, indem man … den Auftrag erteilte, die Denkmäler jene ruhmreichen Geister auf dem Forum … zu verbrennen. Man bildete sich ein, mit jenem Feuer die Stimme des römischen Volkes, die Unabhängigkeit des Senats, das Gewissen des Menschengeschlechts zu vertilgen …" Und etwas später im Text folgt das Bekenntnis des Tacitus: „Wir haben wahrlich eine gewaltige Probe von Geduld abgelegt. Und so, wie die alte Zeit das Optimum an Freiheit erlebt hat, so erlebten wir die äußerste Grenze der Knechtschaft, da wir durch Bespitzelung nicht einmal durch Sprechen und Hören miteinander verkehren konnten."

Der stoisch gebildete Senator Thrasea gehörte nicht zu Neros besten Freunden. Im Gegenteil: Schon früh trat er als Kritiker des Kaisers auf, verließ eine Senatssitzung, als für Nero ehrende Beschlüsse gefasst werden sollten und weigerte sich, einer Gesangsdarbietung des Kaisers Aufmerksamkeit zu schenken. Ein Alarmsignal musste es für ihn gewesen sein, dass Nero ihn nicht vorließ, als er dem Kaiser zur Geburt seiner Tochter gratulieren wollte. 66 wurde der von Tacitus zu einem unbeugsamen, stoisch inspirierten freiheitlichen Fels in der Brandung kaiserlicher Willkür stilisierte Politiker schließlich zum Opfer eines Herrschers, den Tacitus, aus der strikten Sicht des Senators und damit des Kollegen Thraseas, als Tyrann abzustempeln nicht müde wurde. Dabei handelte es sich in der Realität um zwei unvereinbare, von beiden Seiten durch Unverständnis für die jeweils andere Seite geprägte Positionen: Nero war der Princeps, der die Welt der Politik als seine persönliche Domäne, als seine Bühne sah,

während Persönlichkeiten wie Thrasea oder Tacitus einem alten, bewährten, letztlich republikanischen Verständnis von Politik anhingen. Für
einen Nero, der die Rolle des ersten Mannes im Staat für sich neu interpretierte, konnte ein konservativ denkender Senator wie Tacitus kein Gespür entwickeln. Da Tacitus aber ein berühmter Schriftsteller war, viel
gelesen und bis heute eifrig rezipiert, ist seine subjektive Sicht der Dinge,
die durchaus repräsentativ für große Teile der damaligen Senatoren war,
von prägender Wirkung gewesen. Der Nero der Annalen ist mithin mehr
der Nero des Tacitus als der echte Kaiser Nero – jedenfalls, was die Be-
wertungen und Einschätzungen von dessen Handlungen angeht.

Der Nero Suetons

Müssen wir dasselbe auch für die zweite Hauptquelle annehmen? Hat der
berühmte Kaiserbiograf Sueton sich seine Kaiser so gezeichnet, wie er sie
haben wollte (im positiven wie im negativen Sinn), oder hielt er sich bei
seiner Darstellung an die Fakten? Ist sein Nero der „richtige" Nero? Suetons Biografien sind in jedem Falle die wichtigsten Quellen für die Kenntnis der römischen Geschichte im 1. Jahrhundert, auch wenn man ihn wegen der Art und Weise seiner biografischen Arbeit immer wieder heftig
kritisiert hat. Die offenkundige Freude des Autors an Klatsch, Anekdoten,
Gerüchten und Intimitäten, seine Vorliebe für die Schlüsselloch-Perspek-
tive und der Anspruch, Kaiser so zu zeigen, wie sie keiner kannte, schmälert seinen Wert als historische Quelle nicht. Es kommt entscheidend darauf an, wie man mit dem, was er bietet, umgeht. Auf jeden Fall stellt sein
Werk einen instruktiven Kontrast zum Schaffen des Tacitus dar. Dieser
beschrieb die frühe Kaiserzeit in der schon etwas angestaubten Tradition
der senatorischen Geschichtsschreibung nach dem annalistischen
Schema, das heißt, er berichtete, was Jahr für Jahr passiert war, stellte die
Ereignisse vor die Personen. Sueton orientierte sich zeitgemäßer und moderner an den Viten der Protagonisten; zeitgemäßer deshalb, weil sich das
Lesepublikum der Kaiserzeit weniger für Abläufe als vielmehr für das Leben der diese Abläufe lenkenden Protagonisten interessierte. So entstand
eine höchst anschauliche Sammlung von zwölf Biografien, von Iulius Caesar, dem Ahnherrn der iulisch-claudischen Dynastie und Wegbereiter der
römischen Monarchie, bis Domitian, den Tacitus in seinem Agricola so

heftig kritisiert hatte. Wer sich in der ersten Hälfte des 2. Jahrhunderts über römische Geschichte der jüngeren Vergangenheit informieren wollte, hatte also zwei Optionen. Entweder griff man zu den Annalen oder auch zu den früher verfassten, jedoch die spätere Zeit nach Nero thematisierenden Historien aus der Feder des Tacitus, in der man die konservative Sicht des Senators vorgeführt bekam. Oder man las Sueton, der die Zeit nach Kaisern geordnet und mit dem Fokus auf das Biografische präsentierte. Aus Tacitus sprach der Senator, aus Sueton der Hofbeamte.

Gaius Suetonius Tranquillus, wie der komplette Name dieses Klassikers der biografischen Literatur lautete, wurde um das Jahr 70, also zwei Jahre nach dem Tod Neros, geboren. Gestorben ist er um das Jahr 130. Seine Heimat war aller Wahrscheinlichkeit nach das römische Nordafrika, mutmaßlich die Stadt Hippo Regius im heutigen Algerien. Sueton war, anders als Tacitus, kein Politiker und Senator. Erst war er in Rom Rechtsanwalt, bald aber wandte er sich, von Hause aus begütert, der Schriftstellerei zu. Unter Kaiser Traian trat Sueton um 100 in die kaiserliche Kanzlei ein und bekleidete dort verantwortungsvolle Ämter. Für seine Tätigkeit als Kaiserbiograf entscheidend war die Tätigkeit als *ab epistulis*. In dieser Eigenschaft war er für die gesamte amtliche Korrespondenz des Kaisers mit den Städten, Statthaltern und sonstigen Funktionsträgern zuständig. Der *ab epistulis* entwarf die Briefe, der Kaiser leistete seine Unterschrift. Häufig war es notwendig, zur Beantwortung von Anfragen oder für die Formulierung kaiserlicher Richtlinien die Archive zu konsultieren, um nach entsprechenden Fällen aus der Vergangenheit zu forschen. Dabei stieß er auf viele Informationen auch aus dem Privatleben der Kaiser, wie Briefe und Akten. Auf diese Weise dürfte auch der Entschluss gereift sein, dem römischen Publikum das Leben der Kaiser in leicht verständlicher Form zu beschreiben. Die Möglichkeit dazu hatte er bis 121, als er, angeblich im Rahmen einer Hofaffäre mit Intrigen und Verleumdungen, seinen lukrativen Posten räumen musste. Bis zu seinem Tod widmete er sich einer Tätigkeit als Privatgelehrter.

Die berühmten Kaiserbiografien sind unter dem originalen Titel *De vita Caesarum* (Über das Leben der Caesaren) überliefert. Es sind insgesamt zwölf Persönlichkeiten, deren Biografien Sueton in seinem Sammelwerk vereinigt hat und die in chronologischer Vorgehensweise, Kaiser für Kaiser, abgehandelt werden. Diese Kaiserbiografien haben einen außerordentlich hohen Stellenwert. Sueton saß sozusagen an der Quelle und verfügte daher über Informationen, die selbst einem gut instruierten, aber eben nur senatorischen Historiker wie Tacitus verschlossen blieben. So kann man gegenüber seinem Werk viel Kritisches vorbringen, sich über seine Vorliebe für Klatsch und Anekdoten beschweren – nicht vorwerfen kann man Sueton auf jeden Fall, kein erstklassiges Material zur Verfügung gehabt zu haben.

Archivstudien des Sueton verdankt man beispielsweise Originalzitate aus Briefen, die Augustus an seinen späteren Nachfolger Tiberius geschrieben hat. Das war Material, an das der Normalhistoriker erst gar nicht herankam. Die Verfügungsgewalt über das kaiserliche Archiv versetzte Sueton auch in die Lage, in historischen Streitfragen einen Wissensvorsprung in die Waagschale zu werfen. Ein Charakteristikum seiner Biografien ist die bis ins Alltäglichste und Privateste gehende Detailkenntnis. Auch hier hat er von seinem freien Zugang zum kaiserlichen Archiv profitieren können. Diese Detailkenntnis bezieht sich nicht nur auf die Kaiser selbst, sondern auch auf viele namhafte und namenlose Römer, mit denen die Kaiser zu tun hatten. Dem Leser wird ein kultur- und sittengeschichtliches Kaleidoskop der frühen römischen Kaiserzeit, insbesondere, was die Verhältnisse in der Hauptstadt Rom betrifft, präsentiert. So war Sueton nicht nur ein Kenner der Kaiser, sondern auch ein Experte bezüglich stadtrömischer Skandalchroniken.

Im Gegensatz zu Tacitus hat Sueton kein literarisches Kunstwerk schaffen wollen. Und anders als sein griechischer Kollege, der Biograf Plutarch, der etwa zur selben Zeit seine Parallelbiografien von großen Griechen und Römern vorlegte, schrieb er auch nicht mit dem erhobenen moralischen Zeigefinger. Seine Biografien sollten die Menschen nicht besser, sondern informierter machen. Mit Wertungen hält er sich normalerweise zurück. Der Biograf versorgt den antiken und damit auch den modernen Leser mit historischem Rohmaterial, das eine umfassende, vom Autor aber nicht in jedem Fall vorinterpretierte historische Deutung ermöglicht. Das bedeutet allerdings nicht, dass er völlig auf subjektive Aussagen verzichtet. Er lässt durchaus erkennen, wen er für einen guten oder schlechten Kaiser hält, und er zeigt auf, welche Handlungen er als vorbildlich oder kritikwürdig ansieht. Caligulas Biografie etwa besteht aus zwei Teilen, von Sueton mit den Worten voneinander separiert: „Soviel vom Kaiser Caligula, im folgenden haben wir vom Scheusal zu sprechen"[3]. Auch von Nero hat er eine dezidierte Meinung, dementsprechend setzt er wie bei Caligula eine deutliche Zäsur: „Das, was teilweise überhaupt keine Kritik, teilweise sogar ausgesprochen deutliche Anerkennung verdient, habe ich in einem Kapitel zusammengefasst, um es klar von seinen Schandtaten und Verbrechen zu trennen, über die ich jetzt sprechen werde."[4]

Ist für Tacitus der Maßstab bei der Verteilung guter oder schlechter Noten an die Kaiser deren Umgang mit dem Senat und den Senatoren, so bei Sueton offenbar, auch wenn er sich in dieser Hinsicht nicht dezidiert äußert, das Vorbild zweier Herrscher: zum einen Augustus, der das Principat gründete und eine stabile neue Ordnung schuf, zum anderen Hadrian, unter dessen Herrschaft die meisten der Kaiserbiografien entstanden sind. So wie Augustus sich trotz vieler Kriege, die er führte, als Friedensfürst zu stilisieren wusste, verstand es Hadrian, der das Römische Reich zwischen 117 und 138 führte, als Garant von Ruhe und Ordnung im Reich aufzutreten. Anders als sein Vorgänger Traian, der viele militärische Unternehmungen gestartet hatte und unter dessen Regierung das Römische Reich seine größte Ausdehnung erreichte, setzte Hadrian auf Konsolidierung und Sicherung der bestehenden Grenzen. Bei Sueton findet diese Politik insofern ihre Resonanz, als er Kriege nicht zu den Faktoren zählte, die in den Leistungsbilanzen der Kaiser ganz oben angesiedelt waren. Das ist auch der Grund dafür, dass er die relative Zurückhaltung Neros bei kriegerischen Aktionen noch zu dessen positiven Eigenschaften zählte: „Er hatte niemals vor, das Reich noch weiter über seine Grenzen auszudehnen, noch versprach er sich etwas davon. Er hatte sogar daran gedacht, das Heer aus Britannien abzuziehen"[5].

Bedeutsam für die Einschätzung Suetons als Quelle für die römischen Kaiser und insbesondere auch für Nero ist dessen Praxis, seine Biografien nach einem bestimmten, immer wiederkehrenden Schema aufzubauen.[6] Die Darstellung beginnt chronologisch, mit Angaben über Herkunft, Familie, Geburt, diese in der Regel begleitet von ominösen Phänomenen, mit meist knappen Informationen über die Zeit bis zum Regierungsantritt. Dann wechselt Sueton die Darstellungsweise und geht systematisch vor. Leben und Taten der Kaiser werden in einzelnen Rubriken geschildert: Kriege, Gesetze, Finanzen, Verwaltung, Bautätigkeit, positive und negative Charaktereigenschaften. Das sind die Schubladen, auf die er sein reichhaltiges Material verteilt. Danach kommt der Tod, inklusive der diesen ankündigenden Vorzeichen, der immer sehr ausführlich geschildert wird, möglichst auch mit den letzten Worten des Kaisers, und das Begräbnis. Den Schluss bilden in der Regel Angaben über die äußere Erscheinung des Kaisers und über testamentarische Verfügungen.

Diese Kombination von Chronologie und rubrizierender Systematik hat Sueton selbst, in einer Art interner Regieanweisung, so beschrieben: „Nachdem ich so gewissermaßen einen Überblick über sein Leben (des Augustus) gegeben habe, will ich jetzt einzeln die Abschnitte behandeln, allerdings nicht zeitlich, sondern thematisch geordnet, damit die Darstellung und das Verständnis umso klarer werde.“[7] In der Caesar-Vita unterbricht er sich selbst, als er chronologisch bei dem Tod des Diktators angelangt ist: „Doch bevor ich darüber spreche, wird es nicht unpassend sein, in aller Kürze seine Gestalt, sein Äußeres, seine Bildung, seinen Charakter und seine Fähigkeiten als Politiker und Soldat darzustellen.“[8] In der Augustus-Vita leitet er eine Zäsur in der Darstellung mit den Worten ein: „Da ich nun dargelegt habe, welche charakterlichen Merkmale Augustus als Inhaber von militärischen und zivilen Ämtern und als Herrscher über ein Weltreich im Krieg und im Frieden gezeigt hat, will ich nun über sein Leben im häuslichen und familiären Bereich berichten: nach welchen Grundsätzen und unter welchen Verhältnissen er zu Hause und mit den Seinen von der Jugend bis zum letzten Tag seines Lebens gelebt hat.“[9] Den Wandel des Tiberius von einem verantwortungsvollen Herrscher zu einem, nach seiner Ansicht, debilen Wüstling leitet er mit der Bemerkung ein: „Über diese Sünden will ich im folgenden berichten, Laster für Laster, von Anfang an.“[10] Auf den Tod Neros kommt Sueton in folgender, dezidierter Weise zu sprechen: „Einen solchen Herrscher hatte die Welt nicht ganz 14 Jahre ertragen, dann endlich war Schluss damit. Den ersten Schritt dahin taten die Gallier unter der Führung des Iulius Vindex.“[11]

Das Verfahren, die Leistungen und Taten der Kaiser in Rubriken unterzubringen, dient Sueton also, in Abkehr von seinem sonstigen Bemühen um Neutralität, auch dazu, sie negativ oder positiv zu klassifizieren. Und für eine historische Auswertung birgt das Zettelkastenverfahren zudem eine Reihe von Gefahren. Das Hauptproblem besteht darin, dass auf diese Weise historische Zusammenhänge getrennt werden. Das zeigt sich in aller Deutlichkeit bei dem Brand von Rom im Jahre 64, der als einer der herausragenden und bekanntesten Vorfälle aus der Regierungszeit Neros gelten kann. Ein Vergleich zwischen den diesbezüglichen Angaben Suetons mit denen des Tacitus ist sehr aufschlussreich. Der Historiker Tacitus berichtet über dieses Ereignis in den Annalen getreu seiner Devise, die Dinge in ihren chronologischen Zusammenhang zu setzen.[12] Das Feuer bricht aus. Als Gerüchte aufkommen, dass Kaiser Nero das Feuer selbst gelegt oder zumindest den Befehl dazu gegeben habe, sucht dieser, so Tacitus, nach Schuldigen und findet sie in den Christen der Stadt Rom, die er daraufhin grausam töten lässt. Sueton ordnet die Nachrichten nach seiner Schubladentechnik und hebt dabei den Zusammenhang zwischen dem Brand von Rom und den Christenverfolgungen auf, indem er an zwei ganz verschiedenen Stellen darauf zu sprechen kommt. Im 16. Kapitel der Nero-Vita, noch unter der Überschrift „gute Taten Neros", heißt es kurz und bündig: „Über die Christen, Menschen, die sich einem neuen und gefährlichen Aberglauben ergeben hatten, wurde die Todesstrafe verhängt." Von dem Brand ist hier keine Rede, man erfährt nichts über den Grund der Sanktionen gegen die Christen, und den will Sueton hier auch gar nicht mitteilen, nur das seiner Meinung nach Nero günstig charakterisierende Faktum wird erwähnt. Positiv ist seine Handlungsweise für Sueton deswegen, weil er das von einem Hofbeamten erwartete harte Vorgehen gegen angeblich konspirative, den Staat gefährdende Kräfte unter Beweis stellt. Als Ordnungsstifter ist der Kaiser bei ihm positiv konnotiert. Die Nachricht über den Brand findet sich in Kapitel 38 der Nero-Vita, diesmal platziert unter der Kategorie „Nero, der Verbrecher": „Unter dem Vorwand, die Hässlichkeit der alten Gebäude und die Enge und Gewundenheit der Straßen beleidige sein Auge, steckte er Rom in Brand." An dieser Stelle fehlt nun wiederum jegliche Anspielung auf die Christen, weil dieser Aspekt Sueton in dem Zusammenhang nicht interessierte. Theoretisch wäre es denkbar, dass Brand und Verfolgung der Christen tatsächlich in keiner Verbindung standen. Jedoch sind die Aussagen des Tacitus und anderer Quellen eindeutig. So hat Sueton von sich die wahren Abläufe nicht gänzlich verfälscht, wohl aber in ihrer Relation verändert. Die Verfolgung der Christen war gut, der Brand von Rom schlecht, also mussten sie getrennt voneinander geschildert werden.

Der Nero des Cassius Dio

Der dritte Autor, dem viele Informationen über die Herrschaft Neros zu verdanken sind, ist der griechische Historiker Cassius Dio. Auch er hat seinen Anteil an der Kreation des überwiegend negativen Bildes von Kaiser Nero. Was er von ihm hielt, hat er in einer zusammenfassenden Charakteristik drastisch geschildert.[13] Zunächst habe er sich noch ganz ordentlich verhalten, doch als er merkte, was er sich alles erlauben konnte, habe er sich zu einem wahren Tyrannen gewandelt: „Schließlich verlor Nero alle Scham, schlug alle Mahnungen in den Wind und ging darüber hinweg und begann in die Fußstapfen eines Gaius (Caligula) zu treten. Nachdem er einmal das Verlangen gespürt hatte, diesem nachzueifern, übertraf er ihn auch schon, denn er hielt es auch für eine Verpflichtung kaiserlicher Macht, selbst in den schlimmsten Dingen hinter niemandem zurückzustehen. Als Nero dann auch noch den Beifall der Massen für sein Verhalten fand und von ihr viele Schmeicheleien hören durfte, tat er sich keinerlei Zwang mehr an, sondern vollbrachte seine Untaten zuerst im eigenen Haus und in den Kreisen seiner Freunde, später dann sogar in aller Öffentlichkeit. Damit fügte er dem ganzen Volk der Römer Schande zu, und es musste durch ihn viel Böses erleiden. Unzählige Gewalttaten und Verbrechen, Räubereien und Morde wurden nämlich sowohl vom Kaiser selbst als auch von jenen verübt, die bei ihm Einfluss hatten.“[14]

So, wie der Autor Nero hier beschreibt, hätte er auch von Tacitus dargestellt werden können. Kein Zufall, denn Cassius Dio gehörte wie Tacitus zur elitären Gruppe der Senatoren. Allerdings schrieb er viel später, und seine Heimat war nicht der Westen, sondern der Osten des Römischen Reiches. Als er um 164 geboren wurde, gehörte die Herrschaft Neros bereits gut 100 Jahre der Vergangenheit an. Nicht lange zuvor war Kaiser Antoninus Pius gestorben, der auch deswegen als ein „guter“ Kaiser in die Geschichte eingegangen ist, weil zu dieser Zeit das Römische Reich eine politische und kulturelle Blütezeit erlebte. Als Cassius Dio etwa 70 Jahre später (um 235) starb, hatten sich die Verhältnisse verändert. Sein Tod fällt mit dem Ende der Dynastie der Severer zusammen. Unter dieser Familie, die aus Libyen und Syrien stammte, machten sich eine Reihe von Krisenfaktoren bemerkbar. So gab es wirtschaftliche Probleme, und auch außenpolitisch waren die besten Zeiten vorüber. Im Osten bereiteten die Perser, im Westen Germanen Schwierigkeiten. Die Kaiser, allen voran der Dynastiegründer Septimius Severus, der zwischen 193 und 211 herrschte, reagierten mit einer Stärkung der militärischen Kräfte. Alles wurde auf die Bedürfnisse der Armee ausgerichtet, was zulasten der anderen gesellschaftlichen Gruppen ging. Diese Entwicklung führte nach dem Ende

des letzten severischen Kaisers Severus Alexander 235 zur Ära der sogenannten Soldatenkaiser. Nicht nur, dass ab jetzt alle Kaiser direkt von
den Legionen proklamiert wurden, es stammten die meisten von ihnen
nun aus den Reihen der Soldaten. Die Militarisierung der römischen Gesellschaft hatte damit ihre Vollendung gefunden.

Cassius Dio erlebte diese Umbrüche nicht allein als Zeitgenosse. Aufgrund seiner Karriere hatte er einen engen Konnex zu den politischen
Führungszirkeln. Seine Heimat war die griechische Stadt Nikaia im Nord-
westen Kleinasiens, das heute Iznik in der Türkei. Seine Familie gehörte
zur lokalen Elite. Der Vater Apronianus saß, wie viele andere Häupter
griechischer Familien, im römischen Senat und bekleidete wichtige Ämter
in der Reichsverwaltung. Auch der Sohn schlug die politische Laufbahn
ein. Unter Kaiser Commodus wurde er Mitglied des Senats – unter einem
Kaiser, der wie Caligula, Nero und Domitian zur Riege jener Kaiser zählt,
die man gerne – und jeweils mit mehr oder weniger Recht – in die Gruppe
der Despoten und Tyrannen einzuteilen pflegt. Die Beförderung unter
diesem Kaiser, der als Wagenlenker und Gladiator bei den Konservativen
für Entsetzen, bei der Masse des Volkes für Entzücken sorgte, wird Dio
mit größerer Bereitschaft und Freude registriert haben, als es die überwiegend negative Zeichnung dieses Kaisers in seinem historischen Werk
erwarten lässt. Und die Karriere ging steil weiter: Unter Septimius Severus
avancierte der begabte Mann aus Nikaia zum Suffektkonsul. So wurden in
der römischen Administration Konsuln bezeichnet, die über die regulären
Konsuln hinaus in dieses hohe Amt gewählt wurden. Diese Posten waren
begehrt, verliehen sie dem Inhaber doch ein erhebliches Maß an Prestige.
In der Zeit des Severus Alexander wurde Dio Statthalter erst der Provinz
Africa, danach der Provinzen Dalmatien und Oberpannonien. 229 erreichte er sein zweites Konsulat, und dies sogar mit dem Kaiser höchstpersönlich an der Seite. Danach beendete er seine Laufbahn und kehrte
aus der hektischen Hauptstadt Rom in das beschaulichere Nikaia zurück.

Cassius Dio war nicht nur Politiker, sondern auch Historiker. Wie Ta-
citus knüpfte er damit an eine alte römische Tradition an, nach der das
Metier der Geschichtsschreibung eine Fortsetzung der Politik mit anderen
Mitteln sei. So handelt es sich bei ihm um einen späten Vertreter der
senatorischen Historiografie, der dieses Geschäft nicht als eine gelehrte
Disziplin fernab der Öffentlichkeit betrieb, sondern sich damit mitten im
Leben sah. Jedoch kam bei ihm noch der spezifische Hintergrund der

griechischen Literatur hinzu. Gegenstand seines monumentalen Werkes war nichts Geringeres als die Geschichte Roms und des Römischen Reiches von den Anfängen bis in seine eigene Zeit hinein. Schlusspunkt war das Jahr 229 mit seinem zweiten Konsulat. Nicht alles, was schrieb, ist heute noch erhalten, das Werk befindet sich in einem fragmentarischen Zustand. Vieles, so auch Leben und Herrschaft Neros, ist nur aus späteren Auszügen und Kommentaren bekannt. Hier muss man sich auf die komprimierte Fassung des byzantinischen Mönches Johannes Xiphilinos aus dem 11. Jahrhundert verlassen. Doch man darf viel Vertrauen in die Seriosität dieses Gelehrten investieren und also davon ausgehen, dass seine Auszüge tatsächlich das widerspiegeln, was Cassius Dio Jahrhunderte zuvor geschrieben hatte. Wie sorgfältig Xiphilinos dabei vorgegangen war, zeigt seine eigene Angabe, wonach er zehn Jahre recherchiert und zwölf Jahre am Text gearbeitet habe.

Als Grieche wollte Cassius Dio mit seinem Geschichtswerk zunächst eine literarisch bedeutsame Leistung erbringen. Dieser Aspekt spielte bei römischen Historikern eine deutlich geringere Rolle. Für eine historische Auswertung ist dieser Sachverhalt von Bedeutung. Es ging dem Autor weniger um historische Genauigkeit als um den Ehrgeiz, als Schriftsteller von Rang wahrgenommen zu werden. So fügt er manche schöne, ausgefeilte Rede von historischen Persönlichkeiten ein, die so nie gehalten worden war, sondern eine rhetorische Fingerübung des Verfassers darstellte. Dialoge und Zitate dienen ebenfalls als Stilmittel und erheben nicht den Anspruch auf Authentizität. Außerdem hatte er keine Skrupel, seine eigenen politischen Vorstellungen unterzubringen, indem er sie Gestalten aus der Geschichte in den Mund legte. All dies schmälert seine Glaubwürdigkeit trotz der ihm zu attestierenden grundsätzlichen Sorgfalt im Umgang mit den historischen Fakten und Abläufen. Als weitere Einschränkung kommt hinzu, dass Cassius Dio als Politiker auch politische Vorstellungen seiner eigenen Zeit in die Geschichte projiziert hat. Seine Auffassung von einem „guten" Kaiser ist von negativen Erfahrungen mit autokratischen Herrschern wie Commodus oder den Kaisern der Severerdynastie geprägt worden. In Nero mit seinem Faible für die Kunst mag er eine frühe Ausgabe des sich gerne selbst inszenierenden, öffentlich als Sportheld wirkenden Commodus gesehen haben. Und die Erfahrung mit einem Kaiser wie Elagabal dürfte ebenfalls sein Urteil über Nero beeinflusst haben. Elagabal nannte sich der aus dem syrischen Emesa stam-

mende Priester des gleichnamigen Gottes, der im Jahre 218 als Fünfzehn-
jähriger auf den Kaiserthron gelangte und bis zu seiner Ermordung 222
den Römern das Erlebnis einer exotisch-skurrilen Herrschaft bescherte.
Für die biografische Erfassung Neros ist die Quelle Cassius Dio insgesamt
also problematischer, als es die plastische und flüssige Form seiner Ge-
schichtsdarstellung auf den ersten Blick erwarten lässt.

Der Nero des Aurelius Victor

Auch spätantike Autoren haben sich mit dem Leben und der Herrschaft
Neros befasst und mit ihren Aussagen und Beschreibungen das Bild dieses
Kaisers geprägt. Daher ist es notwendig, in gleicher Weise die Motive,
Bedingungen und Ziele ihres Schaffens unter die Lupe zu nehmen, wie
dies bei ihren Vorgängern aus der frühen und mittleren Kaiserzeit vor-
genommen wurde.

In der Spätantike vollzog sich ein Wandel in der inhaltlichen und formalen Ausgestaltung von Biografie und Geschichtsschreibung. Lang-
atmige Werke und Großprojekte hatten keine Chance mehr. Gefragt
waren kurze, instruktive Darstellungen für den eiligen Leser, die man Bre-
viarien nannte. Hochkonjunktur hatten sogenannte Epitomatoren, die
sich der ebenso mühevollen wie dankbaren Aufgabe unterzogen, lange
Werke der früheren Zeiten in kurz gefasster, leicht verdaulicher Form vor-
zulegen. Dieser Wandel hatte etwas zu tun mit neuen gesellschaftlichen
Gruppen, die Politik und Militär dominierten, ohne die Neigung zu ver-
spüren, sich ausführlich mit Literatur zu beschäftigen. Daher übernahmen
die Schriftsteller die verdienstvolle Aufgabe, im Schnellverfahren zu vermitteln. Natürlich verschwand dabei auch der noch bei Cassius Dio so
dominante künstlerische Anspruch. Für differenzierte Darlegungen war
kein Platz, an ihre Stelle trat die plakative, holzschnittartige Beschreibung.

Diesen neuen Tendenzen hatte auch die historische Biografie Rechnung
zu tragen. In ihr reflektiert sich gleichermaßen die seit Beginn der Kaiserzeit erkennbare Zentrierung auf das Individuum und die Notwendigkeit
der Beschränkung auf das Wesentliche. Hauptvertreter dieses neuen Gen-
res war Sextus Aurelius Victor. Neben anderen Werken legte er eine
Schrift mit dem Titel *Liber de Caesaribus* („Buch über die Kaiser") vor,
mit Biografien vom ersten Princeps Augustus bis zu Constantius II., der

bis 361 n. Chr. regierte. Gesondert wurde unter dem Namen des Aurelius Victor eine Kurzfassung der *Caesares* publiziert, das *Libellus de vita et moribus imperatorum breviatus* („Gekürztes Büchlein über das Leben und die Sitten der Kaiser"), kurz als die *Epitome de Caesaribus* bezeichnet. Dem Bedürfnis der Leser nach schneller Information wurde hier insofern Rechnung getragen, als die *Epitome* die ohnehin schon recht lapidaren Ausführungen der *Caesares* noch einmal gekürzt haben, auf der anderen Seite die Liste der porträtierten Kaiser bis Theodosius (gestorben 395) weiterführten.

So viele Kaiser auf so wenig Raum zu behandeln, hätte einem Sueton arge Kopfschmerzen bereitet. Da hätte er auf all die Anekdoten verzichten müssen, auf die er bei seinen Recherchen gestoßen war und die er seinen Lesern nicht vorenthalten wollte. Ein Aurelius Victor musste wie seine schriftstellernden Kollegen Verzicht üben. Sein Nero ist mit ein paar markanten Strichen gezeichnet, für Einzelheiten ist kein Platz. Immerhin überliefert er das viel zitierte Dictum des Kaisers Traian, dass Nero in seinen ersten fünf Jahren besser gewesen sei als alle anderen Kaiser – und damit meinte er die Kaiser von Augustus bis Hadrian[15]. Diese Aussage korrespondiert mit der Auffassung Suetons und mit der Darstellung Cassius Dios, die Nero einen guten Anfang attestieren, ohne allerdings die Version von den fünf guten Jahren zu kennen. *Maxime augenda urbe* („insbesondere durch die Vergrößerung der Stadt") habe sich Nero dieses Lob verdient, fügt Aurelius Victor hinzu (das ist seine eigene Meinung und nicht die Begründung Traians) und meint damit die zahlreichen, auf Neros Initiative zurückgehenden Baumaßnahmen. Aktive Baupolitik gehörte demnach zu den Kriterien, die nach Ansicht Aurelius Victors einen erfolgreichen Kaiser ausmachten.

Man fragt sich natürlich, warum ausgerechnet Kaiser Traian Nero in dieser Weise gelobt hat, und welche Leistungen seines Vorgängers er dabei konkret im Auge hatte. Diskussionen darüber, ob Traian nicht die ersten fünf Jahre Neros, sondern eine andere fünfjährige Phase seiner Herrschaft gemeint haben könnte, sind angesichts der Platzierung der Aussage bei Aurelius Victor direkt zu Beginn von Neros Regierung nicht überzeugend. Die ersten fünf Regierungsjahre Neros endeten 59. In dieses Jahr fiel der Mord an seiner Mutter Agrippina, der von vielen Autoren in dem Sinn als eine Zäsur angesehen wird, dass Neros despotische Natur nun offen zum Ausbruch kam. Unter Traian, der von 98 bis 117 regierte, erreichte das römische Imperium, nach Eroberungen in Dakien und im Orient, die größte Ausdehnung, die es jemals hatte. Es liegt nahe, dass der Eroberer Traian Nero für eine aktive Außen- und Militärpolitik lobte. Jedoch hielten sich diesbezügliche Unternehmungen Neros in engen Grenzen. Traian gehörte aber auch zu jenen Kaisern, denen an einem guten Verhältnis zu Senat und Senatoren gelegen war. Tatsächlich waren die Beziehungen Neros zur politischen Elite anfangs noch ungetrübt, was, wie viele Forscher vermuten, dem segensreichen Einfluss seiner Berater Seneca und Burrus zu verdanken gewesen ist. Evidenterweise ist das Zitat Traians aus dem Zusammenhang gerissen. Gerne wüsste man, in welchem Kontext er sich in dieser Weise überhaupt geäußert hat. Sinnvoll wäre eine prononcierte Replik auf eine der üblichen Klagen über den „schlechten" Kaiser Nero. Bemerkenswert bleibt auf jeden Fall, dass die fast durchwegs schlechten Noten, die dem Kaiser von den antiken Autoren gegeben wurden, nicht von allen und sogar von einem seiner Nachfolger nicht ohne Weiteres akzeptiert wurden.

Auch Aurelius Victor folgt in seinen weiteren Ausführungen diesem beliebten Schema „Nero war erst gut und wurde dann schlecht" und hat dafür eine moralische Erklärung parat, die von dem jugendlichen Alter, in dem Nero seine Herrschaft antrat, ihren Ausgang nimmt: „Hieraus geht deutlich genug hervor, dass das Alter kein Hindernis für Tüchtigkeit ist, dass diese jedoch leicht umschlägt, wenn Zügellosigkeit den Geist verdirbt, und dass dann die gleichsam übersprungenen Gepflogenheiten der Jugend desto unheilvoller nachgeholt werden. Denn den Rest seines Lebens verbrachte er in solcher Schande, dass man Scham und Ekel empfindet, von der Existenz eines derartigen Menschen zu berichten, und dann gar noch von der eines Lenkers der Völker."[16]

Woher stammt das negative Nero-Bild des Aurelius Victor? Hat er es aus den Quellen übernommen, die er für die Biografien heranzog, oder standen dahinter spezielle Motive? Über sein eigenes Leben ist allerdings nicht sehr viel bekannt. Geboren wurde er wohl um 320 in der Provinz Africa und gehörte damit also zur provinzialen Reichsbevölkerung. Nach eigener Auskunft stammte er vom Lande und war der Sohn eines „einfachen und ungebildeten" Mannes.[17] Doch machte er bald Karriere in der Reichsverwaltung. Kaiser Iulian (361–363), den die Christen wegen seiner christenfeindlichen Haltung mit dem Titel Apostata („der Abtrünnige") versahen, ernannte ihn zum konsularischen Statthalter der Provinz Pannonia Secunda. Gleichzeitig oder etwas später erfolgte die Aufnahme des Aurelius Victor in den römischen Senat – eine Gemeinsamkeit, die er mit seinen Kollegen Tacitus und Cassius Dio teilte. Ein paar Jahre später taucht er auf dem wichtigen Posten des Stadtpräfekten von Rom auf, kurz danach ist er gestorben.

Um ihn als Quelle für Nero einordnen zu können, ist ein Blick darauf hilfreich, wie und nach welchen Kriterien er römische Kaiser überhaupt beurteilt hat. Vieles übernahm er von Sueton, Tacitus und wohl auch Cassius Dio, manches ist seine eigene Sicht der Dinge. Wegen der Kürze der Darstellung verzichtet er völlig auf Angaben zu Kindheit und Jugend. Kaiser interessieren ihn nur als Kaiser. Stirbt der Kaiser, wird sein Nachfolger von ihm auch gleich als Kaiser in Empfang genommen. So ist es auch beim Übergang der Herrschaft von Claudius auf Nero und bei der Sukzession Nero–Galba. Hier folgt der lapidare Kommentar „Das war das Ende des Hauses der Caesaren"[18], womit er das Ende der iulisch-claudischen Dynastie meint. Zeit bleibt sogar noch, um in bester Sueton'scher Manier deren bevorstehendes Ende durch ein paar Vorzeichen annoncieren zu lassen: „Viele Zeichen hatten das Ende angekündigt, und zwar vor allem das Verdorren eines Lorbeerhains auf den Gütern der Iulier, der der Triumphierenden geweiht war, und der Tod der Hühner, die sehr zahlreich und ganz weiß waren und besonders geeignet für kultische Zwecke, so dass nach ihnen noch heute ein Platz in Rom benannt wird."[19]

Aurelius Victor war zwar ein aktiver und erfolgreicher Politiker, er war aber auch ein überzeugter Moralist, der das Verhalten der Kaiser nicht unter politischen Gesichtspunkten, sondern nach den Kriterien des Guten oder Schlechten beurteilt hat. Das Wohlergehen des Staates, so lautete sein zentrales Credo, hängt vom Charakter der Regierenden ab. In der Traians-Biografie[20] schildert er segensreiche Maßnahmen des Kaisers, konstatiert dann, dass diese „wegen der Habgier und Unverschämtheit der Späteren" zum Verderben des Römischen Reiches ausschlugen, um daran die moralische Sentenz anzuschließen: „In solchem Maße gibt es nichts Gutes oder Schlechtes in einem Staat, das nicht durch die Wesensart der Leitenden ins Gegenteil verkehrt werden könnte."[21] In Antoninus Pius (138–161) sah er einen positiven Herrscher, der aufgrund seines integren Charakters viel Gutes bewirkt habe: „Er zeigte solches Gleichmaß und ein so aufrichtiges Wesen, dass er geradezu als Beispiel dafür dienen konnte, dass vollkommene Charaktere auch durch ständigen Frieden und langes Wohlleben nicht verdorben werden und dass Staaten erst dann glücklich sind, wenn die Herrschaft der Weisheit gehört."[22] Ganz anders ein Kaiser wie Caligula: Zunächst gab er sich gegenüber Volk, Senatoren und Soldaten als Wohltäter, habe dann aber sein wahres Gesicht gezeigt, „als habe er wie ein Raubtier Blut geleckt, und es folgten drei Jahre, in denen der Erdkreis durch den vielfältigen Untergang des Senats und aller vortrefflichen Männer besudelt wurde"[23].

Neben seiner Rolle als moralisches Gewissen nimmt Aurelius Victor für sich die Rolle eines engagierten Verfechters von Bildung in Anspruch. Auch hier gilt wieder eine einfache Formel: Gebildete Kaiser waren gut, ungebildete schlecht. Die Biografien der Kaiser dienen in diesem Zusammenhang auch dazu, den Wert der Bildung zu demonstrieren. Dabei handelte es sich um die Reaktion auf einen Bildungsnotstand, den er seiner eigenen Zeit attestierte. Wer als Kaiser klug war, so seine Botschaft an die Zeitgenossen, hatte Erfolg und umgekehrt. In der autobiografischen Notiz, in der er sich als Sohn eines ungebildeten Bauern bezeichnet, betont er, er habe seinem Leben durch umfangreiche gelehrte Tätigkeit einen größeren Wert zu verleihen versucht.[24] Der eigene Bildungseifer wird in den Kaiserbiografien zum entscheidenden Kriterium für die Charakterisierung der Herrschenden. Bildung und Wissen gehen – im Idealfall – einher mit moralischer Festigkeit und versetzen den Kaiser in die Lage, ein guter, dem Staat und den Menschen förderlicher Kaiser zu werden.

Geradezu als Lichtgestalt ist der stoische „Philosophenkaiser" Marcus Aurelius gezeichnet, der in Rom zwischen 161 und 180 regierte. Um diese Wertschätzung zu unterstreichen, hat Aurelius Victor eine spezielle Episode parat: „Marcus war bekanntlich derart der Weisheit, Milde, Lauterkeit und feinen Bildung zugeneigt, dass er, als er gemeinsam mit seinem zum Caesar nachgewählten Sohn Commodus gegen die Markomannen ausrücken wollte, von einer Schar Philosophen umringt wurde, die ihn beschworen, er möge sich nicht eher auf den Feldzug oder eine Schlacht einlassen, bis er ihnen die schwierigsten und tiefgründigen Lehren der Philosophenschulen erklärt hätte. So sehr fürchtete man die Ungewissheiten des Krieges um seines Lebens und um der gelehrten Studien willen, und in solcher Blüte standen unter seiner Herrschaft die Wissenschaften, dass ich gerade darin den Ruhm des Zeitalters erblicken möchte."[25] Zu den Favoriten des Biografen zählte auch ein Septimius Severus, denn „er gab sich der Beschäftigung mit Philosophie, mit Rhetorik, kurz mit allen freien Künsten hin"[26]. Dementsprechend erfolgreich war dessen Regierung, und nur die Ausschweifungen seiner Frau hätten seinem Ruf geschadet.[27] Umgekehrt und folgerichtig waren für Aurelius Victor ungebildete Kaiser schlechte Kaiser. Der erste Soldatenkaiser Maximinus Thrax (235–238) zum Beispiel war „von Bildung kaum berührt"[28]. Über Nero hatte er in seinen Quellen wenig Gutes gelesen. Daher konnte er auf die – explizit allerdings nicht formulierte – Idee kommen, es habe dem Kaiser entschieden an Bildung gemangelt, obwohl er einen Lehrer wie Seneca hatte, und deswegen konnte es mit ihm kein gutes Ende nehmen.

Unter den erhaltenen antiken Autoren, die sich mit Nero und seiner Zeit beschäftigen, gibt es, wie hervorgehoben werden muss, keinen einzigen Nero-Freund. Das könnte – theoretisch und ganz prinzipiell – daran liegen, dass Nero wirklich ein so miserabler Kaiser, ein solches Scheusal, ein derartiges Ungeheuer gewesen ist, wie es in den literarischen Quellen dargestellt wird. Es könnte aber auch daran liegen, dass die Historiker und Biografen der Antike Nero aus ihrer jeweiligen Perspektive und ihrem jeweiligen Erwartungshorizont heraus in dieser Weise porträtiert haben. Auf der anderen Seite konnte dies nicht willkürlich und ohne Grund geschehen. Nero musste mit seinem Verhalten und seinem Handeln etwas an sich gehabt haben, das einen Senator wie Tacitus, einen Hofarchivar wie Sueton, einen gebildeten Rhetor und Politiker wie Cassius Dio und einen spätantiken Moralisten und Bildungsfreund wie Aurelius Victor dazu veranlassen konnte, das Bild von dem Tyrannen und Scheusal Nero zu prägen beziehungsweise. zu tradieren. Schließlich wurde von ihnen nicht jeder Kaiser in derselben Weise dargestellt.

Auf dieser Grundlage kann man sich an die Spuren des historischen Nero heften. Es muss zuerst jedoch das politisch-kulturelle Umfeld nachgezeichnet werden, in dem er sich bewegte. Dann geht es um eine faktische Rekonstruktion seiner frühen Jahre, anschließend um sein Wirken zwischen dem 13. Oktober 54, als er Kaiser wurde, und dem 9. Juni 68, als er Selbstmord begehen musste. Sodann werden einzelne Hauptthemen systematisch unter die Lupe genommen, um zu analysieren und zu beschreiben, wie es in dieser Hinsicht um Fiktion und Realität bestellt ist. Dabei wird sich das Bild eines Kaisers herauskristallisieren, der ernsthafter seiner kaiserlichen Arbeit nachging, als man es ihm gerne konzediert. Und es entwickelt sich das Bild eines Herrschers, der die Politik als Bühne verstand, die ihm dazu diente, sich selbst zu inszenieren. An sich war das keine neue Erfindung. Status und Selbstdarstellung waren schon in den Zeiten der Republik festes Rüstzeug eines jeden Aristokraten. Ein wahrer Meister der Propaganda und der medienwirksamen Inszenierung seiner Person und seiner Politik war der Begründer des Principats. Von Augustus hat Nero eine Menge gelernt – auch und insbesondere hierauf zielt das Bekenntnis, das er laut Sueton gleich zu Beginn seiner Herrschaft ablegte: Er werde ganz nach den Regeln des Augustus regieren.[29] Das war, wie sich zeigen sollte, nicht etwa ein bloßes Lippenbekenntnis oder pflichtschuldige Reverenz an den ersten Kaiser, wie man sie eben so leistete, wenn man neu im Amt war. Es war eine Devise, die Nero ernst nahm und dann allerdings in einer ganz eigenen Weise interpretierte.

3

Der Bezugsrahmen:
Die frühe römische Kaiserzeit

Nero war der fünfte römische Kaiser nach Augustus, Tiberius, Caligula und Claudius. Zugleich war er der letzte Kaiser aus der iulisch-claudischen Dynastie, die Augustus und seine Frau Livia gegründet hatten. Um Nero selbst und den von den Quellen gezeichneten Nero angemessen erfassen und würdigen zu können, muss das politische und gesellschaftliche Umfeld aufgezeigt werden, in das seine Herrschaft hineingehört. Im allgemeinen Bewusstsein rangiert die Zeit Neros, als Folge der Übernahme antiker und moderner Nero-Bilder, als eine Epoche der Dekadenz, als eine Phase, die geradezu paradigmatisch die sprichwörtlichen „Zustände wie im alten Rom" repräsentiert. Jedoch ist daran zu erinnern, dass zur Zeit Neros die römische Monarchie noch recht jung und gerade dabei war, sich zu stabilisieren. Von Dekadenz kann also noch lange nicht die Rede sein, ebenso wenig von Kaisern, die sich als Götter fühlten. Die Vergöttlichung des lebenden Herrschers geschah erst viel später, am Ende des 3. Jahrhunderts, und sie war auch nicht das Werk hybrider Herrscher, sondern eine Sicherungsmaßnahme gegen die Gepflogenheiten der vorhergehenden Soldatenkaiserzeit, als es fast an der Tagesordnung gewesen war, Herrscher zu stürzen oder zu ermorden. Götter aber, so das Kalkül, ermordete man nicht so leicht wie Menschen. Doch diese Epoche lag zu Zeiten Neros noch in einer fernen Zukunft.[1]

Und bis zum Ende des römischen Kaisertums, das man bei oberflächlicher Betrachtung auch gerne mit Nero oder zuvor auch bereits mit Caligula in Verbindung zu bringen pflegt, sollte es auch noch sehr lange dauern – bis 476 im Westen mit der Absetzung des letzten Kaisers Romulus Augustulus, im Osten sogar bis 1453 mit der Eroberung Konstantinopels durch die Türken. So entfällt das vermeintlich historische Alibi, Nero gewissermaßen alles zutrauen zu dürfen, weil er eben das Produkt einer Phase der römischen Geschichte gewesen sei, als ohnehin alles aus dem Ruder lief. Eher wäre in diesem Fall der Frage nachzugehen, wie ein Nero innerhalb eines intakten politischen Umfeldes und angesichts der verdienstvollen Pionierarbeit eines vorbildlichen Kaisers wie Augustus möglich gewesen ist.

Nero wurde am 15. Dezember des Jahres 37 geboren. Kaiser war zu dieser Zeit Caligula, der fast genau neun Monate zuvor, am 18. März, offiziell die Nachfolge des verstorbenen Tiberius angetreten hatte. Dieser wiederum war seit dem Jahre 14 direkter Nachfolger des Augustus, des Begründers des Principats, gewesen. Das Principat war die auch bereits zeitgenössisch so bezeichnete Form der Monarchie, die Augustus nach einer langen Periode der Bürgerkriege eingerichtet hatte. Nach dem Willen des Erfinders sollte diese Form der Herrschaft in einem deutlichen Kontrast zum alten römischen Königtum und vor allem zu der Diktatur Caesars stehen. Dass eine Alleinherrschaft das beste Rezept war, um die chaotischen Verhältnisse in der Zeit der späten Republik zu beenden, war die feste Überzeugung des Augustus. Stabilität und Ordnung waren nicht mehr durch eine Aristokratie zu gewährleisten, deren Mitglieder sich nur noch um ihre eigenen Interessen kümmerten. Jedoch hatte die Krise der römischen Republik einen nicht unwesentlichen Teil ihrer Dynamik gerade aus dem Umstand bezogen, dass im Prinzip jeder Senator und jeder Militärführer an eine persönliche Machtstellung dachte, die jeweils anderen aber bestrebt gewesen sind, ebendies zu verhindern.

Augustus war, nach der Ausschaltung seines größten Konkurrenten Marcus Antonius als Sieger aus den Bürgerkriegen hervorgegangen. Mit großem Geschick machte er sich ab 30 v. Chr. an die Aufgabe, seiner militärisch erworbenen Führungsposition auch politisch und gesellschaftlich Dauerhaftigkeit zu verleihen. Dabei kam das Königtum, mit dem die römische Geschichte einst begonnen hatte, ebenso wenig infrage wie Caesars Modell einer unumschränkten Alleinherrschaft. Die Ermordung des Adoptivvaters an den Iden des März des Jahres 44 v. Chr. – also am 15. März – war für Augustus Mahnung und Warnung genug, seiner angestrebten Machtstellung eine andere, eigene Gestalt zu geben.

Das Ergebnis war das „Principat" – so benannt, weil es die Fiktion aufbaute, der Kaiser, wie der „Caesar" – nun nicht mehr ein Name, sondern ein Titel – später genannt wurde, sei kein abgehobener Herrscher, sondern nur der *primus inter pares*, der „Erste unter Gleichen". Das Principat gab sich in seiner Anfangsphase sogar den Anstrich der „wiederhergestellten Republik". Tatsächlich blieben alle aus der Republik bekannten Institutionen, allen voran Senat, Volksversammlung und die gewählten politi-

Abb. 1: Porträt des Augustus

schen Funktionsträger wie Konsuln, Praetoren oder Volkstribunen, bestehen. Der Kaiser nahm staats- und verfassungsrechtlich keine exponierte
Position ein. Die Kompetenzen, auf denen seine institutionelle Macht beruhten, waren bereits aus den Zeiten der abgelaufenen Republik bekannt,
mit dem einzigen Unterschied, dass sie Augustus dauerhaft und kumula-
tiv bekleidete. Dazu gehörten die *tribunicia potestas*, die Amtsgewalt eines

Volkstribunen, die dem Princeps die innenpolitische Initiative vor allem in der Gesetzgebung ermöglichte, und das *imperium proconsulare*, die Befehlsgewalt eines Prokonsuls, die den Amtsinhaber in die Lage versetzte, verantwortlich und leitend außenpolitische, insbesondere militärische Unternehmungen, durchzuführen.

Als Kern seiner Herrschaft hatte Augustus indes eine andere Kategorie auserkoren, die nicht so sehr in den politischen als vielmehr in den soziologischen Bereich gehörte. Am Ende seines Tatenberichts, der *Res Gestae*, verfasst ein paar Monate vor seinem Tod, steht, wie in Stein gemeißelt, der Satz: „Seit dieser Zeit überragte ich alle an Autorität, an Amtsgewalt aber besaß ich nicht mehr als die anderen, die ich in einem jeden Amt zu Kollegen hatte." An diesem selbstbewussten Anspruch mussten sich alle Nachfolger des Augustus und somit auch Nero messen lassen: Nicht die Kompetenzen, die von einem Amt ausgingen, waren entscheidend, sondern die *auctoritas*. Dabei handelte es sich um die nicht an ein Amt gebundene, sondern allein von der Persönlichkeit, der Aura, dem Charisma und nicht zuletzt auch den Leistungen des Kaisers geprägte Herrschaft. Autorität war demzufolge nicht einfach gegeben, sondern musste erworben werden.

Römischer Kaiser zu sein, bedeutete auch die Verpflichtung, für die Menschen da zu sein. Er war Teil eines komplexen sozialen Koordinatensystems, das auf dem für die Römer typischen Klientelwesen beruhte. In den alten Zeiten der Republik hatten die Adligen eine Art Schutzfunktion für jene Teile der Bevölkerung übernommen, die materiell und gesellschaftlich, im Gegensatz zu ihnen, nicht auf der Sonnenseite des Lebens standen. Jeder Adlige hatte als Patron eine mehr oder weniger umfangreiche Klientel, um deren Auskommen er sich kümmerte und die im Gegenzug alles ihr Mögliche tat, um das Prestige und das Ansehen ihres Förderers zu steigern. Mit dem Beginn des Prinzipats war es der Kaiser, der die Klientel nun monopolisierte und auf seine Person bezog. Konkret bedeutet dies, dass er sich intensiv um das Wohl der Bevölkerung – zunächst einmal in der Hauptstadt (der *plebs urbana*), dann aber auch in Italien und den Provinzen – zu kümmern hatte. Seit Augustus war es ein beliebtes und erprobtes Mittel, die Erfüllung der patronalen Verpflichtungen zu demonstrieren, wenn der Kaiser großzügig Getreide verteilte oder opulente Großveranstaltungen mit Gladiatoren oder Wagenrennen veranstaltete. Das war jener Kanon an Aktivitäten, die der römische Schriftsteller Juvenal später auf die einprägsame und viel zitierte Formel „Brot und Spiele" brachte. Diese Formel wurde häufig missverstanden als Beweis dafür, dass das römische Volk unter den Kaisern zu einer entpolitisierten, nur noch an Vergnügungen interessierten Masse degeneriert war. Tatsächlich handelte es sich aber um jene Faktoren, mit denen der Kaiser zeigen konnte, wie ernst es ihm damit war, seinen Pflichten als Patron nachzukommen. Das Volk wollte, so musste ein Augustus, ein Tiberius, ein Caligula, ein Claudius und eben auch ein Nero wissen, das Gefühl haben, vom Kaiser umhegt und geliebt zu werden. Nur dann gab es Pluspunkte auf der Sympathieskala. Ein Herrscher, der sich nicht blicken ließ und abgeschirmt von der Bevölkerung seinen dienstlichen Geschäften nachging, wie es bei Tiberius lange Zeit der Fall gewesen war, hatte keine Chance, als ein „guter" Kaiser zu gelten.

Jedoch bestand das römische Volk nicht allein aus der Plebs. Andere gesellschaftliche Gruppen hatten wiederum andere Vorstellungen und Wünsche, die der Princeps nicht ignorieren konnte, wollte er bei ihnen nicht an Rückhalt und Sympathie verlieren. Das römische Principat war, jedenfalls in seiner Anfangszeit, keine institutionalisierte Herrschaftsform, innerhalb derer die Herrschaftsträger davon ausgehen konnten, einfach kraft des Amtes Legitimität und Akzeptanz zu genießen. Das lag an den besonderen Bedingungen der Entstehung des Principats. Es beruhte am Anfang ganz auf den persönlichen Leistungen und Qualitäten des Augustus. Das von ihm verfolgte Konzept der Bildung einer herrscherlichen, der iulisch-claudischen Dynastie hatte den Zweck, seine Autorität und seinen Einfluss auf die Nachfolger zu übertragen. Im Laufe der Zeit gewann das Amt mehr und mehr an Bedeutung. Doch wenn ein Kaiser allzu massiv gegen die Regeln im Umgang zwischen Herrscher und den sozialen Partnern verstieß, wie es signifikant bei Caligula der Fall war, schützte das Amt nicht vor massiven Gegenaktionen.

Die Plebs war wichtig für die Stimmung im Staat. Diesen Umstand hat Tacitus hervorgehoben, wenn er Tiberius die Worte in den Mund legt: Die normalen Menschen können so planen, wie sie es für richtig halten. Bei den Kaisern ist dies anders: „Sie müssen ihre wichtigsten Entscheidungen nach der öffentlichen Meinung ausrichten."[2] Wenn das Volk nicht zufrieden war und seinen Unmut etwa im Theater lautstark artikulierte, hatte der Kaiser ein Problem. Nicht, dass ihn das Volk hätte stürzen können, aber für eine Atmosphäre, die die Herrschaft insgesamt beeinträchtigte, konnte die Plebs rasch sorgen.

Von großer Bedeutung war es für den Princeps auch, wie das Beispiel Tacitus zeigt, den Senatoren als der politischen Elite das Gefühl zu geben, noch gebraucht zu werden. Ein Faktor, mit denen ein Herrscher, der sorgenfrei zu regieren beabsichtigte, immer rechnen musste, waren ferner die Ritter. Bei diesem Begriff sollte man sich assoziativ von mittelalterlichen Konnotationen freihalten. Die römischen Ritter hießen ursprünglich so, weil sie genug Geld hatten, um sich beim Militärdienst ein eigenes Pferd leisten zu können. In den Zeiten der Republik hatten sie sich als führende Exponenten von Wirtschaft und Handel etabliert, deutlich separiert von der durch die Senatoren verkörperten politischen Elite. In der frühen Kaiserzeit wurden sie zur wichtigsten administrativen Stütze der kaiserlichen Herrschaft. Gerne wurden sie von den Herrschern als Statthalter, militärische Kommandeure oder auch als Leiter der sich sukzessive ausbildenden kaiserlichen Kanzleien eingesetzt.

Der wichtigste Partner eines jeden Kaisers aber waren die Soldaten. Sie waren im existenziellen Sinn die Stütze seiner Herrschaft. Auf ihre Loyalität musste der Herrscher bauen können, sonst stand ihm eine unruhige Regierungszeit bevor. Nicht zu Unrecht hat man das System des Principats, das Augustus so geschickt und überzeugend zu einer wiederhergestellten Republik erklärt hatte und das er als eine Ära des Friedens propagierte, als eine Militärdiktatur oder eine Militärmonarchie bezeichnet. Das Heer wollte Fürsorge, Geld und materielle Sicherheit auch nach der aktiven Dienstzeit. Wer dies als Kaiser garantieren konnte, durfte sich vieles leisten und auf eine relativ ruhige Herrschaft freuen.

Der Reichsbevölkerung, die im großen Imperium der Römer versammelt war, musste der Kaiser ebenfalls seine Fürsorge widmen. Die meisten kannten ihn zwar nur von den Statuen, den Bildern auf den Münzen, und von den Edikten, die von Rom aus in die weite römische Welt gesandt wurden. Nützlich waren Reisen, auf denen der Herrscher demonstrieren konnte, dass ihm das Wohl der Bewohner des Reiches am Herzen lag.

Neros Vorgänger waren unterschiedlich erfolgreich in ihren Bestrebungen, den Erwartungen der Plebs und der anderen relevanten gesellschaftlichen Gruppen zu entsprechen. Augustus, der Architekt des Systems, war ein Meister der Inszenierung von Macht und Herrschaft gewesen. Er gab sich als leutseliger, umgänglicher Herrscher, wusste aber auch genau jenes

Maß an Distanz zu wahren, das ihm die nötige Autorität verlieh. Die Senatoren hatten keinen Anlass zur Klage. Der Princeps gab ihnen, im Gegensatz zu seinem Adoptivvater Caesar, das Gefühl, auf ihre Meinung Wert zu legen. Den Rittern bot sich genug Gelegenheit, Geschäfte zu machen, den Soldaten, lukrative Kriegszüge zu unternehmen. Bei der Reichsbevölkerung sammelte der Kaiser vor allem dadurch Pluspunkte, dass er ihnen die Überzeugung vermittelte, nach langen Jahrzehnten der Bürgerkriege wieder in sicheren und geordneten Verhältnissen zu leben.

Sein Nachfolger Tiberius war weniger erfolgreich, auch deswegen, weil er im Gegensatz zu Augustus nicht über das Talent verfügte, seiner an sich soliden Herrschaft durch Propaganda und Inszenierung Glanz zu verleihen. Auch hatte er darunter zu leiden, dass sein direkter Vorgänger ein politisches Schwergewicht gewesen war. Sein Kardinalfehler bestand darin, dass er nicht über die Fähigkeiten des Augustus zur Kommunikation verfügte. Indem er die letzten elf Regierungsjahre abgeschieden im selbst gewählten Refugium auf der Insel Capri verbrachte, verstieß er gegen das eherne Gesetz, dass der Patron für seine Klientel immer erreichbar sein müsse. So aber mussten die Menschen in Rom ganz auf ihren Princeps verzichten, was ebenso zu dessen negativem Renommee beitrug wie der mangelnde Respekt für die zurückgebliebenen Senatoren.

Caligula, der Sohn des überaus populären Feldherrn Germanicus, mit 27 Jahren an die Macht gekommen, war vordergründig der personifizierte Verstoß gegen alles, was Augustus an sensiblen Instrumenten zur Herstellung einer allgemein akzeptierten Herrschaft entwickelt hatte. Seine zahlreichen Eskapaden haben Eingang in jedes historische Kuriositätenkabinett gefunden, vor allem die scheinbar sinnlose Aktion, wie er nach dem Tod eines Konsuls sein Pferd Incitatus zum Nachfolger machte. Caligula wird auch gerne als eine Erstausgabe von Nero gesehen und wie dieser mit Etiketten wie Despot und Tyrann ausgestattet. Ebenso wurde ihm, allerdings früher mehr als heute, Wahnsinn als Grundlage seiner Handlungen attestiert. Zugleich fehlt es nicht an Versuchen, Caligula zu rehabilitieren und in seinem Verhalten Methodik zu sehen – in der Form der bewussten Entlarvung des Principats als eines monarchischen Systems. Er wollte zeigen, was er sich als Kaiser alles leisten konnte. Nicht so viel, wie er glaubte, wird man rückblickend urteilen müssen: Caligula war der erste Kaiser, der ermordet wurde. Das Attentat war die konzertierte Aktion von Hofleuten und den Prätorianern, die eigentlich die Aufgabe hatten, sein Leben zu schützen.

Neros unmittelbarer Vorgänger war Claudius. Als er im Jahre 41 Kaiser wurde, war Nero vier Jahre alt – zu jung, um bewusst zu erleben, auf welch ungewöhnliche Weise der Onkel Caligulas an die Macht gekommen war. Es waren die Prätorianer, die ihn nach der Ermordung seines Neffen Caligula zum Imperator ausriefen. Claudius galt, auch, weil er sich gerne mit Geschichte beschäftigte, als weltfremder Sonderling, nicht geeignet für die praktische Politik. Doch die Hoffnung der Prätorianer, in Claudius ein willfähriges Instrument für ihre eigenen Interessen zu finden, erfüllte sich nicht. In den dreizehn Jahren seiner Herrschaft präsentierte sich Claudius erfolgreicher, als es die negativen Beurteilungen in der senatorisch gepräg-ten Geschichtsschreibung, allen voran der meinungsbildende Tacitus, glauben machen wollen. Seine Leistungsbilanz enthielt, neben der teilwei-sen Eroberung Britanniens, zukunftsweisende Reformen in der organisa-torischen Gestaltung der Reichszentrale in Rom.

So hatten Neros Vorgänger dem fünften Kaiser aus der iulisch-clau-dischen Dynastie sehr unterschiedliche Angebote hinterlassen, wie man das Amt des Princeps interpretieren und ausüben konnte. Welchen Weg würde er einschlagen? Den des Augustus, der es gekonnt verstanden hatte, allen gesellschaftlichen Gruppen den Eindruck zu vermitteln, Garant für Ruhe und Ordnung im Staat zu sein, der darüber hinaus sowohl als Kriegs- als auch als Friedenskaiser in die Geschichte eingegangen war und der sich als Meister der politischen Propaganda und der politischen Inszenierung erwiesen hatte? Den des Tiberius, der sich anfangs redlich bemühte, dem Vorbild des Augustus zu folgen, jedoch nicht über dessen Begabung verfügte und schließlich die Öffentlichkeit mied? Den des Cali-gula, der die von Augustus im Principat installierten Sicherungssysteme bewusst ignorierte, um zu zeigen, was der Kaiser eigentlich alles darf? Den des Claudius, der sich redlich und erfolgreicher, als ihm bis heute attestiert wird, darum bemühte, Rom und das Römische Reich voranzubringen?

Oder ging Nero einen eigenen Weg?

4   Nero wird Kaiser

Die ersten fünf Kaiser bildeten die iulisch-claudische Dynastie. Der Name „Dynastie" könnte den Eindruck erwecken, dass die Führungsposition im römischen Staat in dieser Zeit im engsten Familienkreis vergeben wurde. Das ist jedoch nur in einem eingeschränkten Sinn der Fall. Keiner der vier Nachfolger des Augustus hatte seinen leiblichen Vater zum Vorgänger. Dahinter stand keine Absicht, sondern es handelte sich um biologische Zufälligkeiten. Augustus hatte aus der Ehe mit Livia „nur", wie es häufig so despektierlich heißt, eine Tochter. Seine Favoriten aus dem Kreis der Familie starben früh, und so blieb ihm nichts anderes übrig, als den ungeliebten Stiefsohn Tiberius (aus der ersten Ehe der Livia) zu adoptieren und damit zu seinem Nachfolger zu designieren. Drusus, der Sohn des Tiberius, starb ebenfalls zu früh (23), um den bis 37 regierenden Vater beerben zu können. So wurde Caligula sein Nachfolger, der Sohn seines Bruders Drusus (des Älteren) und mithin auch sein Neffe. Caligula starb zu früh und vor allem zu abrupt, als dass er sich intensiv um die Kontinuität der Herrschaft nach seiner Regierungszeit hätte kümmern können. So ergriffen nach seiner Ermordung 41 die Prätorianer, die kaiserliche Leibgarde, das Heft des Handelns und machten Caligulas Onkel Claudius zum Kaiser.

Auch Nero gehörte in den großen Kreis des Familienclans der Iulier und der Claudier. Darauf deutet schon der Beiname Nero, der in der Sippe der Claudier, aus der Livia stammte, sehr verbreitet gewesen war. Bei seiner Geburt trug der spätere Kaiser den offiziellen Namen Lucius Domitius Ahenobarbus und hieß damit fast genauso wie sein Vater Gnaeus Domitius Ahenobarbus. Dieser war – zugegeben etwas weitläufig – über seine Großmutter mit dem Dynastiegründer Augustus verwandt. Die antiken Quellen erzählen über ihn wenig Gutes. Seine Lebensweise, so meint Sueton, war abstoßend, und er liefert als Beweis dafür Geschichten wie die, dass er auf der Via Appia mit seinem Pferdegespann voller Absicht ein Kind überfahren oder auf dem Forum in Rom einem Ritter ein Auge ausgeschlagen habe.[1] Bei solchen Berichten liegt allerdings der dringende Verdacht nahe, dass man das angebliche Scheusal Nero auch damit erklären wollte, dass eben bereits auch der Vater ein übler Zeitgenosse gewesen sei. Als Nero drei Jahre alt war, starb der Vater. Der Sohn sorgte später dafür, dass ihm alljährlich vor dem Haus, in dem er gelebt hatte, Opfer dargebracht wurden. Damit erfüllte Nero mustergültig die Erwartungen, die man in der römischen Gesellschaft in Bezug auf Respekt und Achtung vor den Eltern hatte; die Römer sprachen in diesem Zusammenhang von Pietas.

Die Mutter war enger mit der Dynastie verbunden als der Vater. Iulia Agrippina wurde am 6. November 15 in einer heute deutschen Stadt geboren, die ihr ihren modernen Namen verdankt. Sie erblickte das Licht der Welt in jener Stadt, die auf ihre Initiative hin den Rechtstitel einer *colonia* erhielt und nunmehr unter dem etwas monströsen Namen Colonia Claudia Ara Agrippinensium firmierte. Der Einfachheit halber wurde dieser Name später in das schlichte „Köln" umgewandelt. Die Stadt am Rhein war ihr Geburtsort, weil sie die Tochter des Feldherrn Germanicus war, der zu jener Zeit vom Militärlager in Köln aus Feldzüge nach Germanien unternahm. Im Jahr 28 heiratete sie, auf Anweisung des Tiberius, Domitius Ahenobarbus. Am 15. Dezember 37 brachte Agrippina ihren Sohn Nero in der Stadt Antium, dem heutigen Anzio, zur Welt. Damals war ihr Bruder Caligula Kaiser. Offenbar war das geschwisterliche Verhältnis nicht in einem optimalen Zustand, denn zwei Jahre später schickte Caligula die Schwester in die Verbannung auf die im Tyrrhenischen Meer gelegenen Pontinischen Inseln. Angeblich war sie in eine Verschwörung verwickelt. Das Exil vor der Küste Italiens dauerte zwei Jahre, dann durfte sie nach dem Regierungsantritt ihres Onkels Claudius wieder in die umtriebige Hauptstadt des Imperiums zurückkehren. Noch im selben Jahr oder etwas später heiratete sie den prominenten Senator Passienus Crispus, aus Neros Sicht, der damals vier Jahre alt war, sein erster Stiefvater. Dieser zeichnete sich durch eine bemerkenswerte Rednergabe und, was Agrippina möglicherweise noch mehr beeindruckt hat, ein umfangreiches Vermögen aus. Die Ehe hielt bis 49. In diesem Jahr heiratete Neros Mutter den amtierenden Princeps Claudius. Für ihn war es die vierte Ehe, kurz zuvor hatte er seine letzte Ehefrau Messalina, die 34 Jahre jünger war und einen ausschweifenden Lebensstil pflegte, hinrichten lassen.

In Agrippinas Schlepptau befand sich weiterhin ihr Sohn aus erster Ehe. Weniger als mit dem früh verstorbenen Vater als vielmehr mit seiner Mutter hatte er, obwohl noch in jungen Jahren, schon einiges erlebt. Die Informationen in den Quellen bis zu jenem Zeitpunkt, als er 12-jährig in

Abb. 2: Porträt der Agrippina

den kaiserlichen Palast in Rom einzog, sind allerdings dürftig, dazu von der Tendenz geprägt, im frühen Nero schon viel von dem späten Nero angelegt zu finden. Tatsächlich wussten die antiken Historiker und Biografen selbst nicht viel, weil eigentlich, jedenfalls nicht vor der Heirat seiner Mutter mit Claudius, damit zu rechnen war, dass der Name Nero einmal in der Liste der römischen Kaiser auftauchen würde. So stand er zunächst nicht im Scheinwerferlicht des öffentlichen Interesses. Was man

vorgab zu wissen, war entweder richtig oder erfunden, stammte manchmal aus trüben Quellen oder war auch das Produkt reiner Fantasie.

Der Naturforscher Plinius der Ältere, der 79 beim Ausbruch des Vesuv
ums Leben kam, berichtet, Nero sei bei seiner Geburt mit den Füßen
voraus auf die Welt gekommen.[2] Er versäumt dabei nicht, dieses Phänomen, das den Römern als schlechtes Vorzeichen galt, mit dem späteren
Ungeheuer Nero in Verbindung zu bringen. So ist das Zeugnis über diese
Form der Geburt an sich ohne Wert. Es gehört in den Kontext der Bemühungen der antiken Publizistik, in der Kindheit und Jugend des Kaisers
nach Hinweisen zu fahnden, die geeignet waren, das Phänomen des Herrschers Nero zu erklären.

Der Tod des Vaters und die Verbannung der Mutter waren tiefe Einschnitte in der kindlich-jugendlichen Sozialisation. Sueton notiert leicht
dramatisierend, ohne seine fürsorgliche Tante Lepida wäre er ganz mittel-
los gewesen.[3] Und da die fürsorgliche Tante zugleich auch noch sehr reich
war, hatte Nero in dieser Zeit ein gutes Auskommen. Dass sich Lepida um
ihn kümmerte, war das Ergebnis des hervorragenden Netzwerkes innerhalb der weit verzweigten iulisch-claudischen Familie. Domitia Lepida
war, wie schon die feminine Form ihres ersten Namens andeutet, die
Schwester von Neros Vater und dazu auch die Mutter der Messalina, der
am Ende unglücklichen dritten Ehefrau des Claudius. Weil in dem Clan so
viel geheiratet, geschieden, wieder geheiratet, geboren und adoptiert wurde, war der Kreis derjenigen, die zur „Familie" gehörten, sehr umfang-
reich, ohne dass, wie es scheint, man dabei den Überblick verloren hat.
Jedoch wurde deutlich unterschieden zwischen engerer und fernerer Verwandtschaft. Als Nero sich unter der Obhut seiner reichen Tante befand,
durfte er sich noch nicht zum engsten Zirkel der Familie zählen. Als Vormund, den er brauchte, weil nach den römischen Kategorien eine Frau,
und war sie auch noch so reich, dafür nicht infrage kam, erhielt der junge
Nero den verdienten Asconius Labeo,[4] dessen Familie aus Padua stammte,
einer Stadt, die einige kluge, sich konsequenterweise als Gelehrte betäti-
gende Köpfe hervorgebracht hatte. Auch ihm gegenüber zeigte sich Nero
später dankbar und hielt sich einmal mehr an die Regeln der Pietas, indem
er ihm die Ehrenabzeichen eines Konsuls zukommen ließ.

Wie die Erziehung Neros während der Zeit der Verbannung seiner
Mutter ablief, ist nur in Ansätzen zu rekonstruieren. Sueton liefert die
Information, seine Ausbildung hätten damals ein Tänzer und ein Friseur

übernommen.[5] So, wie er es schreibt, soll damit suggeriert werden, dass Nero in jener Phase nicht gerade ein Optimum an pädagogischer Fürsorge genossen hat. Dass die beiden namentlich nicht genannt werden, verstärkt diesen Eindruck ebenso wie der Umstand, dass er den Vormund Asconius überhaupt nicht erwähnt. Erfindungen sind der Tänzer und der Friseur auf der anderen Seite nicht, das gehörte nicht zum Stil des Biografen. Wahrscheinlich handelte es sich um Sklaven aus dem Hause der Lepida, die, was in aristokratischen Kreisen üblich war, sich um die Kinder kümmerten. In Anbetracht von Neros späterer Passion für die Musik scheint ihn der Tänzer stärker als der Friseur beeinflusst zu haben.

Bevor sich 49 mit der Heirat seiner Mutter mit Kaiser Claudius für Nero sein Leben völlig änderte, hört man nur von einer Teilnahme an einem Troja-Spiel, das in Rom im Circus veranstaltet wurde. Dieses Ereignis fand zwei Jahre vorher statt, im Jahre 47, als Nero zehn Jahre alt war. Den äußeren Rahmen bildeten von Claudius veranstaltete Feierlichkeiten zum 800. Geburtstag der Stadt Rom. Für junge Leute aus adligen Familien war diese durch den mythischen Ahnherrn Aeneas hergestellte Reminiszenz an die trojanische Abstammung der Römer eine hervorragende Gelegenheit, einem großen Publikum ihre sportlichen Fähigkeiten, insbesondere als Reiter, vor Augen zu führen. Nero machte anscheinend eine gute Figur. Er erhielt viel Beifall, sogar mehr als Britannicus, immerhin Sohn des Kaisers Claudius aus dessen Ehe mit Messalina. Eigentlich hieß er Tiberius Claudius Germanicus, den an die britischen Inseln erinnernden Namen hatte er nach der Eroberung Britanniens durch den kaiserlichen Vater im Jahre 43 erhalten. Dass Nero bei den Spielen Britannicus in den Schatten stellte, hatte wohl auch etwas mit dem Alter zu tun: Während Nero seine Reitkünste als Zehnjähriger vorführen durfte, war der Rivale gerade einmal sechs Jahre alt. Mit Blick auf die späteren Ereignisse und die Tragödie um Britannicus, an der Nero, dann als Kaiser, mutmaßlich direkt beteiligt gewesen ist, erhält die Szenerie bei den Troja-Spielen des Jahres 47 eine fast symbolische Bedeutung.

Heftige persönliche Zuneigung war es jedenfalls auf der Seite der Agrippina nicht, die 49 zu der Eheschließung mit ihrem Onkel, dem Kaiser Claudius, führte. Dieser war nach der Hinrichtung seiner dritten Ehefrau Messalina gerade einmal frei und wusste nicht so recht, wie er diesen Zustand bewerten sollte. Einerseits konnte er, wie die Quellen unisono betonen, es eigentlich nicht ertragen, ehelos zu sein. Auf der anderen Seite hatte er, nach den schlechten Erfahrungen in seinen vorhergehenden Ehen, den Prätorianern nicht nur gebeten, sondern geradezu befohlen, ihn umzubringen, sollte er noch einmal den heiligen Bund der Ehe eingehen. Als er die Heirat mit seiner Nichte Agrippina bekannt gab, waren die Prätorianer so diskret, diesen Befehl zu vergessen. Die damals Vierunddreißigjährige hatte es offenbar bestens verstanden, den Neunundfünfzigjährigen für sich einzunehmen. Sueton nennt die Dinge beim Namen: „Agrippina, die Tochter seines Bruders Germanicus, machte ihn durch ihre Reize ganz in sich verliebt, und sie durfte ihn anstandslos küssen."[6]

Agrippina hatte die Ehe mit Claudius – hier muss man den Quellen folgen – aus ganz und gar pragmatischen Gründen geschlossen. Sie wollte für sich persönlich den Zugang zu den höchsten Kreisen, und höher als zum Kaiser ging es nicht. Claudius gewährte ihr denn auch, wie es Dynastiegründer Augustus mit seiner Frau Livia gemacht hatte, den Ehrentitel *Augusta*. Damit war Agrippina mehr als lediglich die Frau an der Seite eines großen Mannes, die ihm, um seine Großtaten vollbringen zu können, den Rücken freizuhalten hatte. Sie verfügte damit über institutionalisierte rechtliche und politische Kompetenzen. Mehr noch aber wollte die ehrgeizige Aristokratin die Verbindung mit Claudius, um die Karriere ihres Sohnes Nero zu fördern.

Nero sollte, das war Agrippina klar, als sie um den äußerlich wenig ansehnlichen Claudius warb, dessen Nachfolger werden. Um dieses Ziel zu erreichen, musste sie Bedingungen schaffen, die seine Anwartschaft unterstrichen. Ärgerlicherweise gab es da noch jenen Britannicus, den Nero beim Troja-Spiel in die Schranken verwiesen hatte. Und wenig ermutigend war es anfangs aus Sicht der Agrippina, dass Claudius seinen leiblichen Sohn auch als Nachfolger ins Visier genommen hatte. Das wäre das erste Mal gewesen, dass ein Princeps die Herrschaft an seinen tatsächlichen Sohn hätte übergeben können. Aber auch in diesem Fall kam es anders. Agrippina übernahm entschlossen die Regie, Claudius und zunächst auch Nero blieb in diesem Spiel um die Macht nur die Rolle von Statisten. Am wichtigsten war es, wie die in den politischen Geschäften der Familie versierte Agrippina genau wusste, Nero enger an die kaiserliche Dynastie zu binden. Diesem Zweck dienten am einfachsten Eheschließungen. Glücklicherweise hatte Claudius aus seinen vielen Ehen noch mehr Kinder, darunter eine Tochter namens Octavia, deren Mutter Messalina gewesen war. Eigentlich war sie bereits verlobt, doch Agrippina sorgte dafür, dass diese Verbindung aufgelöst wurde. So fand noch im selben Jahr 49 die offizielle Verlobung statt. Claudius und Agrippina gaben sich die Ehre, die voreheliche Verbindung ihrer Kinder Nero (zwölf Jahre alt) und Octavia (acht Jahre alt) bekannt zu geben. Nur aus heutiger Sicht mag es befremdlich erscheinen, welche verwandtschaftlichen Beziehungen sich aus diesem familieninternen Zusammenschluss ergeben hatten. Aus Neros Sicht war sein Großonkel Claudius nun auch sein Schwiegervater in spe. Doch derlei Dinge gehörten zur Politik. Bereits ein Augustus hatte sich als Meister der Instrumentalisierung privater Bindungen zu politischen Zwecken erwiesen, und alle seine Nachfolger, von Tiberius bis Claudius, stellten unter Beweis, dass sie wenigstens in dieser Hinsicht gelehrige Schüler des Meisters gewesen waren.

Der lästige Britannicus war mit diesem Coup aber immer noch nicht ins Abseits gestellt worden. Also plante Agrippina nun den zweiten, den entscheidenden Schritt. Wer in Rom Kaiser werden wollte, musste der Sohn des Kaisers sein. Sohn des Claudius war nun aber, das war ein Faktum, Britannicus. Aber es gab mit der Adoption ein Mittel, das schon Augustus erfolgreich eingesetzt hatte, dem es nicht vergönnt gewesen war, über einen leiblichen Sohn zu verfügen. Wenn sie Claudius dazu bewegen konnte, Nero zu adoptieren, war er nach geltendem römischem Recht auch sein Sohn. Um den Kaiser zu überzeugen, leistete Antonius Pallas tatkräftige Mithilfe. In der Administration des Claudius führte der ehemalige Sklave und nunmehrige Freigelassene das einflussreiche Finanzressort. So, wie unter Tiberius die Prätorianer zu einem mächtigen Faktor im Staat geworden waren, bekleideten seit Claudius Freigelassene hohe Positionen in der kaiserlichen Verwaltung in Rom. Dahinter stand die Erwartung des Kaisers, in ihnen über besonders loyale Gefolgsleute zu verfügen. Allerdings verfolgten sie, wie sich bereits im Fall des Pallas zeigte, auch eigene Machtinteressen. Und so wird Pallas bei seiner Unterstützungsaktion, für die ihm Nero und Agrippina sehr dankbar sein mussten, mehr an seine eigene Karriere gedacht haben, als dass ein von Tacitus unterstelltes ehebrecherisches Verhältnis zwischen dem Freigelassenen und der aktuellen Ehefrau des Kaisers eine Rolle spielte. Am 25. Februar 50 wurde die Adoption offiziell verkündet, und nun erhielt Domitius, wie er bis dahin nach seinem Vater genannt wurde, den in der Familie der Claudier geläufigen Namen Nero. Britannicus war aus der Sicht des Vaters, was die spätere Nachfolge anging, durchaus noch nicht aus dem Rennen. Vielmehr war Claudius der Überzeugung, neben dem nach wie vor favorisierten Britannicus nun einen weiteren fähigen Kandidaten in der Hinterhand zu haben.

In der Öffentlichkeit hatte Nero nun ein ganz anderes Ansehen als zuvor. Und die Mutter und ihre Helfer hielten jetzt den richtigen Zeitpunkt für gekommen, durch entsprechende Zeichen und Handlungen zu dokumentieren, dass er und nicht Britannicus der künftige Princeps war. Im Frühjahr 51 wurde der junge Nero mit einer ganzen Serie von Privilegien überschüttet. Erst bekam er, obwohl zu diesem Zeitpunkt erst dreizehn Jahre alt und die Norm ansonsten bei vierzehn Jahren lag, in einer öffentlichen Zeremonie die *toga virilis* überreicht. Dieser Akt markierte in der römischen Gesellschaft den Übergang von den Kindern in die Riege der Männer. Offiziell endete Neros Kindheit also bereits, als er gerade einmal dreizehn Jahre alt war. Doch Kind sollte er nach dem Willen der ambitionierten Mutter nicht länger sein dürfen. Für den Fall, dass durch den Tod des Claudius die Planstelle des Kaisers vakant war, mussten die Vorbereitungen so weit gediehen sein, dass Nero als der geeignete Kandidat für die Nachfolge parat stand. So kamen bei dieser Gelegenheit gleich noch weitere außergewöhnliche Ehren hinzu. Man ernannte ihn zum *princeps iuventutis*, zum „Ersten der Jugend". Konkret hatte dieser auch bereits aus der Republik bekannte Titel wenig zu bedeuten. Wichtig war der damit verbundene Gewinn an Prestige. Augustus, der wie in so vieler Hinsicht, so auch hier als Vorbild fungierte, hatte einst seine beiden, allerdings früh verstorbenen Enkel zu „Ersten der Jugend" befördert und damit ihre Anwartschaft auf seine Nachfolge hervorgehoben. Den Titel eines „Princeps" hatte Nero nun bereits sicher, wenn auch zunächst mit einem Zusatz im Genitiv. Doch nach dem Willen seiner Mutter und ihrer Unterstützer war es nun ebenfalls sicher, dass der Genitiv bald verschwinden würde. Damit aber noch nicht genug der Auszeichnungen und Privilegien: Gleichzeitig wurde der dreizehnjährige Nero zum Konsul des Jahres 58 designiert – keine willkürliche Festlegung, denn dann würde er das 20. Lebensjahr erreicht haben. Außerdem erhielt er ein prokonsularisches Imperium für den Bereich außerhalb der Stadt Rom, das ihn im Prinzip dazu berechtigte, im Range eines Prokonsuls aktiv zu werden, einem Titel, den die meisten Statthalter führten.

Nun kam es noch darauf an, den Menschen in Rom zu zeigen, dass Nero der kommende Mann und Britannicus auf dem Abstellgleis war.

Früh lernte Nero, wie man mit Gesten, symbolhaften Handlungen und öffentlichen Inszenierungen Wirkung erzielen konnte. Eine optimale Gelegenheit wurde gleich nach der Beförderung geschaffen. Zum einen mussten wichtige Teile der künftigen Klientel hofiert werden. Die Soldaten erhielten in Neros Namen eine Geldprämie, und die stadtrömische Bevölkerung wurde mit einer Getreidespende erfreut. Damit war einmal mehr offenkundig geworden, auf wen es im Staat ankam und wessen Wohlwollen besonders wichtig war. Zum anderen setzte man auf das bewährte Mittel von öffentlichen Spielen, seit alters her das probate Instrument der Aristokratie, mit dem Volk zu kommunizieren und sich einen möglichst komfortablen Platz in der allgemeinen Sympathieskala zu sichern. Zum anderen musste die Tatsache der Adoption ausgenutzt werden, um den Menschen in Rom zu demonstrieren, wer im Kampf um die Nachfolge des noch gar nicht verstorbenen Kaisers die besseren Karten hatte. Dazu gehörte auch die richtige oder falsche Kleidung. Bei Spielen im Circus erschien der echte Sohn des Claudius in der Toga eines Jünglings, der adoptierte Sohn hingegen im Gewand eines Triumphators, so, als ob er ein erfolgreicher Feldherr sei. Britannicus, der in den Quellen, die diese Anfänge retrospektiv, in Kenntnis der späteren Entwicklungen schildern, als bloße Marionette erscheint, als merkwürdig blass und unkonturiert, dürfte in dem Wettstreit auch, zumindest gelegentlich, eine provozierende Rolle gespielt haben. So wurde von den Chronisten eifrig notiert, wie er versuchte, bei einer Begegnung mit Nero verbal einige Pluspunkte zu sammeln: Nero redete ihn mit seinem richtigen Namen, also „Britannicus", an, Britannicus jedoch nannte ihn „Domitius". So hieß Nero ursprünglich, jedoch nicht mehr seit seiner Adoption. Daher kam diese Episode in der Öffentlichkeit auch so an, wie sie von Britannicus gemeint war: als eine Negierung seines neuen familiären Status, als Unfreundlichkeit und als Kampfansage.

Zu dieser Zeit kümmerten sich um Neros Entwicklung längst nicht mehr seine Tante in Zusammenarbeit mit einem Tänzer und einem Friseur. Vielmehr war dies nun, auf ausdrücklichen Wunsch der Agrippina, mit Seneca eine Persönlichkeit, die bereits eine abwechslungsreiche Laufbahn aufzuweisen hatte und deren Schicksal von da an aufs Engste mit dem Neros verbunden sein sollte. Der künftige Lehrer, Erzieher und Berater war gut 40 Jahre älter als sein Schützling. Seine Heimat war Spanien, genauer die Stadt Cordoba, die damals Corduba hieß und die in der Mitte des 2. Jahrhunderts v. Chr. von den Römern gegründet worden war. Wer was werden wollte, musste nach Rom gehen – das war für den Spross einer Familie der lokalen Eliten ein ehernes Gesetz. So absolvierte auch der junge Seneca die für Leute seines Standes übliche Ausbildung in den Fächern Grammatik, Rhetorik und Philosophie. Im letzteren Metier wurde er im Laufe der Zeit zu einer wahren Größe, deren Ruhm bis heute nicht verblasst ist, im Gegenteil: immer wieder sogar aktiviert wird, weil man glaubt, dass Seneca Weisheiten von zeitübergreifender Relevanz formuliert hat. Neros Berater wurde zur Ikone der stoischen Philosophie. Erfunden hatte er sie nicht, die Lehre mit der Empfehlung, in allen Situationen, sei es im größten Glück, sei es im größten Unglück, die Ruhe zu bewahren. Die Stoa war 300 Jahre zuvor von dem griechischen Philosophen Zenon entwickelt worden, in einer Zeit, in der die Menschen fundamentalen neuen Herausforderungen ausgesetzt gewesen waren und nach Möglichkeiten suchten, trotzdem ausgeglichen und zufrieden zu sein. Ein wahrer Weiser, so sagten die Stoiker, braucht keine irdischen Güter, um zum höchsten Glück zu gelangen.

Seneca sah dies im Prinzip auch so, hatte aber auch nichts dagegen, für das ihm anvertraute Unternehmen Nero gut bezahlt zu werden. Er wurde sogar sehr gut bezahlt, vor allem, nachdem ihn Nero, zum Kaiser gekürt, in seinen engsten Beraterstab holte. Im Nebenberuf verfasste Seneca fleißig weiter philosophische Texte, in denen der Millionär das Ideal der Bedürfnislosigkeit als Geheimformel für ein erfülltes Leben anpries. Auch als er, wahrscheinlich noch vor der Adoption durch Claudius, in die Dienste Neros trat, hatte er sich bereits als seriöser Schriftsteller einen Namen gemacht. Das war der Hauptgrund, warum ihn Agrippina für ihren Sohn engagierte: Mit Seneca im Rücken bekam der Plan, Nero zum Kaiser zu machen, eine intellektuelle Note.

Es lohnt sich, die Vita Senecas etwas genauer unter die Lupe zu nehmen. Gibt es Anhaltspunkte für die Annahme, dass er seinen Anteil an der Produktion des Phänomens Nero hatte, so wie dieser sich dann als Kaiser präsentierte? Oder handelt es sich, wie beim klassischen Vorläufer Alexander der Große – Aristoteles, um ein Beispiel für eine missglückte Lehrer-Schüler-Beziehung? Qualifiziert hatte sich Seneca für die neue Tätigkeit jedenfalls auch durch einen Lebenslauf, der bewies, dass er in der Lage war, Schwierigkeiten zu meistern – und dies, obwohl es mit seiner allgemeinen gesundheitlichen Konstitution nicht zum Besten stand. Wie Nero

hatte er aber zu seinem Glück eine reiche Tante, die schon den jungen
Seneca aus dem stickigen Rom zu einer Kur nach Ägypten geschickt hatte.
Und da die Tante nicht nur reich war, sondern auch über beste Beziehun-
gen zu maßgeblichen politischen Kreisen in Rom verfügte, sorgte sie da-
für, dass der zu großen Hoffnungen berechtigende Neffe bald Karriere in
Rom machte. Über einen Posten in der Finanzverwaltung gelangte er zu
einem Sitz im Senat und hatte damit immer Kontakt zur großen Politik.
Im illustren Kreis der Senatoren fiel Seneca dadurch auf, dass er bei seinen
Reden kein Blatt vor den Mund nahm und auch unangenehme Wahrhei-
ten offen ansprach. Damit befand er sich in einer guten alten Tradition.
Die Senatoren pflegten traditionell die Libertas hochzuhalten, wie die Römer die freie politische Betätigung und die Freiheit der Meinungsäuße-
rung bezeichneten. In der Republik war man damit auch gut gefahren.
Unter den Bedingungen der Monarchie machte man sich auf diese Weise
nicht nur Freunde. Denn jeder Princeps sorgte dafür, dass im Senat auch
seine Anhänger saßen.

Seneca bekam tatsächlich große Schwierigkeiten. Sein Pech war, dass er
einem Kaiser unangenehm auffiel, der Caligula hieß und der wenig Verständnis für kritische Töne hatte. So soll der Princeps ernsthaft daran
gedacht haben, Seneca gewaltsam zu beseitigen. Als Lebensversicherung
erwies sich paradoxerweise seine chronisch angegriffene Gesundheit.
Caligula ließ sich von dem Argument überzeugen, der wortgewaltige Op-
ponent würde ohnehin in absehbarer Zeit ganz von selbst sterben. Dieser
Fall trat aber nicht ein, vielmehr schied Caligula 41 gewaltsam aus dem
Leben. Mit dem Nachfolger Claudius, dem späteren Adoptivvater seines
Schülers Nero, kam Seneca ebenfalls nicht besonders gut zurecht. Der
Kaiser schickte ihn ins Exil auf die an sich schöne Insel Korsika, der Seneca als Schauplatz seiner Verbannung aber nicht viel Positives abgewinnen
konnte. Den Vorwand, den lauten Senator aus Rom zu entfernen, lieferte
eine angebliche Affäre des verheirateten Seneca mit einer ebenfalls verheirateten Schwester des ehemaligen Kaisers Caligula. Es hätte sogar noch
schlimmer kommen können: Ursprünglich sollte er mit dem Tod bestraft
werden, doch wurde diese Strafe im letzten Moment in die Exilierung
umgewandelt.

Acht lange Jahre verbrachte Seneca auf Korsika, fern der Hauptstadt,
darum bemüht, sein Leid halbwegs philosophisch zu erdulden. Doch hatte
er deutliche Schwierigkeiten, seine in besseren Zeiten formulierte Devise,

es sei doch gleichgültig, an welchem Ort auf der Erde man sich befinde, für sich selbst konsequent als Maxime gelten zu lassen. Es war für ihn eine Erlösung, als er 49 aus seiner misslichen Lage befreit wurde und er die Erlaubnis erhielt, in die Hauptstadt zurückzukehren. Dieses Datum war kein Zufall. Agrippina hatte gerade Claudius geheiratet und den kaiserlichen Ehemann dazu überredet, Seneca für die Ausbildung Neros zu gewinnen. Und so machte sich der umfassend gebildete, rhetorisch versierte, philosophisch ausgewiesene und politisch zur Nonkonformität neigende Seneca daran, dem jungen Nero das Rüstzeug für einen Kaiser zu verschaffen.

Im Jahre 53 heiratete Nero seine Verlobte Octavia, die Tochter des Claudius, und wurde damit nun auch ganz offiziell zum Schwiegersohn des Kaisers. Am 13. Oktober des folgenden Jahres 54 wurde aus Nero, dem Adoptiv-, Stief- und Schwiegersohn des regierenden Kaisers Claudius der Adoptiv-, Stief- und Schwiegersohn des ehemaligen Kaisers Claudius. Denn Claudius, der dreizehn Jahre zuvor die Herrschaft über das Römische Reich angetreten hatte, verstarb an eben jenem Tag, im Alter von knapp 64 Jahren. Selbstverständlich starb Claudius keines natürlichen Todes. Er starb an einem vergifteten Pilzgericht, das ihm seine Gattin Agrippina verabreicht hatte. Das Motiv für den Mord war die Sorge um die Zukunft ihres Sohnes Nero. Claudius hatte zuletzt erkennen lassen, dass ihm die Vorstellung, Nero würde sein Nachfolger werden, nicht mehr uneingeschränkte Freude bereitete. Vielmehr brachte er seinem echten Sohn Britannicus viel Aufmerksamkeit entgegen. Agrippina war alarmiert, sah schon die Felle davonschwimmen und zog die Notbremse. Nun war der Weg frei für Nero.

War es tatsächlich so? Die antiken Quellen lassen keinen Zweifel an dieser Version, auch wenn sie sich in den Details nicht ganz einig sind. Sueton berichtet:

„Man hat ihn mit Gift aus dem Weg geräumt, darin sind sich alle einig. Aber wo und von wem ihm das Gift verabreicht worden ist, darüber gehen die Meinungen auseinander. Einige sagen, man habe ihm das Gift durch seinen Vorkoster, den Eunuchen Halotus, ins Essen mischen lassen, als er mit den Priestern auf der Burg speiste. Andere lassen die Tat Agrippina persönlich ausführen, die ihm bei einem Gastmahl zu Hause vergiftete Pilze vorgesetzt habe. Denn für Pilzgerichte gab er alles her ... Viele sagen, er sei sofort, nachdem er von dem Gift gegessen habe, verstummt. Die ganze Nacht hätten ihn schreckliche Schmerzen gequält, und kurz vor Tagesanbruch sei er dann gestorben. Manche sagen, er sei zuerst eingeschlafen, dann sei ihm das Mahl wieder hoch gekommen und er habe alles erbrochen, und man habe ihm noch einmal Gift verabreicht."[7]

Ähnlich ausführlich widmet sich Tacitus den Umständen des Todes des Kaisers Claudius.[8] Er berichtet am Anfang von einer Krankheit, von der sich Claudius in der Milde des Klimas und den Bädern der Stadt Sinuessa Heilung erhoffte. Nun sah Agrippina, die auch bei ihm das Heft des Handelns übernimmt, ihre Chance gekommen:

„Agrippina war schon lange zum Verbrechen entschlossen und beeilte sich nun, die gute Gelegenheit zu nutzen. Es fehlte ihr nicht an Helfern, nur über die Art des Giftes war sie sich noch nicht im Klaren. Ein plötzlich und unmittelbar wirkendes Gift konnte das Verbrechen verraten. Wählte sie aber ein langsames und schleichendes Gift, war zu befürchten, bei Claudius könne sich, wenn der den Tod nahen fühlte und die Machenschaften durchschaute, die Liebe zu seinem Sohn wieder einstellen. Daher entschloss sie sich zu einem ganz besonderen Gift, das eine geistige Verwirrung hervorrief und nur langsam zum Tode führte. Man wählte eine Meisterin ihres Fach namens Locusta, die erst kürzlich wegen Giftmischerei verurteilt worden war … Durch die Erfindungsgabe dieser Frau wurde ein Gift bereitet, das der Eunuch Halotus, der die Speisen zu servieren und zu kosten pflegte, dem Kaiser bringen musste."

Das Studium der zeitgenössischen Quellen, die über diese Vorfälle Auskunft gaben, fasst Tacitus folgendermaßen zusammen: Das Gift habe man in ein schmackhaftes Pilzgericht vermischt. Claudius aber sei entweder arglos oder betrunken gewesen, jedenfalls sei die Wirkung zunächst nicht bemerkt worden. Linderung soll ihm ein Abführmittel verschafft haben. Agrippina sei in Panik geraten und habe den mit ihr konspirierenden griechische Hofarzt Xenophon dazu veranlasst, scheinbar um Claudius zum Erbrechen zu verhelfen, in Wirklichkeit, um nun endlich den Tod zu erzwingen, eine mit einem schnell wirkenden Gift bestrichene Feder in den Hals einzuführen. Diese Aktion habe zu dem gewünschten Erfolg geführt.

Cassius Dio liefert im Prinzip dieselbe Darstellung, hat aber für das tödliche Pilzessen noch eine spezielle Information parat.[9] Pikanterweise sei nur ein Pilz vergiftet gewesen, und so musste man dafür sorgen, dass dieser auch vom Kaiser gegessen wurde. Dafür sei ein raffinierter Köder gelegt worden: „Agrippina selbst aß von den anderen Pilzen, während sie ihren Gemahl von dem vergifteten Pilz – dem größten und feinsten – kosten ließ. Und auf diese Weise ein Opfer des Anschlags geworden, musste Claudius anscheinend volltrunken, wie es schon häufig zuvor der Fall gewesen war, vom Festmahl weggetragen werden. In der Nacht tat dann das Gift seine Wirkung: Ohne dass er etwas sagen oder hören konnte, schied der Kaiser aus dem Leben."

Ein paar Jahrzehnte nach dem Tod des Claudius konnte der römische Satiriker Juvenal mit Anspielungen auf einen Mord durch Gift in einer solch selbstverständlichen Weise operieren, dass man von einem Publikum ausgehen muss, für das diese Version ein feststehendes Faktum war. Wenn man Freunde zu Gast hat, dann werden diesen, wenn sie nicht so bedeutend sind, Pilze zweifelhafter Qualität vorgesetzt. Der Hausherr aber soll Champignons serviert bekommen, und zwar „solche, wie sie Claudius aß vor jenen seiner Gattin, nach denen er überhaupt nichts mehr aß"[10]. Und dort, wo er sich über das abenteuerliche Verhältnis zwischen Caligula und seiner vierten Gattin Caesonia mokiert, wird zum Vergleich die zwar für den Kaiser tödliche, aber doch weniger spektakuläre Beziehung zwischen Agrippina und Claudius herangezogen: „Weniger schädlich erscheint deshalb Agrippinas Pilz, da er nur die Brust eines einzigen Greises abschnürte und sein zitterndes Haupt hinabsteigen hieß in den Himmel."[11]

Ist der Fall also klar? Agrippina räumte ihren Gatten aus dem Weg, um ihrem Sohn Nero die Herrschaft zu sichern? Und Nero war selbstverständlich eingeweiht, wurde also Kaiser in dem Bewusstsein, dass er diesen Posten dem morbiden Unternehmungsgeist seiner Mutter zu verdanken hatte? So klar, wie sie erscheinen, sind die Dinge indes nicht. Vieles, was in den Quellen über den Ablauf der Tat berichtet wird, ist vage, spekulativ, hypothetisch und teilweise widersprüchlich. Das mag daran liegen, dass die unmittelbar Beteiligten selbstverständlich nicht daran interessiert waren, die Einzelheiten der Tat an die Öffentlichkeit dringen zu lassen. Jedoch sollte man sich wenigstens über den Ort der Tat einig gewesen sein – im Palast in Rom oder doch während einer Kur in Sinuessa? Es wird auch deutlich gesagt, dass sich viele Autoren mit diesem Thema beschäftigt haben. Erhalten sind nur die Darstellungen derjenigen, für die Mord eine erwiesene Tatsache war. Flavius Josephus, der gewöhnlich gut informierte jüdische Autor, ist vorsichtiger. Auch er kennt die Gift-

geschichte, zeigt aber deutlich an, dass es auch noch andere Theorien gab:
„Einige behaupten, Claudius sei von seiner Gemahlin Agrippina vergiftet
worden".[12] Damit ist Suetons dogmatisches „Darin-sind-sich-alle-einig"
relativiert.

Es kann absolut nicht ausgeschlossen werden, dass Kaiser Claudius
eines natürlichen Todes gestorben ist. Er war nicht der mehr Allerjüngste,
schwächlich, häufig krank, mit einem Lebenswandel, der mit „unsolide"
noch sehr freundlich umschrieben ist. Jene Autoren, die sich an der Gift-
Version weiden, liefern eher unabsichtlich einige Indizien für einen normalen Tod des Kaisers. Sueton verrät, der Kaiser habe von seinem baldi-
gen Ableben gewusst, er habe gespürt, dass die letzte Phase seines Lebens
angebrochen sei – womit natürlich nicht die prophetische Gabe, einen
Giftmord vorauszusehen, gemeint ist.[13] In der letzten Senatssitzung, an
der er teilnahm, mahnte er, so jedenfalls Sueton, „seine Kinder", also wohl
Britannicus und Nero, wiederholt zur Eintracht. Als er vom Tribunal zum
letzten Mal Recht sprach, artikulierte er wiederholt die Gewissheit, nun
das Ende seiner Tage erreicht zu haben. Derlei Aussagen waren aktenkun-
dig, sie hat Sueton nicht erfunden. „Agrippina ermordet Claudius" – diese
Konstellation war für die heftig brodelnde antike Gerüchteküche zu verlockend, um auf sie verzichten zu können. Weil Agrippina und Nero die
Profiteure von Claudius' Tod waren, mussten sie auch, so die Kombination, die Täter sein. Sie passt bestens in jenes in der Literatur fest verankerte
Schema, wonach man im Zusammenhang mit Nero jede Schandtat und
jedes Verbrechen für möglich hielt. Überdies war dies eine Abrechnung
mit der umtriebigen Agrippina, deren Engagement vielen Zeitgenossen
ein Dorn im Auge war und deren prominente Rolle, die sie bis zu ihrem
Tod während der Regierung Neros spielte, ebenso zu der Spekulation Anlass gab, sie habe sogar einen Mord in Kauf genommen, um zusammen
mit ihrem Sohn an die Spitze des Staates zu kommen. Es war für Agrippina eine glückliche Fügung, dass Claudius fast zum richtigen Zeitpunkt
starb. Vielleicht hätte er noch etwas warten können, bis Nero nicht mehr
nur knapp 17 Jahre alt war, sondern wenigstens 19 – jenem Alter, in dem
Octavian, der spätere Kaiser Augustus, erstmals die politische Bühne in
Rom betreten hatte. So aber wurde Nero der bis dahin jüngste Kaiser in
der römischen Geschichte.

Neros Lehrer Seneca hatte für Claudius einen Abschiedsgruß der ganz
besonderen Art parat. Er machte den verstorbenen Kaiser zum Hauptdar-

steller einer traurig-komischen Satire, der er den merkwürdigen Namen
Apocolocynthosis gab, was gemeinhin mit dem ungewöhnlichen deutschen Wort „Verkürbissung" übersetzt wird. Tatsächlich ist es eine Ver-
ballhornung der Apotheose römischer Kaiser, die nach dem Tod in einer
rituellen Zeremonie zu den Göttern erhoben worden und sich postum mit
dem Attribut *divus* („Staatsgott") schmücken durften. Das war eine Ehre,
die Nero verwehrt blieben sollte, auch wenn es zu seinen Lebzeiten einen
sicher auch von ihm arrangierten Antrag gab, einen Tempel für den „divus
Nero" zu errichten. Im Zentrum des Pamphlets steht der Weg des Claudius von seinem Tod bis zum Eintreffen bei den Göttern, vor dem olympischen Senat, und zur Verhandlung in der Unterwelt. Wenig feinfühlig
macht sich der stoische Philosoph über die körperlichen Gebrechen und
die (angeblichen) geistigen Defizite von Neros Adoptivvater lustig. Was
Seneca mit dieser Schrift bezwecken wollte, die er bald nach dem Herrschaftsantritt Neros veröffentlichte, erschließt sich aus der Glorifizierung
Neros, der in der Apocolocynthosis als der Garant für ein neues, goldenes
Zeitalter porträtiert wird: Offenbar ging es dem Lehrer darum, dem Schüler gute Startbedingungen zu verschaffen. In der Öffentlichkeit ist diese
Schrift, von der Seneca später selbst nicht mehr besonders begeistert gewesen ist, nicht nur auf wohlwollende Zustimmung gestoßen. Denn entgegen der Tendenz, die in den Quellen verbreitet wird, hatte Claudius
wegen seiner ruhigen, wenig spektakulären Politik, die frei von jeder Exzentrik war, gerade in den höheren Kreisen wie Rittern und Senatoren ein
nicht geringes Maß an Zustimmung gehabt.

Wie wurde man in der frühen Kaiserzeit römischer Kaiser? In der Regel
dadurch, dass der Vorgänger klare Regelungen getroffen hatte, durch
Adoption und entsprechende testamentarische Verfügungen, außerdem
durch die rechtzeitige Verleihung von politischen Kompetenzen durch
den Senat. Wer war nach diesen Maßstäben prädestiniert, die Nachfolge
des Claudius anzutreten? Zum einen natürlich Britannicus, der leibliche
Sohn des Kaisers, dreizehn Jahre und acht Monate alt und damit deutlich
zu jung. Und zum anderen Nero, Adoptiv-, Stief- und Schwiegersohn des
Kaisers, darüber hinaus von diesem zu Lebzeiten mit einigen Ehren-
ämtern versehen, sechzehn Jahre und zehn Monate alt. Nicht lange vor
seinem Tod hatte Claudius ein Testament verfasst und von hochrangigen
Beamten durch Unterschriften gegenzeichnen lassen.

Die folgenden Ereignisse erscheinen auf den ersten Blick wie das Ergebnis einer perfekten Regie, von langer Hand vorbereitet. Tatsächlich kann man das nur annehmen, wenn man an den Giftmord glaubt. Auf jeden Fall aber war es Agrippina, die die Gunst der Stunde nutzen wollte und teils improvisiert, teils wohl aber auch bereits präpariert für den Fall der Fälle, die weiteren Schritte dirigierte. Das Testament des Claudius wurde nicht verlesen, laut Tacitus, um das Volk nicht dadurch in Aufregung zu versetzen, dass der Stiefsohn den Vorzug vor dem Sohn bekäme.[14] Doch denkbar ist ebenso, dass genau das Gegenteil im Testament stand und Agrippina und ihre Mitstreiter bestrebt waren, diesen Umstand nicht in der Öffentlichkeit bekannt werden zu lassen. Ebenfalls Tacitus gibt vor zu wissen, dass Agrippina den um seinen Vater trauernden Britannicus unter allen möglichen Vorwänden daran gehindert habe, sein Zimmer zu verlassen.[15] Solche Geschichten kamen beim Publikum gut an, sind in ihrer Schlüssellochperspektive jedoch nicht sehr erhellend, was die wahren Abläufe angeht.

Faktisch wurde nun alles getan, um dem jungen Nero die höheren kaiserlichen Weihen zu übertragen. Augustus, der Architekt des Principats, hatte die Modalitäten vorgegeben. Die Monarchie oder besser gesagt: der Monarch musste um Akzeptanz werben, um seiner Herrschaft Stabilität zu verleihen. Dazu gehörte auch die Nachfolgeregelung. Es genügte nicht, wäre sogar völlig verkehrt gewesen, sich einfach eine Krone auf den Kopf zu setzen und aus einem solchen Akt Gefolgschaft zu reklamieren. Vielmehr hatte sich seit dem Tod des Augustus 40 Jahre zuvor ein Ritual eingespielt, das der neue Herrscher einzuhalten hatte. Im Prinzip ging es dabei darum, den Soldaten, den Senatoren und dem Volk seine Aufwartung zu machen.

Der 13. Oktober 54, der Tag, an dem Claudius gestorben war, wurde zum ersten Tag der Herrschaft Neros. An diesem Tag präsentierte sich Nero zuerst den Prätorianern, zusammen mit dem mächtigen Präfekten Burrus. Nero machte bei seiner Premiere allgemein einen guten Eindruck. Er war ja auch kein Unbekannter mehr, Agrippina hatte in den Monaten zuvor alles getan, um ihn in der Öffentlichkeit und bei wichtigen Leuten bekannt zu machen. Sextus Afranius Burrus war, neben Agrippina und Seneca, in dieser Phase die wichtigste Bezugsperson des knapp 17-Jährigen. Er gehörte zur alten Garde, war ganz zu Anfang der Regierungszeit des Tiberius (wohl im Jahr 15) geboren worden, hatte wichtige militärische Ämter bekleidet und war 51, wie es glaubhaft heißt, auf Betreiben der

Agrippina von Claudius mit dem Posten des Präfekten der Prätorianer belohnt worden. Wie man seit Tiberius wusste, war ein gutes Verhältnis zu dieser Elitetruppe für jeden Kaiser eine Art von Lebensversicherung. Nero wusste, was man von ihm erwartete, versprach den Soldaten zum Einstand ein ordentliches Geldgeschenk und wurde dafür zum *Imperator* ausgerufen – gewissermaßen der militärische Teil der kaiserlichen Macht, die sich seit Augustus aus der Kumulation verschiedener Amtsgewalten zusammensetzte. Ohne das Votum des Senats ging gleichfalls nichts. So machte Nero sich auf den Weg in die altehrwürdige Versammlung, hielt eine Rede und erhielt dafür auch den Segen der Senatoren. Bis jeder Bewohner des großen Römischen Reiches erfahren hatte, was in Rom passiert war, verging trotz der berühmten römischen Infrastruktur mit den vielen gut ausgebauten Straßen noch einige Zeit. Doch sorgten die zivilen und militärischen Funktionsträger in den Provinzen dafür, dass die Bevölkerung, oder wenigstens ein Teil, Gelegenheit bekam, dem neuen Herrscher, symbolisch für alle, ihre Zustimmung auszudrücken. Nun war der Weg frei. Nero war römischer Kaiser.

5
Nero –
Stationen seines kaiserlichen Lebens

Nero wurde am 13. Oktober 54 römischer Kaiser. Diese Position bekleidete er bis zu seinem Tod am 9. Juni 68. Er regierte dreizehn Jahre und acht Monate. Weil seine Herrschaft wie die keines anderen römischen Kaisers von den literarischen Quellen sehr tendenziös, mitunter auch verstellt, auf jeden Fall aber mit einer Fülle subjektiver Wertungen und Urteile versehen präsentiert wird, sodass der wahre Nero hinter dem Nero eines Tacitus, eines Sueton oder eines Cassius Dio verschwindet, ist es, um die Fakten von den Interpretationen unterscheiden zu können, hilfreich, in einer chronologischen, nach Jahren geordneten Liste die wesentlichen Ereignisse in der Herrschaftszeit Neros ohne jede Deutung und Kommentierung übersichtlich zusammenzufassen. Aufnahme finden dabei sowohl jene Vorgänge, die eher das Privatleben Neros betreffen – wobei der römische Kaiser kein Privatleben hatte, und erst recht nicht ein exaltierter Kaiser wie Nero – als auch jene, die der politischen Sphäre zuzuordnen sind. Im nachfolgenden systematischen Teil wird die Gelegenheit bestehen, diese Fakten zu „Nero pur" zusammen mit den Beschreibungen und Wertungen in den Quellen historisch zu analysieren.

Jahr 54

Am 13. Oktober 54 gibt der neue Kaiser in einer ersten Ansprache vor den Prätorianern die an seine Mutter Agrippina adressierte Parole „Beste Mutter" *(Optima Mater)* aus. Für den verstorbenen Kaiser Claudius hält er die Leichenrede. Im Senat verkündet Nero, nach den Prinzipien des Augustus regieren zu wollen und sichert dem Gremium die Partizipation an den politischen Entscheidungen zu. Auf Veranlassung der Agrippina wird der Senator Marcus Iunius Silanus ermordet. Nero lässt sich vom Senat die Aufstellung einer Statue für seinen Vater Domitius Ahenobarbus bewilligen. Im Osten des Reiches kommt es erneut zu Konflikten mit den Parthern. Zankapfel ist das Königreich Armenien. Nero betraut den Feldherrn Corbulo mit der Leitung der römischen Unternehmungen im Orient. Am 15. Dezember feiert Nero seinen siebzehnten Geburtstag.

Jahr 55

Am 1. Januar tritt Nero zum ersten Mal das Amt des Konsuls an. Seinen Kollegen befreit er von der Verpflichtung, auf die kaiserlichen Verfügungen einen Eid abzulegen. Neros Berater Seneca ist einer der Suffektkonsuln. Der Princeps nimmt, wie es auch seine Vorgänger praktiziert hatten, den Titel „Vater des Vaterlandes" *(Pater Patriae)* an und wird zum „Oberpriester" *(Pontifex Maximus)* bestimmt. In dieser Eigenschaft nimmt der Princeps, nachdem die Tempel des Iuppiter und der Minerva von einem Blitz getroffen worden waren, in Rom eine rituelle Reinigung vor. Nero beginnt ein Verhältnis mit der Freigelassenen Acte. Im Februar stirbt Britannicus, der Sohn des ehemaligen Kaisers Claudius. Pallas, eine der wichtigsten Stützen des Claudius, verliert das Amt des Beauftragten für den kaiserlichen Finanzhaushalt. Neros Lehrer und Berater Seneca veröffentlicht die Schrift „Von der Milde" *(De Clementia)* mit einem Katalog von Empfehlungen für das richtige Regieren. Nach militärischen Erfolgen Corbulos im Orient wird Nero eine *Ovatio*, die kleinere Form eines Triumphs, gewährt. Am 15. Dezember feiert der Kaiser seinen achtzehnten Geburtstag.

Jahr 56

Nero unternimmt in Begleitung von Soldaten und Freunden nächtliche Streifzüge durch die Stadt Rom. Im Senat wird über eine Reform des Verfahrens bei Freilassungen von Sklaven beraten. In der Frage, ob die Prätoren Freilassungen revidieren dürfen, empfiehlt der Kaiser eine Entscheidung von Fall zu Fall. Etwas später billigt der Princeps eine Neugestaltung der staatlichen Kassenverwaltung. Am 15. Dezember feiert er seinen neunzehnten Geburtstag.

Jahr 57

Am 1. Januar tritt Nero sein zweites Konsulat an. Auf dem Marsfeld in Rom lässt der Kaiser ein Amphitheater aus Holz errichten, in dem Gladiatorenspiele und Tierhetzen stattfinden. Dem Volk von Rom spendiert der Kaiser einen Betrag von 400 Sesterzen pro Kopf. Per Edikt wird den Statthaltern in den Provinzen dagegen verboten, Spiele abzuhalten. Grund der Maßnahme sind Berichte, wonach sich einzelne römische Beamte dadurch bei der Bevölkerung beliebt machen wollten, um im Gegenzug ihren Rückhalt bei Anklagen wegen Erpressung zu erhalten. Der Senat tagt mehrfach, um über Verfehlungen von Statthaltern in den Provinzen zu beraten. Am 15. Dezember feiert Nero seinen zwanzigsten Geburtstag.

Jahr 58

Am 1. Januar beginnt Neros drittes Konsulat, das er bis Ende April innehat. Seinem in Geldnot befindlichen Amtskollegen gewährt er aus eigenen Mitteln ein Jahresgehalt von 500.000 Sesterzen. Auch andere Senatoren werden finanziell unterstützt. Im Orient gibt es neue militärische Auseinandersetzungen mit den Parthern um Armenien. Corbulo gelingt es, die armenische Metropole Artaxata sowie die strategisch wichtige Stadt Tigranokerta zu erobern. Wegen der Erfolge seines Feldherrn wird Nero zum Imperator ausgerufen, der Senat beschließt weitere Ehrungen. Eine Koalition germanischer Stämme sorgt an der Rheingrenze für Unruhe, kann aber durch eine konzertierte Aktion der Statthalter von Ober- und Untergermanien in die Schranken verwiesen werden. Nero scheitert mit dem Plan, sämtliche Steuern und Zölle abzuschaffen. Der Kaiser beginnt ein Verhältnis mit Poppaea Sabina, die in diesem Jahr die Ehe mit dem späteren Kaiser Otho eingeht. Nero schickt Otho als römischen Statthalter nach Lusitanien. Am 15. Dezember feiert Nero seinen einundzwanzigsten Geburtstag.

Jahr 59

An einem Tag zwischen dem 19. und 23. März stirbt Agrippina, die Mutter Neros, nachdem sie den Kaiser am Golf von Neapel besucht hatte. Der

Kaiser teilt mit, seine Mutter habe Selbstmord begangen. Kurz darauf stirbt Neros Tante Domitia. In einem Theater am Tiber hat Nero seinen ersten öffentlichen Auftritt als Sänger. In Pompeji kommt es im Rahmen von Gladiatorenkämpfen zu Ausschreitungen zwischen Bewohnern der Stadt und Besuchern aus Nuceria. Nero überweist die Regelung der Angelegenheit an den Senat, der die Stadt Pompeji mit einem Verbot von Spielen für die Dauer von zehn Jahren bestraft. In einer Besitzrechtsfrage im nordafrikanischen Kyrene bestätigt der Kaiser das vorausgegangene Votum des Senats, begnadigt aber die Beschuldigten und überlässt ihnen das von ihnen okkupierte Land. Am 15. Dezember feiert Nero seinen zweiundzwanzigsten Geburtstag.

Jahr 60

Von Januar bis Juni ist Nero zum vierten Mal Konsul. Im Sommer werden zum ersten Mal die *Neronia* gefeiert. Es ist vorgesehen, diese nach dem Kaiser benannten und von ihm ins Leben gerufenen musikalischen und sportlichen Wettkämpfe alle fünf Jahre stattfinden zu lassen. Für mehrere Wochen erscheint am nächtlichen Himmel über Rom ein Komet. Nero badet im Wasser der *Aqua Marcia,* einem Aquädukt, und wird anschließend krank. In Armenien setzt Corbulo Tigranes als römischen Vasallenkönig ein. Die Stadt Laodikeia in Kleinasien wird von einem Erdbeben heimgesucht, der Wiederaufbau geschieht ohne kaiserliche Hilfe. Die Hafenstadt Puteoli in Italien wird unter dem Namen *Claudia Neronensis Puteolana* in den Rang einer Kolonie erhoben. Der Kaiser schlichtet einen Streit bei den Wahlen um die Ämter der Praetoren und feiert am 15. Dezember seinen dreiundzwanzigsten Geburtstag.

Jahr 61

In Britannien bricht unter der Führung der Königin Boudicca ein Aufstand gegen die römische Herrschaft aus, der von Neros Legat Suetonius Paulinus niedergeworfen wird. Nero schickt seinen Freigelassenen Polyclitus auf die Insel, um den Frieden zu sichern. Am 15. Dezember feiert er seinen vierundzwanzigsten Geburtstag.

Jahr 62

Im Februar verursacht ein Erdbeben in Kampanien schwere Schäden. Erstmals werden unter Neros Herrschaft wieder Prozesse wegen Hochverrats geführt. Die erste Anklage richtet sich gegen den Praetor Antistius Sosianus, der Kritik am Kaiser geübt hatte. Im selben Jahr stirbt Burrus, der Kommandant der kaiserlichen Leibgarde und enger Freund Neros. Zu seinen Nachfolgern ernennt Nero Faenius Rufus und Ofonius Tigellinus. Seneca tritt von seinem Posten als Berater des Kaisers zurück. Der zuvor entmachtete Pallas stirbt. Neros Frau Octavia wird erst nach Kampanien, dann auf die Insel Pandateria verbannt, wo sie am 9. Juni stirbt. Nero heiratet in zweiter Ehe Poppaea Sabina.

In Armenien gibt es einen Rückschlag, die römischen Legionen müssen bei Rhandeia eine Niederlage hinnehmen. Es kommt zu neuen Kämpfen gegen die Parther. Am 15. Dezember feiert Nero seinen fünfundzwanzigsten Geburtstag.

Jahr 63

Am 21. Januar bringt Poppaea Neros Tochter Claudia zur Welt. Das Kind stirbt bereits vier Monate später. Im Frühjahr trifft eine Gesandtschaft der Parther in Rom ein, um mit dem Kaiser über die armenische Frage zu sprechen. Die Verhandlungen führen zu keinem konkreten Ergebnis. Am 15. Dezember feiert der Kaiser seinen sechsundzwanzigsten Geburtstag.

Jahr 64

Im Frühjahr tritt Nero in Neapel als Sänger auf. Dabei stürzt das Theater ein, der Kaiser bleibt unverletzt. Geplante Reisen nach Griechenland und Ägypten werden kurzfristig abgesagt. Am 19. Juli bricht in der Hauptstadt Rom ein verheerendes Feuer aus, das mehrere Tage lang wütet und bei dem große Teile der Stadt ein Opfer der Flammen werden. In der Folge wird auf Anordnung Neros eine große Zahl von Christen getötet und aufgrund des Vorwurfes der Brandstiftung öffentlich hingerichtet. Nero veranlasst einen raschen Wiederaufbau der Stadt und lässt sich mit dem

„Goldenen Haus" *(domus aurea)* einen monumentalen Palastkomplex errichten. Am 15. Dezember feiert Nero seinen siebenundzwanzigsten Geburtstag.

Jahr 65

Unter der Führung des Calpurnius Piso planen eine Reihe von Senatoren und weiteren Verschwörern den Sturz des Kaisers. Der Komplott wird aufgedeckt, es kommt zu Verhaftungen, Verbannungen und Hinrichtungen. Seneca begeht Selbstmord. Im selben Frühjahr findet zum zweiten Mal das Fest der *Neronia* statt. In ihrem Rahmen tritt der Kaiser zum ersten Mal in der Hauptstadt öffentlich als Sänger auf. Im Frühsommer stirbt Neros Frau Poppaea, Nero hält die Leichenrede. Am 15. Dezember feiert er seinen achtundzwanzigsten Geburtstag.

Jahr 66

Der Politiker und stoische Philosoph Paetus Thrasea verübt nach Konflikten mit Nero Selbstmord. Nero heiratet in der ersten Hälfte des Jahres in dritter Ehe Statilia Messalina. Der armenische König Tiridates kommt nach Italien, Nero bereitet ihm einen großen Empfang. In Palästina beginnt der jüdische Aufstand. Im September macht sich Nero auf den Weg zu einer Reise nach Griechenland, wo er am 15. Dezember seinen neunundzwanzigsten Geburtstag feiert.

Jahr 67

Nero nimmt in Griechenland als Wagenlenker an Wettkämpfen teil, unter anderem in Olympia, und tritt an verschiedenen Orten als Sänger auf. Kurz vor der Vollendung werden die Arbeiten am Kanal durch den Isthmos von Korinth eingestellt. Corbulo begeht in Korinth Selbstmord. Am 28. November verkündet Nero in Korinth die Autonomie Griechenlands. Der spätere Kaiser Vespasian wird mit dem Kommando zur Bekämpfung des Aufstandes der Juden in Palästina betraut. Im Dezember kehrt Nero, aufgrund von Nachrichten über Unruhen in Italien, nach Rom zurück, um dort am 15. Dezember seinen dreißigsten Geburtstag zu feiern.

Jahr 68

Im März erhebt sich Iulius Vindex, Statthalter der Provinz Gallien, gegen Nero. Anfang April wird Galba, römischer Statthalter in Spanien, von seinen Truppen zum Imperator ausgerufen. Anfang Juni erklärt der Senat Nero zum Staatsfeind. Der Kaiser verlässt Rom fluchtartig. Am 9. Juni begeht Nero im Landhaus seines Freigelassenen Phaon Selbstmord.

6   Familie

Der 21. Januar des Jahres 63 war für Nero ein glücklicher Tag. Der Kaiser war außer sich vor Freude, spürte eine, wie es heißt, übermenschliche Begeisterung. Grund war die Geburt seines ersten Kindes. Die Tochter, der er, ganz in der Tradition der Familie der Claudier, den Namen Claudia gab, war in Antium zur Welt gekommen, in jenem Ort, in dem auch Nero vor etwas mehr als 25 Jahren das Licht der Welt erblickt hatte. Dazu bekam sie den Ehrentitel *Augusta*, den Augustus einst erstmals seiner Frau Livia verliehen hatte und der anzeigen sollte, dass Nero mit seiner Tochter viel vorhatte.

Schon im Vorfeld war die anstehende Geburt in der Öffentlichkeit ein großes Thema gewesen. Der Senat beteiligte sich an der Herstellung einer feierlichen Stimmung mit Gelübden und Bitten an die Götter, die Schwangerschaft der Poppaea, der Gattin Neros, zu beschützen. Die Götter erwiesen sich als gnädig, die Geburt verlief ohne Komplikationen. Das freudige Ereignis gab erneut Anlass zu allerlei Spektakel, bei denen der stolze Vater, in dieser Hinsicht mit viel Talent versehen, die Regie führte.[1] Neben den üblichen Dankgebeten an zahlreiche Götter stiftete er der Göttin der Fruchtbarkeit einen Tempel. Goldene Statuen der Glücksgöttin Fortuna, nebenbei auch spezielle Schutzgöttin von Antium, wurden auf dem Thron des kapitolinischen Iuppiter in Rom platziert. Für die Masse der Bevölkerung gab es sportliche Wettkämpfe. Und auch in dieser Hinsicht sollte die Geburtsstadt seiner Tochter nach den Plänen des Kaisers eine besondere Rolle spielen. In Bovillae, nicht weit entfernt von Rom, hatte die iulische Familie ein Familien-Heiligtum, wo der verstorbene Augustus verehrt wurde und wo im Namen der Iulier Spiele stattfanden. Dasselbe sollte nun in Antium passieren, zu Ehren der claudischen Familie.

Poppaea, die Mutter der Claudia, war ein Jahr zuvor Neros zweite Frau geworden. Die Ehe mit Octavia, der Tochter des ehemaligen Kaisers Claudius, 53 geschlossen, war im Jahr zuvor auf eine für die Gattin wenig erfreuliche Weise beendet worden. Getrübt wurde das Verhältnis, wie die antike Gerüchteküche behauptete, schon dadurch, dass es Nero mit der ehelichen Treue nicht sehr genau nahm. Das war zwar ein Vorwurf, der

Abb. 3: Porträt der Poppaea

gegen jeden Kaiser aus der iulisch-claudischen Dynastie seit Augustus erhoben wurde. Aber es kann als sicher gelten, dass Nero als Affären deutbare Beziehungen hatte, sodass es zwischen Kaiser und der Frau des Kaisers zu einer auch nach außen hin spürbaren Entfremdung kam. Octavia hatte außerdem ihre Pflicht und Schuldigkeit getan, indem sie überhaupt Neros Frau geworden war und damit die direkte Verbindung zum damaligen Kaiser Claudius herstellte, sodass Neros Legitimität als künftiger Herrscher verbessert werden konnte. Es handelte sich um eine der vielen politisch motivierten Heiraten in der römischen Oberschicht. Bald überwog bei Nero der Überdruss an seiner Frau gegenüber der Notwendigkeit, nach außen hin die Fassade eines geordneten Ehelebens hinter den Mauern des Palastes auf dem Palatin zu wahren. Er behandelte Octavia so schlecht, dass ihn, wie Sueton berichtet, Freunde deswegen heftig kritisierten.[2] Nero soll geantwortet haben, sie dürfe froh sein, sich mit dem Namen „Gattin" schmücken zu dürfen.

Dann führte der Überdruss zu dem Entschluss, diese Ehe zu beenden. Dafür gab es auch in Rom die an sich vernünftige Option der Scheidung. Tatsächlich wurde diese bald darauf vollzogen. Drei Wochen später heiratete der Kaiser seine zweite Frau Poppaea. Von außen betrachtet, waren die Verhältnisse klar, und viele Beobachter der Szenerie waren damals davon überzeugt, dass Poppaea der wahre Scheidungsgrund war. Sueton spricht von Mordabsichten, die Nero gehegt habe. Er habe oft daran gedacht, Octavia zu erdrosseln, es aber nie getan. Man möchte gerne wissen, woher Sueton von solchen Mordplänen wusste. Er gehörte zwar zu den gewöhnlich gut unterrichteten Kreisen, aber von einem solchen perfiden Vorhaben konnte er eigentlich keine direkte Kenntnis haben. Hier dürfte er aufgegriffen haben, was in der Bevölkerung an Gerüchten und Mutmaßungen umherschwirrte. Nero hatte einen besonderen Nachteil: Man traute ihm eben alles zu, deswegen war man sehr schnell mit den Kategorien Mord und Totschlag zur Hand.

Fakt ist, dass sich Nero von Octavia offiziell scheiden ließ und sie aus dem Palast verwies. Überdruss konnte auch der Kaiser schlecht als offizielle Begründung angeben. So musste die den Römern nicht unbekannte Variante der Unfruchtbarkeit herhalten, was nach neun Jahren Ehe vielen auch glaubhaft erschien. Dazu sollen Gerüchte gestreut worden sein, Octavia habe sich des Ehebruchs schuldig gemacht. Nero hatte immer ein Ohr am Puls des (einfachen) Volkes. So dürfte er Stimmen nicht überhört haben, die ihr Unverständnis über die Behandlung der Octavia laut artikulierten. Orte, um dies zu tun, waren üblicherweise das Theater oder der Circus. Gelegentlich tauchten die Menschen auch vor dem kaiserlichen Palast auf, um ihre Meinung vorzutragen. Schon deshalb waren die Kaiser gezwungen, bei ihren Handlungen mögliche Reaktionen der Plebs mit einzukalkulieren. Nero jedoch handhabe das Thema Octavia mit aller Konsequenz. Octavia durfte nicht länger in Rom bleiben, sonst bekam er nie Ruhe in die Angelegenheit. Also schickte er sie nach Kampanien und stellte sie dort unter Bewachung. Es rumorte jedoch immer weiter im Volk. Octavia, deren persönliches Profil in den Quellen nicht klar zum Vorschein kommt, muss jedoch einige Sympathien genossen haben. Diese Feststellung gilt, auch wenn nicht ausgeschlossen werden kann, dass die antiken Quellen hier massiv eingegriffen haben, um einen Kontrast zwischen der von ihnen als skrupelloser Intrigantin porträtierten Poppaea, die zu Nero passte, und der unschuldigen Octavia, dem Spielball der Großen und Mächtigen, herzustellen. Fakt ist, dass Octavia schließlich auf Anordnung Neros auf die Insel Pandateria verbannt wurde. Diese kleine Insel im Tyrrhenischen Meer, in der Nähe von Ischia und gegenüber der alten griechischen Gründung Kyme gelegen, war schon unter den ersten Kaisern der iulisch-claudischen Dynastie zu einer beliebten Auslagerungsstätte von Frauen geworden, die man am Hof nicht mehr haben wollte. Prominente Leidensgenossinnen der Octavia waren beispielsweise Iulia, die Tochter des Augustus, oder deren Tochter Agrippina „die Ältere", die Gattin des Germanicus und Mutter Caligulas. Auf dieser Insel ließ Nero seine ehemalige Frau dann umbringen, indem er ihr alle Adern aufschneiden ließ. Das will jedenfalls Tacitus erfahren haben.[3] Der Mord wurde damit gerechtfertigt, dass der alte Vorwurf des Ehebruchs wieder aus der Schublade geholt wurde. Dazu wurde eigens eine Anhörung veranstaltet. Die geladenen Zeugen jedoch gaben an, die Anschuldigung sei falsch. So stiftete der Kaiser einen seiner Lehrer und Berater, den Freigelassenen Anicetus, an, das Geständnis abzulegen, er habe mit der Ehefrau Neros sexuelle Beziehungen gehabt. Anicetus wurde später mit dem Posten des Präfekten der Flotte in Misenum am Golf von Neapel belohnt. Inwieweit all diese Geschichten um Scheidung, Verbannung und Tod der historischen Realität entsprechen, kann nicht zweifelsfrei festgestellt werden. Immer ist zu bedenken, dass die Hauptquellen stets bemüht waren, Nero in einem schlechten Licht erscheinen zu lassen.

Octavia verabschiedete sich jedenfalls als tragische Gestalt aus der Geschichte. Sie starb mit etwa zweiundzwanzig Jahren, nachdem sie neun Jahre lang Neros Frau gewesen und zuvor vier Jahre mit ihm verlobt gewesen war. Sie starb am 9. Juni 62, auf den Tag genau sechs Jahre vor Nero. Ihr Leben war kurz und schwierig, dafür darf sie sich posthum damit trösten, dass man ihr ein bemerkenswertes literarisches Denkmal gesetzt hat. Ein paar Jahre nach ihrem Tod erschien in der römischen Kulturszene eine Tragödie, deren Titel *Octavia* lautete. Wer sich dabei an die unglückliche ehemalige Frau Neros erinnert fühlte, hatte Recht. Wer heute nachlesen will, worum es dabei ging, kann dies ohne Schwierigkeiten tun,[4] da der Text vollständig erhalten ist. Gegenstand der Tragödie ist das traurige Schicksal der Octavia, der von ihrem Gatten Nero so übel mitgespielt wurde. Dargestellt wird, wie sie von Nero verstoßen wurde, wie sich der Kaiser auch nicht durch das Eingreifen seines Beraters Seneca umstimmen ließ, wie Nero Poppaea heiratete und wie Octavia in die Verbannung geschickt wurde. In der älteren Forschung vertrat man die Auffassung, der Autor dieses Werkes sei Seneca höchstpersönlich gewesen. Diese Meinung wird heute, auch wenn sich manche Anklänge an philosophische Lehren Senecas ausfindig machen lassen, aus guten Gründen nicht mehr geteilt. Jedoch zeigt die Tatsache, dass ein solches Werk überhaupt entstehen und – sicher noch zu Lebzeiten Neros – veröffentlicht werden konnte, dass die Affäre um Octavia einigen Staub aufgewirbelt und Nero dadurch sicher nicht gerade an Ansehen gewonnen hat.

Der neuen Favoritin Sabina Poppaea, seiner zweiten und vorletzten Frau, war auch kein langes Eheglück an der Seite des Kaisers vergönnt. Dabei wies sie eine respektable Herkunft auf, faszinierte aber vor allem durch ihre äußere Erscheinung. Ihre Schönheit ist auch Nero nicht unbemerkt geblieben. Anscheinend war er wirklich, jedenfalls anfangs, in sie verliebt. Machtpolitisch gesehen, hatte er sich mit der neuen Verbindung verschlechtert. Die Tochter eines ehemaligen Kaisers war sie nicht. Der Vater hieß Titus Ollius und hatte die politische Karriereleiter nicht sehr hoch erklommen. Die Mutter, die ebenfalls Poppaea hieß, galt nach dem Expertenurteil des Tacitus als schönste Frau ihrer Zeit. Davon hatte die Tochter einiges geerbt. Ihr wichtigstes Kapital, das Aussehen, pflegte und hegte sie in einer Weise, dass selbst die an manche exotischen Kosmetika gewöhnten Römer in Erstaunen gerieten. Berühmt wurden ihr Bad in Eselsmilch, wofür angeblich eine tägliche Milchration von 500 Eselinnen

Abb. 4: Münzporträt Neros

fällig war, und eine von ihr selbst entwickelte Salbe. Sie besaß, wie der Historiker unnachahmlich, aber wohl auch wieder undifferenziert formuliert, alle Vorzüge außer einer anständigen Gesinnung. Insofern konnte sie als die ideale Ergänzung zu Nero angesehen werden, wenn auch dessen Aussehen als trauriges Kontrastprogramm zu seiner schönen Frau interpretiert werden konnte. Auf den Münzporträts, die halbwegs authentisch das Profil des Herrschers zeigen, werden Kopf und Hals Neros im Laufe der Zeit immer dicker und massiger. Suetons Beschreibung dürfte der Wirklichkeit sehr nahekommen: „Nero war von beinahe mittelgroßer Figur, sein Körper war voller Flecken und stank, sein Haar war hellblond, die Gesichtszüge waren eher schön als fein, die Augen blau und kurzsichtig. Er hatte einen feisten Nacken, einen vorstehenden Bauch und extrem dünne Beine."[5]

Es darf mit an Sicherheit grenzender Wahrscheinlichkeit angenommen werden, dass es nicht die Person Nero gewesen ist, die Poppaea das Wagnis einer Ehe mit diesem Herrscher eingehen ließ. Ein Wagnis war die Ehe, weil Nero bei seiner ersten Frau gezeigt hatte, dass er nicht zimperlich war, wenn er etwas durchsetzen wollte. Poppaea faszinierte nicht der Mann, sondern die Macht, die er hatte. Und sie war angezogen von Luxus und Pomp, das ihr ein Leben an der Seite Neros in Aussicht stellte.

In Sachen Ehe war Poppaea darüber hinaus nicht unerfahren. Im Gegenteil: Nero hatte bis dahin eine Ehe hinter sich, bei Poppaea waren es bereits zwei. Sie war zudem ein paar Jahre älter. Nero war zum Zeitpunkt der Heirat vierundzwanzig, sie etwa zweiunddreißig.[6] Ihre ersten beiden Ehen hatten jeweils vier Jahre lang gedauert. Insofern war die Ehe mit Nero ein Rückschritt, weil sie schon nach drei Jahren zu Ende ging. Ihr zweiter Ehemann war der spätere Kaiser Otho gewesen, der sich in den Machtkämpfen nach dem Tod Neros für kurze Zeit durchsetzen konnte. Noch während sie mit Otho verheiratet gewesen war, soll sie, wie die antiken Gewährsmänner wissen wollen, die Geliebte Neros gewesen sein.

Dieselben Informanten versuchen den Eindruck zu erwecken, Poppaea sei die Komplizin Neros bei vielen seiner Verbrechen, so bei der Beseitigung der Mutter Agrippina und der Ausschaltung der Octavia gewesen. Daran ist wohl nur so viel richtig, dass sie sich, anders als Octavia, nicht mit der Rolle der „Frau an seiner Seite" begnügte. Starke Frauen im Kaiserhaus erregten notorisch das Misstrauen konservativer Kreise, deren Sprachrohr ein Tacitus war. Auch Livia, die Frau des Augustus, war bereits in das Fadenkreuz der Kritik geraten. So wollte man sich auch gerne vorstellen, dass Poppaea ihren Anteil an Neros Untaten hatte. Poppaea war intelligent, ehrgeizig und engagiert. Sie beschritt ungewöhnliche Wege, indem sie eine Affinität zum jüdischen Glauben hatte und auch in jüdischen Kreisen verkehrte – dies zu einer Zeit, in der sich im fernen Judäa die politische Lage immer weiter zuspitzte und 66 zu einem großen jüdischen Aufstand führte.

Wie Nero zu diesen Aktivitäten seiner Frau stand, ist nicht überliefert. Sicher aber war er mehr darüber erfreut, dass sie im Januar 63 den familiären Erwartungen entsprach und die Tochter Claudia zur Welt brachte. Auch wenn Nero dieses Ereignis groß inszenierte, darf man unterstellen, dass er tatsächlich stolz und froh war, nun Vater geworden zu sein. Umso härter traf es ihn, dass Claudia bereits nach vier Monaten starb. Der Schicksalsschlag stürzte ihn in tiefe Verzweiflung. Doch stille Trauer war nicht Neros Sache. So, wie die Geburt öffentlich zelebriert worden war, musste nun die ganze Öffentlichkeit, unter umgekehrten Vorzeichen, mit dem Kaiser leiden. Das Kleinkind, nach seiner Geburt sofort zur *Augusta* befördert, wurde nach dem Tod mit der Erhebung zu den Göttern *(consecratio)*, geehrt. Inschriften dokumentierten das Unglück ebenso wie Münzen mit der Legende DIVA CLAUDIA, „Staatsgöttin Claudia". Diese Prägungen wurden zum Teil von Städten im Reich veranlasst, die sich von dieser Geste der Loyalität sicher Vorteile erhofften.

Nur vier Monate lang war Nero Vater gewesen. Weitere Kinder gab es

Abb. 5: Münze mit
DIVA CLAUDIA

nicht, und das, obwohl Poppaea zwei Jahre später wieder schwanger wurde. Das Kind sollte aber nie zur Welt kommen. Daran trug, wie es heißt,
Nero die Schuld. In einem Wutanfall soll er Poppaea in den Bauch getreten haben – ein Makel, der ihm bis heute ebenso anhaftet wie der Mord an
seiner Mutter Agrippina und der Brand von Rom. Tacitus, Sueton und
Cassius Dio bieten einhellig diese Darstellung. Tacitus kennt auch die Version eines Giftmordes, die er aber nicht für wahrscheinlich hält. Cassius
Dio ist sich nicht sicher, ob die Tat absichtlich oder unabsichtlich geschah.[7] Tacitus unterstellt keine Absicht,[8] Sueton legt sich in dieser Frage
nicht fest.[9] Der Anlass soll nichtig gewesen sein: Poppaea machte Nero
Vorwürfe, weil er so spät von einem Wagenrennen zurückgekommen sei,
obwohl sie doch schwanger und krank war. Ob es sich wirklich so abgespielt hat, darf mit Fug und Recht bezweifelt werden. Es sieht so aus, als
habe die Überlieferung den Umstand des plötzlichen Todes der Poppaea
mit fünfunddreißig Jahren zum Anlass genommen, einen weiteren Ein-
trag in das Sündenregister Neros vorzunehmen. Der Fußtritt in den Bauch
der schwangeren Frau durch einen tyrannischen Herrscher war überdies
ein Motiv, das in der Literatur bereits vorlag und das den Charakter eines
Topos angenommen hatte. Ein berühmter Präzedenzfall war der Tyrann
Periandros von Korinth, der am Ende des 7. und zu Beginn des 6. Jahrhunderts v. Chr. das Regiment in der reichen griechischen Handelsmetro-
pole führte. Ganz so wie Nero soll er seine schwangere Gattin Melissa
durch einen unbeabsichtigten Fußtritt in den Bauch getötet haben. Ob

bereits die Zeitgenossen Nero dieser Tat bezichtigten oder ob es die späteren Autoren gewesen sind, die sich dieses Motivs bedient haben, lässt sich nicht sicher entscheiden. Auf jeden Fall dürfte der Mord an der Ehefrau zu jenen Elementen gehören, die lanciert wurden, um aus Nero ein Ungeheuer zu machen, während Poppaea in Wirklichkeit möglicherweise eines natürlichen Todes gestorben ist.

Wie Tacitus in diesem Zusammenhang eigens betont, hatte Nero Poppaea geliebt und wollte mit ihr Kinder haben. Durch ihren Tod im Frühsommer 65 hatte sich diese Hoffnung zerschlagen. Mit einem pompösen Begräbnis trug er seine Trauer ein weiteres Mal nach außen. Wie bei seiner Tochter Claudia erfolgte auch in diesem Fall die Konsekration: Aus Sabina Poppaea wurde posthum die *Diva Poppaea Augusta*. Nero selbst hielt die Leichenrede, pries darin ihre Schönheit und erinnerte daran, dass sie die Mutter eines vergöttlichten Kindes gewesen sei. Bestattet wurde Poppaea im inzwischen gut bestückten Mausoleum des Augustus auf dem Marsfeld in Rom. Der Leichnam wurde, anders als üblich, nicht verbrannt, sondern einbalsamiert, wobei Weihrauch und andere exotische Ingredienzien zum Einsatz kamen. Die Abkehr von der herkömmlichen Praxis der Bestattung mag an der Vorliebe der Verstorbenen für orientalische, zumal jüdische Gebräuche gelegen haben. Vielleicht war sie aber auch das Ergebnis der Sympathien, die der Kaiser selbst ägyptischen Kulten entgegenbrachte.

Noch ein weiteres Mal fand im Hause Nero eine Hochzeit statt. Wenige Monate nach dem Tod der Poppaea heiratete Nero, in der ersten Hälfte des Jahres 66, eine Senatorentochter namens Statilia Messalina. Vor ihrer Ehe mit Nero war sie bereits viermal verheiratet gewesen, und unter den drei Frauen Neros ist sie mit dem Alleinstellungsmerkmal ausgestattet, ihren Gatten überlebt zu haben. Ihr vierter Ehemann, also der direkte Vorgänger Neros in der Riege ihrer Gatten, war eine bekannte Persönlichkeit gewesen: Es handelte sich um Atticus Vestinus, den Konsul des Jahres 65. Er gehörte eigentlich zu den engen Freunden Neros. Doch dem Princeps missfiel, wie Tacitus mitteilt, seine offene und respektlose Art, und deshalb ließ er ihn, übrigens auf dieselbe Weise wie seine erste Ehefrau Octavia, umbringen. Sueton bestätigt das Faktum, führt aber als Grund für den Mord an, Nero habe dessen Ehefrau Statilia für sich allein haben wollen.

Etwas mehr als zwei Jahre hatte Statilia das etwas zweifelhafte Vergnügen, Gattin des Kaisers Nero zu sein. Über diese Ehe schweigen sich die ansonsten in solchen Angelegenheiten auskunftsfreudigen Quellen so beredt aus, dass man annehmen darf, Statilia Messalina habe, im Gegensatz zu ihrer schillernden Vorgängerin, ein vergleichsweise unauffälliges Leben geführt. Nach vier eigenen Ehen und in Kenntnis dessen, was Neros beiden anderen Frauen passiert war, handelte es sich dabei zweifellos um einen vernünftige Vorgehensweise. Was Nero an Statilia schätzte, war vor allem wieder ihre Schönheit, die sich auch in den Münzporträts zeigt. Als Nero am 9. Juni 68 starb, war sie nicht bei ihm. Wie lange sie noch lebte, ist nicht genau bekannt. Otho, einer von Neros kurzfristigen Nachfolgern, wollte sie heiraten.[10] Ob Neros Witwe den gleichen Wunsch hatte, wird nicht überliefert. Jedenfalls kam es ohnehin nicht zu dieser von Otho gewünschten Verbindung, weil er im April 69, in eine aussichtslose politische Lage geraten, Selbstmord beging. Zu diesem Zeitpunkt lebte Statilia noch, denn der verhinderte Verehrer Otho schickte ihr noch einen Abschiedsbrief. So kam Otho um die Chance, als einziger Römer eine ehemalige Frau Neros zu heiraten. Möglicherweise lebte sie auch noch unter den flavischen Kaisern.

Dass die Quellen Nero, je länger er herrschte, desto mehr in einen regelrechten Blutrausch versetzten und praktisch jeden Mord in Familie, Verwandtschaft und Bekanntenkreis auf sein Konto gehen ließen, hängt mit einer Tat zusammen, für die es tatsächlich keine entlastenden Gründe gibt. Im März 59, als er noch mit Octavia verheiratet war, jedoch offenbar auch schon enge Beziehungen zu Poppaea Sabina pflegte, veranlasste er die Ermordung seiner Mutter Agrippina. Diese Tat hat Nero für alle Zeiten das Etikett des „Muttermörders" eingebracht. Schon die Zeitgenossen hielten den kalt geplanten Mord an Agrippina für seine übelste Handlung. Auf Häuserwände in Rom und in anderen Städten wurden Graffiti gekritzelt, in denen Nero in einem Atemzug mit den mythischen Muttermördern Alkmeon und Orest genannt wurde.[11] Aurelius Victor, der Autor für eilige Leser, hielt, bei aller selbst verordneten Platzknappheit, den Mord Neros an Agrippina für so wichtig, dass er ihn mit harschem Kommentar in seine biografische Skizze aufgenommen hat.[12]

In der Liste der am ausführlichsten beschriebene Morde der Antike rangiert die gewaltsame Beseitigung der Agrippina ganz weit oben. Berühmtheit erlangte er auch dadurch, dass er Spannungselemente enthielt, die aus einem modernen Kriminalroman stammen könnten. Denn der raffinierte erste Versuch, Agrippina aus dem Weg zu räumen, scheiterte.

Der Mord gelang erst im zweiten Anlauf. Von Tacitus stammt die detaillierteste Beschreibung der Ereignisse,[13] Sueton und Cassius Dio liefern in einigen Punkten Varianten.

Es war kurz nach Mitte März 59, als Nero den schon lange gehegten Plan, seine Mutter zu töten, in die Tat umzusetzen begann. Gift oder Dolch waren die ersten Optionen, die ihm einfielen. Doch beide Möglichkeiten wurden verworfen. Dolch war zu brachial und auffällig, und Gift, etwa verabreicht an der Tafel des Kaisers, zu verräterisch. Außerdem hatte sich die vorsichtige Agrippina in den Jahren zuvor durch die regelmäßige Einnahme entsprechender Medikamente gegen Gift immunisiert. Man müsse, so waren sich die Teilnehmer der regelmäßigen Lagebesprechungen, die unter der Leitung des Kaisers stattfanden, einig, etwas ganz Raffiniertes finden – etwas, was nicht nach Mord, sondern nach einem Unglück aussah. Da hatte Neros Berater, der Freigelassene Anicetus, die zündende Idee. Der Kaiser hatte ihn als Belohnung für loyale Dienste, als er mit seiner Aussage, mit Neros Frau Octavia Ehebruch begangen zu haben, den Grund für ihre Ermordung lieferte, zum Befehlshaber der im Golf von Neapel bei Misenum stationierten Flotte gemacht. Wäre es nicht verlockend, fragte Anictus, einen Schiffsunfall mit tödlichem Ausgang zu simulieren? Er könne ein Schiff bauen lassen, mit einer technischen Vorrichtung, die auf hoher See durch eine mechanische Apparatur die Kaiserin ins Wasser katapultieren würde. Nero war begeistert, auch, weil er ein Faible für alles Technische hatte.

Nun musste Agrippina auf das bei Neapel wartende, präparierte Schiff gelockt werden. Die Gelegenheit dazu bot sich, als der Kaiser sich zur Feier des Festes für die Göttin Minerva in das mondäne Seebad Baiae begab. Hier pflegte sich die römische Prominenz geistig und körperlich wieder in Form zu bringen. Auch Neros Lehrer Seneca hatte hier ein Haus. Agrippina kam mit einem eigenen Schiff. Im Hafen wurde sie von ihrem Sohn empfangen, mit Händedruck und Umarmung – beides wohl kalkulierte Gesten, die Gerüchten den Wind aus den Segeln nehmen sollten, der Kaiser habe sich mit seiner Mutter endgültig überworfen. Nero fühlte sich prächtig, war ganz in seinem Element. Sein Talent zur Inszenierung und Schauspielerei fand in dieser Situation ein reiches Betätigungsfeld. Im nahe gelegenen Bauli wurde ein opulentes Gastmahl veranstaltet. Nero behandelte die Mutter fast übertrieben zuvorkommend, platzierte Agrippina auf einem Ehrenplatz neben sich.

Als die Feier zu Ende war und Agrippina sich auf die Rückreise machen wollte, geleitete der Sohn sie zu dem manipulierten Schiff. Das Schiff, mit dem sie gekommen war, war durch einen scheinbar zufälligen Zusammenstoß inzwischen außer Betrieb gesetzt worden. Er verabschiedete sich freundlich und herzlich und hoffte, sie zum letzten Mal lebend gesehen zu haben. Unruhig wartete er in der nächtlichen Villa auf die erlösende Nachricht vom Tod der Mutter. Auf der dunklen See hatte sich zunächst alles so abgespielt, wie vom Kaiser und seinen Mitverschwörern geplant. Das mit Blei beschwerte Dach der Kabine, in der sich Agrippina befand, stürzte herab, einer ihrer Begleiter war auf der Stelle tot. Alles geriet in Panik, Agrippina, nur leicht verletzt, blieb ruhig. Als das Schiff zu kentern drohte, sprang sie von Bord, schwamm eine Weile, wurde dann von Barken aufgenommen und erreichte sicher das nahe liegende Ufer.

Agrippina wusste, dass sie mit knapper Not einem Anschlag entkommen war, und ihr Verdacht fiel sofort auf ihren Sohn Nero. Dennoch hielt sie es für klüger, sich ahnungslos zu stellen. Von dem Landhaus, in dem sie Quartier gefunden hatte, schickte sie ihren Bediensteten Agermus zum Kaiser, um ihm die freudige Nachricht von ihrer wundersamen Rettung zu überbringen. Gleichzeitig bat sie ihn, von einem Besuch abzusehen, da sie nach all der Aufregung Ruhe benötige.

Der Bote wurde von Nero sofort ins Gefängnis geworfen, weil er den Eindruck erwecken wollte, dieser sei von Agrippina geschickt worden, um ihn zu ermorden. Um diesen Verdacht zu erhärten, legte er ihm unauffällig einen Dolch zwischen die Füße. Inzwischen hatte sich die Nachricht von dem Vorfall wie ein Lauffeuer verbreitet. Anscheinend war die ganze Bevölkerung aus der Gegend um den Golf von Neapel auf den Beinen. Weil man nicht genau wusste, was mit Agrippina passiert war und ob sie das Unglück überlebt habe, machte man sich mit Fackeln zur Küste auf. Als man hörte, dass Agrippina wohlauf sei, verwandelten sich die Rettungsmannschaften augenblicklich in Freudenzüge. Dies ist eine Information des Tacitus, die insofern etwas befremdet, weil der Historiker sonst nicht müde wurde, die Unpopularität Agrippinas zu betonen – doch gerne brachte er alles unter, was als Missstimmung gegen Nero gedeutet werden konnte.

Nachdem der Plan mit dem Schiff fehlgeschlagen war, disponierte Nero um. Wenn es nicht auf die raffinierte Weise funktionierte, dann musste es auf einfachere Art versucht werden. Statt Tod durch Unfall lautete die

Devise jetzt: Selbstmord. Als Grund sollte der Öffentlichkeit die Scham über den aufgedeckten Mordplan an ihrem Sohn herhalten. Noch in derselben Nacht entsandte der Kaiser ein Kommando mit Anicetus an der Spitze zu der Villa, in der sich Agrippina aufhielt. Angesichts der Tatsache, dass die folgenden Ereignisse nicht dazu angetan waren, sie auf dem offenen Markt zu verbreiten, hören sich die von Tacitus mitgeteilten Details erstaunlich gut informiert an. Die Villa wird umstellt. Neros Leute dringen in Agrippinas Schlafzimmer ein. Es ist schwach beleuchtet, außer ihr nur eine einzige Dienerin anwesend. Agrippina, im Bett liegend, gerät in Furcht. Die Dienerin läuft davon, Agrippina ruft aus: „Auch du verlässt mich." Nun erkennt sie Anicetus, dazu zwei weitere Vertraute ihres Sohnes. Sie schöpft kurz Hoffnung, glaubt, Nero wolle sich nach ihrem Befinden erkundigen. Ihr Sohn als Muttermörder? Unvorstellbar. Doch die Eindringlinge umstellen ihr Bett, einer der drei schlägt ihr mit einem Knüppel auf den Kopf. Dann zückt ein anderer das Schwert. Agrippina reißt ihr Gewand herunter, hält ihm ihren Schoß entgegen, schreit „Den Leib triff". Von Wunden übersät, verblutet sie. Was sie mit diesen letzten Worten meinte, hat Cassius Dio ergänzt: „… denn dieser Leib hat Nero geboren"[14].

Diese Fakten, so versichert Tacitus, werden von allen Quellen bestätigt. Unsicher sei, ob Nero seiner toten Mutter noch einen Besuch abgestattet und dabei ihre Schönheit gepriesen habe. Sueton will von psychischen Qualen des Kaisers wissen. Oft sei ihm die Mutter im Traum erschienen. Magier habe er dazu veranlasst, Opfer zu bringen, um den Geist der Verstorbenen zu erwecken und gnädig zu stimmen. Ein Staatsbegräbnis war in der kaiserlichen Regie nicht vorgesehen, wohl weil der Kaiser Mitleids- oder Sympathiebekundungen vonseiten der Bevölkerung fürchtete. So erhielt Agrippina, die ihren Sohn fünf Jahre zuvor zum Kaiser gemacht hatte, auf dessen Anweisung an Ort und Stelle ein einfaches Grab. Später, als Nero längst mit anderen Dingen beschäftigt war, wurde sie von ihrer Dienerschaft unter einem einfachen Grabhügel an der Straße nach Misenum, hoch über dem Meer, bestattet. Nebenan befand sich ein Landhaus, das einst zum Besitz des Iulius Caesar, Ahnherr der Iulier und Wegbereiter der Monarchie, gehört hatte. Der Kaiser aber begab sich nach Rom und ließ dort seine Rettung feiern.[15]

Agrippina starb an einem Tag zwischen dem 19. und 23. März des Jahres 59; diese Spanne ergibt sich aus der Terminierung des fünftägigen Minerva-Festes in Baiae. Sie war zu diesem Zeitpunkt 43 Jahre alt. Ehrgeizig und konsequent hatte sie das Ziel verfolgt, ihren Sohn zum Princeps zu machen. Dafür hatte sie, wie kolportiert wurde, auch in Kauf genommen, auf ihr Leben zu verzichten. „Mag er mich töten, wenn er nur Herrscher wird", soll sie damals gesagt haben.[16] Nero hatte der Mutter also viel zu verdanken. Zwar wird man die Version von dem tödlichen Pilzgericht, das sie ihrem Ehemann Claudius verabreicht haben soll, wohl eher in das Reich der Legende verweisen. Doch dass sie energisch darauf hingearbeitet hatte, Nero für die irgendwann anstehende Nachfolge aussichtsreich zu positionieren, steht außer Frage. Warum ließ er sie dann töten? Sie war ihm doch in den ersten Jahren seiner Herrschaft eine große Stütze. Sie hatte Erfahrung, wusste, wie man mit der Macht umging, und war bereit, Nero in jeder Hinsicht zu helfen.

Sie war es auch gewesen, die hinter dem Mord an Britannicus stand. Der bedauernswerte Sohn des Kaisers Claudius hatte den Herrscherwechsel noch unbeschadet überstanden. Doch es war klar, dass aus der Sicht Agrippinas seine bloße Präsenz eine potenzielle Bedrohung der Herrschaft ihres Sohnes war. In den führenden Kreisen der Hauptstadt Rom gab es nicht wenige, die nicht verstehen wollten, warum nach dem Tod des Claudius Nero und nicht Britannicus Kaiser geworden war. Allenfalls dessen sehr jugendliches Alter – beim Tod des Vaters war er gerade einmal dreizehn Jahre alt gewesen – konnte als ein Hindernis angesehen werden. Und wie bei Claudius auf ein baldiges natürliches Ableben zu hoffen, war daher eher unrealistisch. Daher hatte Agrippina entschieden: Britannicus muss beseitigt werden. Passenderweise suchte sie sich dafür dessen vierzehnten Geburtstag am 12. Februar 55 aus. Kein Zufall: Mit dem Erreichen dieses Alters galt Britannicus nicht mehr als Kind, sondern als Erwachsener, was durch die Aushändigung der entsprechenden Toga dokumentiert wurde.

Die Quellen unternehmen in diesem Zusammenhang in auffälliger Weise den Versuch, Agrippina zu entlasten, was ihre Beteiligung an dem Tod des Britannicus angeht. Weil sie immer öfter Streit mit Nero hatte, habe sie, so wird berichtet,[17] damit gedroht, ihn zu stürzen und Britannicus als neuen Kaiser einzusetzen. Deswegen habe Nero selbst entschieden, den Konkurrenten aus dem Weg zu räumen. Zum Zorn Neros habe auch der Umstand beigetragen, dass Britannicus eine so angenehme Stimme hatte. Mag man Folgendes glauben, was Tacitus erzählt? Am Fest der Saturnalien 54, das traditionell im Dezember stattfand und bei dem die

Sklaven Herren spielen durften – womit die realen Hierarchien nur noch umso deutlicher zu Bewusstsein gebracht wurden –, trieb Nero mit Altersgenossen allerlei kurzweilige Spiele, bei denen auch viel Alkohol floss. Man loste mit Würfeln einen König aus, Nero gewann und forderte die Kameraden auf, etwas aufzuführen, was sie nicht in Verlegenheit bringen würde. Auch Britannicus war dabei, der in die Mitte trat und sich anschickte, ein Lied anzustimmen. Nero, der schon damals erste Anwandlungen hatte, in sich einen großen Künstler zu vermuten, war davon überzeugt, dass sich der junge Mann schon rein musikalisch blamieren würde. Zur allgemeinen Überraschung machte er seine Sache aber gut. Zum speziellen Ärger Neros enthielt das Lied lauter Anspielungen darauf, dass man ihm die Herrschaft geraubt hatte.[18] Diese Szene ist historisch glaubwürdig, denn sie entspricht Neros Lebensstil und auch der Perfidie, zu der er immer imstande war, wenn es darum ging, andere bloßzustellen, um damit selbst besser dazustehen. Doch ob Britannicus ausgerechnet mit diesem Lied sein eigenes Todesurteil unterzeichnete, ist zumindest zweifelhaft.

Über den Tod des Britannicus kursieren in den Quellen verschiedene Aussagen, und auch die moderne Forschung, die zu Recht alles in der Überlieferung über Nero auf den Prüfstand stellt, ist sich über die genauen Abläufe nicht einig. Die Alternative lautet: Wurde er vergiftet, oder starb er nicht doch eines natürlichen Todes? – immerhin litt er wie sein Vater und übrigens auch bereits Iulius Caesar an epileptischen Anfällen. Einen solchen Anfall jedenfalls machte Nero selbst geltend, als Britannicus bei einem kaiserlichen Gastmahl am Tisch zusammenbrach und starb. Hinter vorgehaltener Hand sprach man davon, dass Britannicus auf Anweisung Neros vergiftet worden sei. Wieder einmal bringen die antiken Autoren den Namen der Locusta ins Spiel, die bereits bei dem Mord an Claudius als Expertin für Giftmorde aller Art in Erscheinung getreten sein soll, was in der Realität wahrscheinlich nicht der Fall war. Mehrere Mixturen wurden getestet, die zum Tod des Rivalen führen sollten. Das Spiel nimmt in den Beschreibungen groteske Züge an, wenn geschildert wird, wie man eine Testreihe mit Tieren startete. Das erste von der bewährten Giftmischerin Locusta gebraute Getränk brachte einen Ziegenbock erst nach fünf Stunden zur Kapitulation. Das war deutlich zu viel. Einen fünfstündigen Tod des Britannicus an seiner Tafel wollte sich Nero nicht antun. Besser lief es mit einem Ferkel, das als Nummer zwei in der Testphase eine verbesserte Giftrezeptur schlucken musste und auf der Stelle verendete. Diese überzeugende Wirkung des Giftes trat kurz danach auch bei Britannicus ein. Die Bestattung wurde aus verständlichen Gründen nicht an die große Glocke gehängt: Agrippina und Nero wollten verhindern, dass es zu Ovationen für den populären Sohn des Claudius und möglicherweise bei dieser Gelegenheit auch gleich noch zu Unmutsbekundungen gegenüber dem aktuellen Kaiser kam. Aber Nero stellte auch hier seine besondere Begabung unter Beweis, allem, was er tat, eine nachvollziehbare rationale Begründung zu geben. So wurde die überhastete Beerdigung vor der Öffentlichkeit damit erklärt, dass er es als eine alte römische Tradition ausgab, die Leichen von früh verstorbenen Menschen vor den Blicken der Masse zu verbergen und sich nicht lange mit Ansprachen oder sonstigen zeremoniellen Veranstaltungen aufzuhalten. Zwar konnte sich keiner an einen solchen Brauch wirklich erinnern, aber wenn der Kaiser es sagte, so sollte es wohl auch stimmen.

Cassius Dio hat eine merkwürdige Geschichte parat.[19] Als Folge der Vergiftung sei die Leiche des Britannicus – ein toxikologisch bemerkenswertes Phänomen – blau angelaufen. Deswegen ließ er den leblosen Körper mit Gips überstreichen. Aber als man den Toten über das Forum trug, ging ein heftiger Regenschauer nieder und wusch, da der Gips noch feucht war, diesen völlig ab. So konnte man, kommentiert der Autor dieses Ereignis gut 150 Jahre später, von dem Verbrechen nicht nur hören, sondern man konnte es auch mit eigenen Augen sehen.

Dass Nero bei diesem Mord seine Hände im Spiel hatte, kann nicht bestritten werden. Auf jeden Fall wusste er, was ablief. Jedoch fand die Tat in einer sehr frühen Phase seiner Herrschaft statt, als er noch ein eher willfähriges Instrument der Agrippina war. So dürfte auch die Akte Britannicus auf ihr Konto gegangen sein. Ihre Planungen und ihre Ziele waren maßgeblich gewesen. Und so hatte sie, aus ihrer Sicht, sich um die Sicherung von Neros Zukunft außerordentlich verdient gemacht.

Warum also tötete Nero dann seine Mutter, der er viel zu verdanken hatte? Die Antwort ist, wenn man Neros mentale Disposition, seinen Charakter, seine Psyche veranschlagt, einfach. Agrippina störte ihn dabei, sein Kaisertum zu zelebrieren. Er blieb nicht ewig der Sechzehnjährige, der unter der Protektion seiner Mutter als jüngster aller bisherigen römischen Kaiser an die Herrschaft gekommen war. Anfangs tat er das, was ihm Agrippina oder auch seine zunächst unentbehrlichen Helfer Seneca und

Burrus sagten. Zunehmend aber erkannte er, wer er war – nämlich der mächtige Herrscher über das römische Weltreich – und was er alles durfte und konnte. Je mehr er sich emanzipierte, desto mehr kühlte sich das Verhältnis zwischen Mutter und Sohn ab. „Seine Mutter", erzählt Sueton mit Bezug auf diese Phase in der Entwicklung Neros, „verfolgte das, was er tat und sagte, mit ziemlich bitterem Tadel."[20] Was sich der Sechzehnjährige noch hatte bieten lassen, ließ der Achtzehn-, Neunzehn-, Zwanzigjährige nicht mehr durchgehen.

Das Verhältnis Nero–Agrippina weist einige Ähnlichkeiten mit der Beziehung Tiberius-Livia auf.[21] In beiden Fällen waren es dominante Mütter, die es natürlich nur „gut meinten", jedoch den Handlungsspielraum der kaiserlichen Söhne stark einschränkten. Während Nero noch ein junger Mann war, als er an die Herrschaft kam, befand sich Tiberius bereits in fortgeschrittenem Alter. 55 Jahre zählte er und musste erleben, dass die rüstige Kaiserinwitwe und Mutter Livia, beim Tod des Augustus auch schon 71 Jahre alt, keinerlei Anstalten machte, sich auf das Altenteil zu begeben. Im Gegenteil: Sie engagierte sich weiterhin in der Politik und gab dem Sohn mehr ungebetene als erbetene Ratschläge. Erst im Jahre 29 starb sie im Alter von 86 Jahren. Während Nero nicht lange warten musste, um an die Spitze des Staates zu gelangen, dauerte es bei Tiberius sehr lange. Während der Sohn der Livia deren Bevormundungen durch den Rückzug in eine Art innerer Emigration kompensierte, ging Nero in die Offensive. Tiberius mied die Öffentlichkeit, wurde wunderlich und wählte als Spätfolge der Probleme, die er mit der Mutter und der Welt hatte, das freiwillige Exil auf der Insel Capri. Nero tötete seine Mutter und fühlte sich danach frei, sein Herrschertum so auszuleben und zu gestalten, wie er es wollte. Die Mutter war zum Schluss nur noch die lästige Erinnerung an eine frühe Phase der Macht, als er noch Verbündete wie Agrippina benötigt hatte. Und Agrippina hatte ihn an einer Sache hindern wollen, die je länger desto mehr für ihn wichtig werden sollte: zu zeigen, dass man Kaiser und in der Position war, sich immer und überall in dieser Funktion zu inszenieren.

Nero litt nicht an einem chronischen, unheilbaren, pathologischen Blutrausch, als Folge eines genetisch-psychischen Defekts, wie man es manchen Publikationen und vor allem in cineastischen Produktionen zumal amerikanischer Provenienz gerne dargestellt. Es gab kein planloses Wüten und Morden, wie man meinen könnte, wenn man den Berichten antiker Autoren folgt, die einen Mord nach dem anderen folgen lassen, als habe Nero jegliche Kontrolle über sich verloren.

Dies ist aber der Tenor, den der ordnungsliebende, von vorbildlichen Herrschern wie Traian und Hadrian verwöhnte Hofbeamte Sueton verbreitet, wenn er nach der Schilderung des Todes der Agrippina den Eindruck erwecken will, Nero sei ein Serienmörder gewesen: „Dem Mord an seiner Mutter ließ er die Ermordung seiner Tante unmittelbar folgen."[22] Die sich anschließende Geschichte von den Umständen ist eine typische Sueton-Erzählung, deren prinzipielle Glaubwürdigkeit allerdings nicht gering einzuschätzen ist, weil der Autor aufgrund seiner professionellen Tätigkeit im kaiserlichen Archiv zu den bestinformierten Kaiserkennern seiner Zeit gehörte: „Als er die Tante, die auf Grund einer Verstopfung krank im Bett lag, besuchte und sie ihm mit der Hand durch die zarten Haare seines sprossenden Bartes fuhr, wie das ältere Herrschaften als Liebkosung gerne tun, soll sie durch eine Fügung des Schicksals gesagt haben: ‚Wenn ich den erhalten habe, will ich sterben'. Da wandte er sich an die Leute, die um ihn herumstanden, und sagte, als ob er einen Scherz machen wolle, er werde den Bart sofort abnehmen lassen. Und den Ärzten gab er die Anweisung, der Kranken etwas mehr von den Abführmitteln zu verabreichen. Sie war kaum tot, da setzte sich Nero in den Besitz ihres Vermögens. Ihr Testament hatte er unterschlagen, damit ihm nichts verloren ginge."

Bei dieser Tante, die Sueton Gelegenheit gab, Tiefgründiges über die Affinität älterer Menschen zum Haarwuchs ihrer Nachkommen auszusagen, handelte es sich um Domitia, eine betagte Schwester von Neros Vater Domitius Ahenobarbus. Ihre Existenz zeigt im Übrigen an, wie groß und weit verzweigt die neronische Familie war. Wie stimmig Sueton hier an sich arbeitet, zeigt die zeitliche Zuordnung. Domitia muss tatsächlich bald nach Agrippina gestorben sein, denn die Bart-Geschichte korrespondiert mit Nachrichten, wonach Nero sich zur Feier der *Juvenalia* 59 erstmals den Bart scheren ließ. Diese „Jugendspiele" waren Neros eigene Erfindung, als beredtes Beispiel dafür, dass er keine Gelegenheit zum Feiern ausließ – dies jedoch nicht aus purer Feierlaune heraus, sondern um seine Herrschaft zeremoniell zu orchestrieren. Das führte am Ende zu dem Ergebnis, dass ihm diese dekorative Verpackung wichtiger war als der Inhalt. Herrschaft wurde bei Nero zu einer sich selbst genügenden Form, in deren Mittelpunkt nur eines und einer stand: Kaiser Nero. Dass er wirklich an dem Tod der alten Domitia schuldig war, ist unwahrscheinlich. Ihr Geld dürfte den schwerreichen Kaiser nicht zu einer solchen Tat veranlasst haben. Politisch hatte er von ihr erst recht keinen Nutzen. Domitia, alt und gebrechlich, dürfte trotz der quellenmäßigen Sekundanz eines Cassius Dio, der davon spricht, Nero habe es auf ihre Besitzungen in Baiae und Ravenna abgesehen gehabt, ganz von allein gestorben sein.[23]

Bei Sueton reiht sich auch dem einfachen Grund Mord an Mord, weil es zu seinem biografischen Schema gehörte, Neros Herrschaft, wie die aller anderen Kaiser, in feste Rubriken einzuteilen. Wer die Rubrik „Todesfälle" liest, muss automatisch den Eindruck erhalten, Nero habe nichts anderes getan, als zu morden. Und bei einem solchen Verfahren wird auch leicht zu Mord, was in Wirklichkeit ein natürlicher Tod war.

Auf der anderen Seite darf Nero natürlich auch nicht zu einem Friedensengel stilisiert werden. Nero hat getötet und gemordet, wenn es ihm politisch oder finanziell nutzte. Damit reihte er sich in eine Tradition ein, die bereits in den Zeiten der späten Republik begonnen hatte, als bei den Auseinandersetzungen innerhalb der Aristokratie Gewalt eine immer größere Rolle spielte und geradezu zu einem festen Bestandteil der politischen Mentalität wurde. Das Attentat auf Iulius Caesar an den Iden des März des Jahres 44 v. Chr. war kein Einzelfall. Auch weniger prominente Politiker wurden damals zu Opfern dieser blutigen Konflikte. Und als Augustus das Ruder übernahm, eine moderate Monarchie installierte und den Anspruch erhob, den Römern Frieden, Ordnung und Sicherheit gebracht zu haben, verschwanden Morde und andere Untaten nicht plötzlich von der politischen Bühne. Dass auch ein Kaiser nicht sakrosankt war, hatte das gewaltsame Ende des Caligula dokumentiert. Es kommt also darauf an, sich darüber klar zu sein, dass ein Nero nicht insofern ein exzeptionelles und exotisches Phänomen in der römischen Geschichte gewesen ist, als er die Gewalt als Mittel zur Behauptung in familiären und staatlichen Konfliktsituationen erfunden hätte. Er bediente sich, in der späten Phase seiner Herrschaft, sogar zunehmend exzessiv eines Instruments, das in der römischen Gesellschaft schon lange etabliert, wenn nicht gar, in bestimmten Kreisen, sanktioniert war.

7 Freunde und Helfer

Kein Herrscher kann allein handeln, nicht einmal und ganz besonders nicht der römische Kaiser. Das römische Principat, so wie es Augustus organisiert hatte, gründete ganz wesentlich auf einem Netz persönlicher Beziehungen, das ständig aktiviert werden musste. Und neben dem eifrig arbeitenden Personal auf der Ebene von Militär, Politik und Administration waren für den Kaiser Persönlichkeiten geradezu unentbehrlich, die zu seinem ständigen Beraterstab zählten und die sich im besten Fall sogar als Freunde des Kaisers bezeichnen durften. Nero hatte, abgesehen von zahlenmäßig allerdings bald stark dezimierten Familienangehörigen, zwei ganz enge Vertraute und dazu eine ganze Schar von Freunden und Freundinnen, die sich zumindest zeitweilig in dem gelegentlich zweifelhaften Ruhm sonnen durften, zu seinen Auserwählten zu zählen. Waren es wirklich Freunde? Wiederum gilt es, möglichst Objektivität walten zu lassen. Wer Nero als Ungeheuer zeichnet, stempelt seine Umgebung gerne als „Spießgesellen", „Komplizen" oder „Mittäter" ab. So ist es unerlässlich, den Kreis derjenigen, die mit ihm oft zu tun hatten, die ihn prägten oder von ihm geprägt wurden, genauer unter die Lupe zu nehmen.

Die zwei ganz engen Vertrauten waren Seneca und Burrus, der eine Neros Lehrer, der andere Befehlshaber der Leibgarde. Bei Cassius Dio findet sich eine Stelle, in der der Historiker die Rolle der beiden „klügsten und einflussreichsten Männer" am kaiserlichen Hof in der Anfangszeit von Neros Herrschaft charakterisiert.[1] Sie nahmen, wie Dio ausführt, die ganze Regierung in ihre Hand und machten ihre Sache auch ganz gut, und von überall her ernteten sie Lob. Nero hatte auch nichts dagegen, denn „er war kein Freund der Arbeit und war nun zufrieden, sich Vergnügungen hinzugeben, während die Regierung genau so gut wie zuvor lief." Dabei verfolgten die beiden keine eigenen Machtinteressen, sondern dachten nur an Nero und dessen sittlich-moralische Integrität. „Sie hatten die Absicht, dass er ohne große Schädigung des allgemeinen Staatswohls seiner Begierden überdrüssig werde und sich dann von selbst ändere, gerade als wenn sie nichts davon wüssten, dass ein jugendlicher und eigenwilliger Geist, in ungehemmter Freiheit und vollständiger Selbstständigkeit er-

zogen, statt der Begierden satt zu werden, gerade dadurch noch zusätzlich
verdorben wird." Und so lief der hehre Plan, Nero zu einem guten Menschen zu machen, indem man ihn erst einmal in seinen privaten Vergnügungen gewähren ließ, aus dem Ruder. Zuerst gab sich Nero bei Gelagen
ebenso zurückhaltend wie bei Zechtouren und Liebesaffären. Aber da
man ihn gewähren ließ und in der Politik alles gut funktionierte, kam er
zu dem Schluss, es sei alles in Ordnung und er könne nun noch intensiver
seinen privaten Vergnügungen nachgehen. So gab er sich seinen Lustbar-
keiten immer hemmungsloser hin, „und wenn seine beiden Berater in
Form von Mahnungen oder seine Mutter mit tadelnden Worten etwas
sagte, dann schien er zwar in ihrer Anwesenheit verlegen zu sein und versprach, sich ändern zu wollen. Waren sie aber gegangen, erlag er von
neuem seiner Begierde und folgte jenen, die ihn in die andere Richtung,
auf die abschüssige Bahn, führten."[2]

Diese Beschreibung hat, wenn man wissen will, wie sich Neros Entwicklung gestaltete, den großen Nachteil, dass sie mehr über das Herr-
schaftsverständnis eines Cassius Dio und das Bild, das er sich von einem
Kaiser machte, offenbart als über den authentischen Ablauf der Dinge.
Der Senator und Autor des 3. Jahrhunderts hatte seine eigenen Erfahrungen und Vorstellungen und projizierte diese gerne in die Vergangenheit
zurück. Vor allem darf man, wenn man seine Darstellung interpretiert, sie
dahingehend korrigieren, dass weder Seneca noch Burrus ein wirkliches
pädagogisches Interesse an Nero hatten. Diese Einschätzung lässt sich auf-
rechterhalten, obwohl der Senator Tacitus gut 100 Jahre vor Dio in dasselbe Horn geblasen hatte. „Diese beiden Lenker des jugendlichen Kaisers",
so schwärmte der strenge Historiker, „waren … miteinander einig und
übten mit ganz verschiedenen Mitteln denselben Einfluss aus: Burrus mit
seiner militärischen Tätigkeit und seiner Sittenstrenge, Seneca mit seinem
Unterricht in der Beredsamkeit und seiner würdevollen Umgänglichkeit."[3] Als eigentlichen Störfaktor sah Tacitus indes nicht den unbändigen
Charakter Neros, sondern die Umtriebigkeit der Agrippina, die nach „übler Alleinherrschaft"[4] strebte. Wieder einmal tritt Nero als Person hinter
den Deutungen und (Wunsch-)Vorstellungen seiner antiken Chronisten
zurück.

Sextus Afranius Burrus war ein militärischer Karrierist. Bereits unter
Tiberius bekleidete er erste Ämter. Der große Karrieresprung erfolgte unter Claudius, als er zum alleinigen Präfekten der Prätorianer ernannt wur-

de. Das geschah im Jahr 51, zum selben Zeitpunkt, als Nero mit einer
Reihe von Privilegien versehen und die Anwartschaft auf die Kronprin-
zenrolle dokumentiert worden war. Die Beförderung hatte Burrus Agrippina zu verdanken, die ganz richtig erkannt hatte, dass es für die weiteren
Pläne mit Nero eminent wichtig war, in der Position des Chefs der Leibgarde einen Vertrauten zu wissen. Seit den Tagen eines Tiberius waren die
Prätorianer zu einer Macht im Staat geworden, ohne deren Zustimmung
und Loyalität kein Herrscher regieren konnte. Ins Leben gerufen hatte die
Garde noch Augustus. Er hatte eine Elitetruppe aus neun Kohorten zu je
1000 Mann geschaffen, die in Quartieren in und um Rom untergebracht
wurden. Später wurde ihre Zahl sukzessive erhöht. Die Legionen waren
meist fern von Rom stationiert, an den Grenzen des Reiches. Die Prätorianer aber waren immer ganz nah und deswegen, je nach Einstellung,
eine Beruhigung oder eine Bedrohung. Kommandiert wurden sie in der
Regel von zwei Befehlshabern. Kaiser, die wie Tiberius die Zügel schleifen
ließen, liefen Gefahr, zu Spielbällen der Prätorianer zu werden. Das hätte
auch ein Caligula bedenken sollen, an dessen Ermordung Prätorianer
ihren Anteil hatten. Ihr Meisterstück lieferte die Führung der Elitetruppe
bei der Inthronisierung des Claudius ab. Nach dem Attentat auf seinen
Neffen Caligula hatte er sich im Palast versteckt, in der sicheren Erwartung, als naher Verwandter ebenfalls auf der Todesliste zu stehen. Ein
Angehöriger der Leibgarde entdeckte ihn hinter einem Vorhang – und
begrüßte ihn zu seiner größten Überraschung als Imperator. Dem Senat
blieb daraufhin nichts anderes übrig, als die Wahl der Prätorianer zu be-
stätigen.

Dass Burrus 51 alleiniger Chef wurde, zeigt, wie sehr Agrippina auf ihn
und seine Fähigkeiten baute. Tatsächlich wird ihm attestiert, dass er ein
sehr fähiger Militär war.[5] Nach dem Tod des Claudius zahlte es sich für
Agrippina und Nero aus, dass sie sich um Burrus und seine Leute immer
gut gekümmert hatten. Der Herrscherwechsel verlief problemfrei. Agrippina wusste, wie man die Prätorianer hofierte und schickte Nero als Erstes
und sofort in ihr Hauptquartier, wo er ihnen seine Aufwartung machte.
Erst dann kamen Senat, Volk und Militär an die Reihe. Als Nero den Palast
verließ, befand sich Burrus an seiner Seite – ein wichtiges und deutliches
Signal, dass der Befehlshaber mit der Wahl einverstanden war.

Auch in der Folgezeit erwies sich Burrus also loyaler Helfer des Kaisers.
Berichte, wonach Nero erwogen haben soll, ihn seines Postens zu ent-

heben, weil er ein von Agrippina protegierter Mann war, müssen nicht nur deswegen als unglaubwürdig gelten, weil sie auf Tacitus zurückgehen, der gerne überall Intrigen, Neid und Eifersucht witterte.[6] Es wäre auch unklug, ja, am Anfang fast politischer Selbstmord gewesen, den einflussreichen Burrus gegen sich aufzubringen. Das sollte sich jedoch ändern. Denn acht Jahre nach dem Herrschaftsantritt Neros endeten Karriere und Leben des Sextus Afranius Burrus.

Wie kam es zu dem Tod im Jahre 62? Wer unter Nero starb, starb, wenn nicht zufällig eines natürlichen Todes, durch Gift. Diesen Eindruck kann man jedenfalls nach dem Studium der antiken Quellen haben. Auch der etwas plötzliche Tod des verdienten Burrus soll durch Nero verabreichtes Gift erfolgt sein. Toxikologen müssen in dieser Zeit Hochkonjunktur gehabt haben. Richtig ist allerdings, dass Burrus nicht mehr mit allem konform ging, was Nero tat. Er war ein loyaler Helfer, aber kein willfähriger Vollstrecker der Pläne des Kaisers. Das zeigte sich bei der Ermordung Agrippinas. Als der Versuch mit dem Schiff fehlgeschlagen war, rief der verzweifelte Nero Seneca und Burrus zu sich. Was hinter selbstverständlich verschlossenen Türen besprochen wurde, weiß keiner so genau, doch Tacitus gibt sich halbwegs informiert.[7] Jedoch ist er sich nicht sicher, ob die beiden engsten Berater in die Mordpläne eingeweiht waren. Sie sollen erst einmal nichts gesagt haben, entweder, wie Tacitus spekuliert, um nicht vergeblich von einem erneuten Mordversuch abraten zu müssen, oder in dem Glauben an Neros Versicherung, dass er nur einem Attentat Agrippinas zuvorgekommen sei. Seneca fragte Burrus, wie es um die Möglichkeit bestellt sei, Neros Mutter durch Prätorianer aus dem Weg zu räumen. Formt man die Antwort, die Tacitus paraphrasierend widergibt, in direkte Rede um, so antwortete Burrus: „Die Prätorianer sind dem ganzen Kaiserhaus verpflichtet und werden in der Erinnerung an Germanicus keine Mordtat gegen dessen Tochter wagen."[8] Gegen den Mord an sich hatte er aber nichts: Neros Vorschlag, seinen Vertrauten Anicetus in das Landhaus der Mutter zu schicken, um sie zu töten, wurde von ihm gebilligt. Für Nero war dies eine wichtige Erkenntnis: Burrus war bereit, sich von seiner Gönnerin und Förderin Agrippina zu lösen und sich hinter den Kaiser zu stellen.

Burrus war ein Militär der alten Schule, geradeaus, kein Intrigant und auch nicht vertraut mit den Raffinessen der großen Politik. So fand er auch keinen richtigen Zugang zu den besonderen Ritualen und Formen, mit denen Nero seine Herrschaft dekorierte. Er hatte keinen Sinn für die Inszenierung der Macht, die Nero vor allem nach dem Tod seiner Mutter ungeniert und demonstrativ auslebte. Opposition zu betreiben, verbat ihm sein Selbstverständnis. Nero hatte das Glück, in Burrus über einen Präfekten zu verfügen, der, anders als Vorgänger wie die machtbewussten Seianus und Macro unter Tiberius, nicht danach strebte, selber das Heft des Regierens in die Hand zu nehmen. Neros Trennung von seiner ersten Frau Octavia fand indes nicht seine Billigung, und er teilte dies auch dem Kaiser mit – allerdings vergeblich. Cassius Dio, mit der Vorliebe, seine historischen Szenen mit wörtlichen Zitaten der Protagonisten zu garnieren, lässt Burrus dabei sagen: „Gut, aber dann gib ihr die Mitgift zurück"[9]. Dio behauptet, dies habe so viel geheißen wie „Gib ihr die Herrschaft zurück." So etwas aber hat der echte Burrus nie gesagt und nicht einmal gedacht. Überhaupt überzeugt Dios Versuch, ihn fast zu einem Oppositionellen zu stilisieren, nicht, auch wenn es zutrifft, dass Burrus gegenüber Nero gelegentlich kein Blatt vor den Mund nahm.

Dass Burrus 62 nicht einem Giftmord zum Opfer fiel, sondern ganz normal starb, ergibt sich allein schon daraus, dass sich die Quellen in dieser Angelegenheit selbst nicht ganz sicher sind. Also müssen die Indizien für eine bewusste Tötung mehr als schwach gewesen sein. Burrus litt, das steht fest, an einer Erkrankung des Kehlkopfes. Sie führte schließlich zum Tod durch Ersticken – ohne Neros Zutun, auch wenn die Quellen der Versuchung nicht widerstehen können, eine Beteiligung des Kaisers wenigstens anzudeuten. Viele Informanten versichern, sagt Tacitus,[10] man habe, als die Krankheit ausbrach, auf Befehl Neros, angeblich, um ihm eine Medizin zu verabreichen, den Gaumen mit einer todbringenden Tinktur bestrichen. Sueton sagt lapidar, Nero habe dem Patienten ein Mittel gegen seine Krankheit versprochen, stattdessen aber Gift geschickt.[11] Tacitus kennt sogar die letzten Minuten im Leben des Prätorianer-Präfekten Afranius Burrus: Nero kommt zu Besuch ans Krankenbett, fragt, wie es ihm geht. Burrus wendet sich ab, sagt, indem er das erste Wort im Satz betont: „Mir geht es gut."[12] Auch dieser Satz, obwohl wirkungsvoll lanciert, dürfte in die Abteilung „Gut erfunden" einzuordnen sein.

Burrus Nachfolger als Kommandant der Prätorianer wurde im selben Jahr 62 die schillernde Figur des Tigellinus. Verkörpert Burrus den Typus eines gleichermaßen loyalen wie besonnenen Nero-Helfers, so gilt Tigelli-

nus geradezu als Sinnbild eines skrupellosen Unterstützers, der so recht zu
jenem Tyrannen Nero passte, als der der Kaiser im überwiegenden Teil der
Quellen porträtiert wird. Schon der zweite Name „Ofonius" zeigte an, dass
er nicht aus den vornehmsten Kreisen der römischen Gesellschaft stammte. Aus der Feder des Tacitus stammt eine kurze, aber eindrucksvolle Wür-
digung, die mit dafür verantwortlich ist, dass der Name Tigellinius im
großen Buch der römischen Geschichte für alle Zeiten mit negativen
Attributen versehen ist.[13] Er war, so heißt es an einer Stelle, in der Tacitus
das Volk über den Tod des Tigellinus im Jahr 69 jubeln lässt, „von niederer
Herkunft, mit Schande befleckt in seiner Jugend, schamlos in Alter. Das
Kommando über die Feuerwehr und die Leibgarde … hatte er durch Verbrechen erlangt. Sofort verübte er Taten der Grausamkeit, dann der Habgier – Verbrechen einer männlichen Entschlossenheit. Nero hatte er zu
allen denkbaren Schandtaten verführt. Einiges wagte er auch ohne dessen
Wissen."

Tigellinius war der ideale Präfekt für Nero. Der Kaiser wollte nach dem
Tod des Burrus keinen skrupulösen Befehlshaber mehr. Er wollte jemanden, der seinem Stil entsprach, der ihn unterstützte und schützte, wenn er
sich virtuos als Herrscher inszenierte und produzierte. Weder war Nero
das Geschöpf des Tigellinus noch Tigellinus das Geschöpf Neros. Vielmehr hatten sich hier zwei Menschen getroffen, die ohne den jeweils anderen nicht hätten sein können, was sie wurden, waren und wollten.

Der Leistungsnachweis des Tigellinus liest sich wie ein permanentes
Sündenregister. Unter Caligula fiel er erstmals negativ auf. Er musste wegen einer Affäre mit der Schwester des Kaisers in die Verbannung gehen.
Nach der Rückkehr betätigte er sich als Züchter von Rennpferden und
kam auf diese Weise mit Nero in Kontakt, der ein Faible für Wagenrennen
und damit auch für edle Pferde hatte. Tigellinus erlebte nun voller Begeisterung, was es bedeuten konnte, ein Freund Neros zu sein. So, wie Nero
Freude daran hatte, den Kaiser zu spielen, sah Tigellinus seine Erfüllung
darin, dem Kaiser so zu assistieren, dass er sich dieser Passion mit der
Gewissheit hingeben konnte, sich auf die Garde und deren Anführer verlassen zu können.

Zuerst machte Nero Tigellinus zum Leiter der städtischen Feuerwehr.
Das hört sich vielleicht unwichtiger an, als es war, und klingt vor dem
Hintergrund, dass Nero als ein großer Brandstifter in die Annalen einge-
gangen ist, fast wie eine Ironie der Geschichte. Jedoch brannte es in Rom

oft, und daher war der Chef der Feuerwehr ein bedeutender Mann. Und
außerdem war Nero kein Brandstifter. Die nächste Stufe auf der Karriereleiter war die Ernennung zum Kommandanten der Prätorianergarde. Diese erfolgte 62, gleich nach dem Tod des Burrus. Zur Sicherheit stellte er
ihm, in der Tradition der prätorianischen Doppelspitze, einen Kollegen
namens Faeninus Rufus zur Seite. Dieser hatte sich zu Beginn der Regierungszeit Neros um die Getreideversorgung in der Hauptstadt gekümmert. Er machte seine Sache gut, war bei der Plebs angesehen und daher
in den Augen Neros qualifiziert, um mit Tigellinus als Partner die Prätorianer zu befehlen.

Beinahe bei jedem Mord, der Nero ab 62 in die Schuhe geschoben wurde, soll Tigellinus das operative Geschäft übernommen haben – sich also
persönlich um die ordnungsgemäße Durchführung der Untaten gekümmert haben. Tatsächlich nahm die Zahl der Fälle, in denen Nero wirkliche
oder vermeintliche innenpolitische Gegner rigoros verfolgen und ermorden ließ, nach dem Jahr 62 deutlich zu. Was man früher als Ausdruck
eines immer weniger kontrollierbaren Caesarenwahnsinns bezeichnet hat,
war in der Realität die latent schon immer vorhandene Zuspitzung einer
Verhaltensweise, die Nero schon bald nach Regierungsantritt an den Tag
gelegt hatte – der unbezähmbare Drang, seine kaiserliche Macht wie in
einem Schauspiel, in dessen Mittelpunkt einzig und allein Nero stand, zu
präsentieren. Der Tod des Burrus und die Heirat mit Poppaea werden ihn
in dieser Haltung bestärkt haben. 65 war Tigellinus maßgeblich beteiligt
an der Niederwerfung einer von dem Senator Gaius Calpurnius Piso or-
ganisierten Verschwörung. Nero zeigte sich verschwenderisch dankbar
und zeichnete ihn mit vielen Ehrungen und Privilegien aus. Er vergaß
dabei auch nicht, die Soldaten, die ihm geholfen hatten, mit Geld und
Geschenken auszustatten. In keiner Phase seiner Herrschaft vergaß der
nach außen hin so theatralische Princeps, dass seine Macht vom Militär
abhing – und die Stimmung im Staat von der Plebs. So galt seine besondere Fürsorge immer diesen beiden Gruppen. Die Freundschaft des Tigellinus zu Nero ging indes nicht so weit, dass er bedingungslos zu ihm
gehalten hätte. Als Nero am Ende seiner Herrschaft immer mehr in Bedrängnis geriet, verließ er rasch das sinkende Schiff, sagte sich von dem
gescheiterten Kaiser los und versuchte sich – flexibel oder opportunis-
tisch, je nach Standpunkt – seinen Nachfolgern Galba und Otho anzu-
dienen. Die Neigung Othos, einen alten Nero-Vertrauten mit an Bord zu

nehmen, hielt sich allerdings in engen Grenzen. Im Gegenteil: Er verhäng-
te über ihn das Todesurteil, dessen Ausführung Tigellinus mit Selbstmord
zuvorkam.

Der Tod des Burrus und der Aufstieg des Tigellinus hatten das Ende der
Ära Seneca eingeläutet. Diesen Sachverhalt hat Tacitus klar erkannt, wenn
er die neue Lage, allerdings in der ihm eigenen moralisierenden Betrach-
tungsweise, so kommentiert: „Der Tod des Burrus brach Senecas Macht-
stellung, weil die Einflüsse zum Guten nicht mehr die gleiche Wirkung
hatten, seit der eine Mann, der gleichsam geführt hatte, beseitigt war und
Nero den schlechteren Elementen zuneigte."[14] Niemand anders war, außer
der Mutter Agrippina, so nah am Princeps Nero gewesen wie Seneca, der
Politiker mit der Affinität zur stoischen Philosophie. 49 hatte er von
Agrippina den Auftrag erhalten, Nero auszubilden. Nachdem Nero 54
Kaiser geworden war, begann Senecas beste Zeit. Parallel zur Aufgabe,
Nero zu einem guten Herrscher zu machen, widmete er sich intensiv sei-
ner eigenen politischen Laufbahn. Mit Nero als bunter Eminenz im Rü-
cken wurde er bereits 55 zum Suffektkonsul ernannt.

Vor allem aber häufte er dank der Großzügigkeit des Kaisers wahre
Reichtümer an. Zwar war er mit Neros exzessivem Herrschaftsstil schon
lange nicht mehr einverstanden. Eine Denkschrift, zu Anfang der Regierung Neros publiziert, mit dem Titel „Über die Milde" sollte den jungen
Monarchen, in der Form eines Fürstenspiegels, in die Tradition großer
Römer wie Caesar einbinden. Doch Seneca erkannte, dass diese Bemühungen einen ungeeigneten Adressaten hatten. Er wusste: Nero interessierte sich nicht für hehre, philosophisch fundierte Maximen der Herrschaft, sondern nur für Nero.

Seinen inneren Widerstand behielt er aber lieber für sich, so lange das
Geld des Kaisers in seine Kassen floss. Dank Neros Geberlaune wurde er
zu einem der reichsten Männer des Imperiums. Um 300 Millionen Sesterzen soll sich sein Vermögen in den ersten Jahren der Regierung Neros
vergrößert haben. Dazu schaute er sich von Nero einiges in Sachen Luxus
ab. Er beklagte den Luxus anderer, bewirtete seine Gäste aber an Tischen
aus Zitronenholz mit Elfenbeinfüßen.[15]

So war es kein Wunder, dass Neros schwerreicher Berater ins Visier der
Kritiker geriet, die vor allem aus dem Lager konservativer Senatoren
stammten. Ihr späteres Sprachrohr Tacitus hat die Vorwürfe zusammengefasst und dabei auch angedeutet, aus welch teilweise dubiosen Quellen

das Geld stammte: „Durch welche Weisheit, durch welche philosophischen Lehren hat er binnen vier Jahren kaiserlicher Freundschaft 300 Millionen Sesterzen zusammengebracht? In Rom gingen ihm die Testamente kinderloser Leute wie bei einer Treibjagd ins Netz, Italien und die Provinzen werden durch seinen unermesslichen Zinswucher ausgesaugt."[16]

Tacitus berührt hier auch einen anderen wunden Punkt – die Unvereinbarkeit von Senecas philosophischen Lehren mit seiner eigenen Lebensführung im Dienste Neros. Durfte, wer Bedürfnislosigkeit als Fundament eines erfüllten Lebens predigte, Millionen verdienen? Im Werk „Vom glücklichen Leben" erklärt Seneca, Reichtum sei keine Schande, denn „der weise Mensch hat, wenn er ein Vermögen besitzt, mehr Mittel, seinen Geist zu entwickeln"[17]. Und weiter heißt es in dieser Apologie, man solle sich nur nicht von dem Reichtum blenden lassen. Man müsse darauf achten, nicht seine innere Unabhängigkeit zu verlieren, und man müsse auch jederzeit auf die angehäuften Reichtümer wieder verzichten können. Nicht jeden, zumal die Ärmeren, überzeugte auch die etwas gewundene Rechtfertigung: Wer reich ist, kann anderen etwas geben und sich als Wohltäter profilieren.

Der Tod des Burrus aber war für Seneca eine Zäsur. Er spürte, dass er auf Nero keinen Einfluss mehr hatte. Auch konnte er die öffentlichen Vorhaltungen über den Kontrast zwischen seinen Ansprüchen als Philosoph und den von ihm angehäuften Reichtümern nicht mehr ertragen. Im ereignisreichen Jahr 62 bat er Nero um die Erlaubnis zur Demission. Das war etwas, was Nero nicht gewöhnt war. Wen er in den engsten Zirkel der Macht holte, hatte darin zu bleiben, es sei denn, der Kaiser selbst sprach die Entlassung aus. So versuchte er Seneca umzustimmen, weniger, weil er von dem langjährigen, nun ins Abseits geratenen Helfer so viel gehalten hätte, als vielmehr, weil er mit Blick auf die Resonanz in der Öffentlichkeit einen freiwilligen, nicht von ihm initiierten Abgang nicht dulden wollte.

Eher in der Weise, wie es später Cassius Dio gerne getan hat, hat Tacitus das entscheidende Gespräch, dass zwischen Kaiser Nero und seinem abwanderungswilligen Berater stattgefunden hat, zu einem Dialog in wörtlicher Rede gestaltet.[18] Im Kern dürfte es sogar als authentisch einzustufen sein, auch wenn Tacitus hier natürlich auch seine eigene Kompetenz in Sachen sprachliche Brillanz unter Beweis stellen will. Möglicherweise inspirierte ihn der intellektuell ausgewiesene Philosoph Seneca dazu, einmal ein niveauvolles Gespräch zu simulieren. Auch Nero erscheint hier, im

Gegensatz zu der Art und Weise, wie ihn Tacitus sonst charakterisiert, als erstaunlich abgeklärt und vernünftig.[19]

Seneca kommt auf das viele Geld zu sprechen, das er vom Kaiser erhalten hat. Das habe Neid hervorgerufen. Und nun sei er an einem Punkt angelangt, wo er „die Last der Reichtümer nicht mehr tragen könne". So bittet er Nero, ihm all das Geld, das er erhielt, zurückgeben zu dürfen, während er selbst sich nur noch den geistigen Tätigkeiten widmen wolle: „Auch dies wird zu deinem Ruhm beitragen, dass du solche Männer in höchste Stellen berufen hast, die auch ein bescheidenes Los ertragen können." Seneca spricht auch von seiner angegriffenen Gesundheit. Doch Nero will von alledem nichts hören. Es gebe, so antwortet er, noch reichere Leute als Seneca, die diesen Reichtum nicht verdienten. „Ich schäme mich, von Freigelassenen zu sprechen, die man in noch größeren Reichtum sieht. Daher muss ich auch erröten, dass du, der meinem Herzen am nächsten steht, noch nicht alle an Vermögen übertriffst." Seneca sei nicht gebrechlich, sondern voller Tatendrang und Dynamik; er könne ihn als Ratgeber immer noch gut gebrauchen. Zum Schluss eine ergreifende Szene: Nero umarmt und küsst seinen alten Lehrer – doch bevor die Leser vor Rührung in Tränen ausbrechen können, holt sie Tacitus in einer für ihn charakteristischen Weise auf den Boden dessen zurück, was für ihn die Tatsachen darstellen: „… von der Natur dazu geschaffen und durch Gewohnheiten darin geübt, seinen Hass hinter trügerischen Schmeicheleien zu verstecken."

Seneca ließ sich nicht umstimmen. Er verließ aus eigenem Antrieb die Schaltzentrale der Macht in Rom, zog sich auf seine Güter in Kampanien zurück und widmete sich, wie er es angekündigt hatte, gelehrten Studien. Hier entfaltete er dann sehr effiziente literarische Produktivität. Doch Nero nahm ihm den Abgang übel und wartete auf eine passende Gelegenheit, um sich zu revanchieren. Diese Chance kam im Jahre 65: Seneca wurde beschuldigt, in die von Piso gegen den Kaiser organisierte Verschwörung verwickelt zu sein. Von Nero erging der Befehl an Seneca, Selbstmord zu begehen. Dieser vollzog die Anordnung in gelassener und heroischer Haltung. Dabei war der Selbstmord nicht vom Willen, sondern von der Durchführung her alles andere als einfach. Der Versuch, durch Aufschneiden der Pulsadern zu sterben, schlug fehl. So verlangte der geschwächte Seneca nach Gift: „Als man es ihm brachte, trank er es, aber ohne Wirkung, da seine Glieder schon erkaltet waren und der Körper sich der Wirkung des Giftes verschloss. Endlich stieg er in ein Becken mit heißem Wasser, wobei er die dabeistehenden Sklaven besprengte und hinzufügte, er weihe dieses Nass Iuppiter, dem Befreier. Dann in das Dampfbad gebracht und in dessen Qualm erstickt, wurde er ohne jede Leichenfeier verbrannt. So hatte er es selber in seinem Testament verfügt, da er auch zu einem Zeitpunkt, als er noch im Vollbesitz seines Reichtums und auf der Höhe der Macht stand, für sein Ende vorgesorgt hatte."[20]

In die europäische Geschichte ist Seneca als Neros Lehrer eingegangen; in der Geistesgeschichte rangiert er als führender Vertreter der kaiserzeitlichen Philosophie der Stoa. Seine Sympathisanten und Apologeten, die mit dem seit der Antike erhobenen Vorwurf zu kämpfen haben, der stoische Philosoph Seneca habe seine Prinzipien über Bord geworfen, sich aus Machtgründen und Geldgier mit einem Tyrannen eingelassen, weisen mit Nachdruck darauf hin, dass Seneca wenigstens bei seinem Selbstmord stoische Größe bewiesen habe. Selbstmord gehörte nach der Lehre der Stoa zu den erlaubten, in bestimmten Situationen sogar erwünschten Praktiken. Als Seneca starb, war die Stoa bereits über 300 Jahre alt. Entwickelt hatte sie der aus Zypern stammende Gelehrte Zenon. Im Zentrum der Lehre stand eine Ethik, deren höchstes Ziel die *Apatheia* war, die Freiheit von positiven und negativen Affekten. Ein weiser und damit glücklicher Mensch war nach der Doktrin der Stoiker nur, wer sich von allen äußeren Gütern freimachte. Zu dieser Lehre passte nun freilich Seneca nicht, dessen Vermögensverhältnisse ihm ein luxuriöses Dasein erlaubt hatten.

Wie aber konnte Seneca seine stoischen Überzeugungen mit der Beratertätigkeit für Kaiser Nero in Einklang bringen? Nach der reinen Lehre der Stoa war eine politische Tätigkeit für die Gemeinschaft nicht nur erlaubt, sondern auch erwünscht. Deshalb war die Stoa im kaiserzeitlichen Rom bei der politischen Elite auch sehr populär. So musste sich Seneca weniger dafür rechtfertigen, dass er eine exponierte politische Rolle spielte, als vielmehr dafür, dass er einem Herrscher diente, der alles war, aber kein Stoiker. Immerhin hatte er mit der Lehre von der Milde den Versuch unternommen, aus Nero einen guten Herrscher zu machen. Und als eine Reflexion des Politikers Seneca darf wohl auch eine Schrift mit dem Titel „Von der Kürze des Lebens" gelten, ein Appell an einen Freund, einen Rückzug aus der Politik nicht als Schaden anzusehen. Enthalten sind in diesem Werk auch einige Perlen aus Senecas schier unerschöpflichem

Vorrat an moralphilosophischen Sentenzen. Offenbar plagte ihn besonders die Sorge, die Menschen könnten die kurze Spanne des Lebens mit sinnlosen Beschäftigungen vergeuden. „Wir haben", schrieb er ihnen ins Stammbuch, „nicht zu wenig Zeit, wir verschwenden zu viel Zeit. Und: Alles haltet ihr fest, und doch müsst ihr sterben. Alles begehrt ihr, als solltet ihr ewig leben."[21]

Seinen eigenen, freiwilligen Rückzug aus der Politik hat Seneca in zwei anderen Schriften thematisiert: in „Von der Seelenruhe" und „Von der Muße". Hier beschäftigte sich Seneca einmal mehr mit der Frage, inwieweit sich ein Philosoph politisch engagieren müsse. Die klassische Lehre der Stoa schrieb dies zwar vor, doch Seneca konnte eben Nero nicht mehr ertragen, und daher ersann der findige Philosoph auch hier einige Argumente, die seinen Schritt mit den stoischen Vorschriften vereinbar erscheinen ließen.

Objektiv und neutral betrachtet, war die Verbindung Seneca–Nero ein großes Missverständnis. Am Anfang war der von Neros Mutter engagierte Lehrer voller Ehrgeiz, aus Nero einen allseits gebildeten Menschen zu machen, charakterlich und intellektuell fähig, einmal politische Verantwortung zu übernehmen. Nero war am Anfang der Beziehung zu jung, um eigene Vorstellungen zu entwickeln und fügte sich mehr oder weniger bereitwillig den pädagogischen Bemühungen des Erziehers. Einzelheiten, wie Seneca Nero nach seinen Maximen instruierte, sind außer den verklausulierten Botschaften in seinen philosophischen Schriften und den moralisierenden Angaben antiker Autoren, die hier auch mehr ihre eigenen Ansichten verbreiteten, nicht bekannt. Spätestens, als Nero Kaiser war, ging er seinen eigenen Weg. Sollte sich Seneca bemüht haben, aus ihm einen Herrscher zu machen, der nach seinen eigenen philosophischen Grundsätzen regieren sollte, so ist dieses Vorhaben gründlich gescheitert. Nero interessierte der äußere Glanz der Herrschaft, er suchte das Scheinwerferlicht, in dem er sich produzieren konnte. Wozu war Seneca dann für Nero noch gut? Warum gab er ihm so viel Geld? Auch das war Teil seiner Inszenierung: Er wollte sich mit einem klugen Mann schmücken und zeigen, wie freigebig er gegenüber seinen Freunden und Beratern sein konnte. Erst spät, zu spät erkannte Seneca, dass er für Nero nur ein dekoratives Element seiner Herrschaft war.

Einer, der anders als Seneca so recht zu Nero zu passen schien, war Petronius Niger. Er gehörte, wie Tacitus bestätigt, zum „engen Kreis der vertrauten Freunde" des Kaisers. „Er war", so schreibt Tacitus, „ein Mann, der den Tag mit Schlafen, die Nacht mit Geschäften und Vergnügungen zu verbringen pflegte."[22] Einen Namen hatte er sich durch Nichtstun gemacht. Jedoch war er kein gewöhnlicher Verschwender. Vielmehr, so Tacitus weiter, galt er als ein „Meister des verfeinerten Wohllebens", zelebrierte also das stilvolle Nichstun. Nero schmückte ihn aufgrund der von ihm bewunderten Eigenschaften mit dem Titel eines „Schiedsrichters des feinen Geschmacks". Das heißt: Petronius wurde für Nero oberste Instanz in allen Streitfragen, was Stil und Genuss betraf. Das konnte die verschiedensten Ebenen betreffen, etwas Kleidung, Speisen, aber auch und vor allem die Kunst und die Literatur. Für Nero waren diese Bereiche von größter Bedeutung, sie stellten das Reservoir da, aus dem er sich in seinem Bestreben, nach außen hin Wirkung zu erzielen, reichlich bedienen konnte.

Petronius gab sich nicht allein dem durch Raffinesse und Einfallsreichtum als niveauvoll stilisierten Müßiggang hin. Bekannt geworden war er als Dichter eines gefeierten literarischen Werkes, das so ganz den Zeitgeist der neronischen Ära atmete. Mit seinem Satyricon setzte Neros Künstler-Freund auch insofern Maßstäbe, als es sich dabei um den ersten bekannten römischen Roman handelt. Dieses Genre war bis dahin in Rom nicht gepflegt worden, man hatte sich mit den Produktionen aus der Feder griechischer Autoren begnügt. Petronius erwarb sich nun den Ruf des Prototypen eines römischen Romanciers. Das Satyricon, als dessen Autor besagter Petronius inzwischen sicher gelten darf, nachdem seine Urheberschaft in der philologischen Forschung lange in Zweifel gezogen wurde, schildert, wie ein junger Mann namens Encolpius als eine Art Parodie auf den homerischen Odysseus eine Reihe von teils grotesken Abenteuern erlebt. Die Welt, die Petronius vor dem Leser ausbreitet, hat, im Gegensatz zu dem Milieu, in dem die Helden Homers agieren, nichts Heroisches. Es ist eine Welt, in der es derb und sinnlich zugeht, in der die Frauen sich ganz und gar nicht so sittsam verhalten, wie es der altrömische Tugendkatalog vorsah. Die bekannteste Szene aus dem Satyricon ist das Gastmahl des Trimalchio, treffsichere Persiflage auf das überdrehte Luxusleben eines reichen Emporkömmlings, der seine Gäste mit seiner nicht vorhandenen Bildung zu beeindrucken versucht und dabei nur seine intellektuellen Defizite offenbart.

Petronius wollte mit dieser Episode einen durchaus kritisch gemeinten

Blick hinter die Kulissen der Glitzerwelt werfen, die zur gleichen Zeit auch
Neureiche wie etwa die Familie der Vettier in Pompeji mit ihrem Wohn-
luxus zu gestalten bestrebt waren. Im Prinzip kritisierte er damit auch sich
selbst. Aber Nero fand großen Gefallen an Petronius, und Petronius fand
großen Gefallen am luxuriösen Leben in der Umgebung des Kaisers. Das
Vertrauen ging so weit, dass er ihm sogar die Statthalterschaft über die
Provinz Bithynien im nordwestlichen Kleinasien übertrug. Im Jahre 62
bekleidete Petronius das Amt des Suffektkonsul. Aus der Pflicht des Chronisten heraus kann Tacitus in seiner Abrechnung mit dem angeblich reinen Müßiggänger nicht umhin, diesen Ausflug in die Politik mit zu er-
wähnen: „Als Statthalter von Bithynien und als Konsul zeigte er sich als
tüchtig und seinen Aufgaben gewachsen."[23] Nun fragt sich der irritierte
Leser, wie sich dies mit seiner Charakterisierung als Nichtstuer vereinbaren lässt. Dafür hat Tacitus eine für ihn typische Erklärung parat: „Später wandte er sich tatsächlich oder nur zum Schein wieder seinem Genuss-
leben zu." Erst zu diesem Zeitpunkt lässt ihn Tacitus Aufnahme in Neros
Kreis finden. Indes dürfte Petronius schon zuvor die Gunst Neros genossen haben. Den Posten eines Statthalters hätte er nie bekommen, hätte er
nicht bereits zu den Vertrauten des Kaisers gehört.

Petronius und Nero: Der Kaiser lädt zu einer Orgie, Petronius natürlich
dabei, Frauen, Musik, Tänzerinnen, Sklaven, die den Gästen Luft zu-
fächeln, erlesene Speisen, der Wein fließt in Strömen. Zustände wie im
alten Rom eben. Ein Bild mit Anspruch auf Glaubwürdigkeit? Nero feierte
gerne und viel. Für ihn war dies ein Teil des monarchischen Selbstverständnisses. Wer die Herrschaft inszeniert, sie wie ein Schauspiel gestaltet
und für sich darin die Hauptrolle reserviert, muss ein Faible für Gelage
haben. Wichtig war nur, dass dies alles auch nach außen drang. Inszenierungen eignen sich nicht als Veranstaltungen hinter verschlossenen
Türen, für geschlossene Gesellschaften. Petronius war in diesem Spiel ein
wichtiger Verbündeter des Kaisers. „Schiedsrichter des feinen Geschmacks" zu sein bedeutete, dem Kaiser Rezepte und Empfehlungen für
die dekorative Verpackung seiner Herrschaft anzubieten.

Petronius wurde zu einem einflussreichen Mann am Hofe Neros. Zu
einflussreich, wie manche argwöhnten. Und so geschah nun etwas einigermaßen Bezeichnendes für das interne Binnenklima unter Neros Freunden. Es herrschte eine Atmosphäre der Konkurrenz. Eifersüchtig wurde
registriert, wem der Kaiser sein Ohr lieh oder wen er demonstrativ igno-

rierte. Wahrscheinlich war das alles kein Zufall. Nero war klug genug, um daraus ein System zu machen, sich die Chance offenzuhalten, die Rivalen gegeneinander auszuspielen. Es sollten keine Koalitionen unter ihnen entstehen, Bezugspunkt sollte für jeden einzig und allein der Kaiser sein. In diesem Fall war es Tigellinius, der sich an Petronius rieb. Tacitus sagt, der Chef der Leibgarde Neros habe in dem Dichter und Lebenskünstler einen „ihm weit überlegenen Konkurrenten in der Wissenschaft des raffinierten Lebensgenusses gesehen"[24]. Dass er Petronius in Sachen Stil nicht das Wasser reichen konnte, dürfte dem etwas ungehobelten Tigellinus klar gewesen sein. Ihn störte, dass Petronius auch politischen Einfluss hatte. Die Konsequenz: Er musste dafür sorgen, dass der lästige Rivale von der Bildfläche verschwand. Das beste und bewährte Mittel, um dies zu erreichen, war, so wussten die Menschen in Neros Umgebung, ihn beim Kaiser zu denunzieren. Das Zauberwort lautete: Teilnahme an einer Verschwörung. Ein Schreckgespenst für den Kaiser, der, wie alle exaltierten Herrscher in der Geschichte, in der ständigen Furcht lebte, man wolle ihm seine Stellung streitig machen, ihn gar beseitigen. Damals sorgte die mit dem Namen Piso verbundene Opposition beim Kaiser für Unruhe. Jemanden in dieser aufgeheizten Atmosphäre mit den Verschwörern in Verbindung zu bringen, war ein probates Mittel, um ihn ins Abseits zu stellen. Tigellinus streute beim Kaiser das Gerücht, Petronius habe enge Kontakte zum Senator Scaevinus, der wiederum zu den Freunden Pisos gehörte. Nero hätte zu Petronius stehen können. Doch müssen die Argumente des Tigellinus überzeugend gewesen sein. Außerdem waren bei einer Verschwörung Soldaten wichtiger als ein Schiedsrichter in Geschmacksfragen. Und wenn er Petronius opfern würde, musste das als Signal für seine ganze Entourage wirken: Keiner konnte sich seiner Position sicher sein.

Petronius kannte Nero zu gut, um nicht zu wissen, was nun folgen würde. Doch hatte er nicht Einfluss auf den Kaiser? Er hörte, Nero sei nach Kampanien abgereist. Also reiste er ihm nach, kam aber nicht weiter als bis nach Kyme, wo er, wahrscheinlich von Leuten des Tigellinus, festgehalten wurde. Nun stand sein Entschluss fest. Er würde sich selbst das Leben nehmen – was er auch tat, jedoch auf eine Weise, die seinem Selbstmord in der an Suiziden nicht armen antiken Geschichte einen besonderen Stellenwert einräumt. Petronius inszenierte seinen Selbstmord, so als wolle er den theatralischen Lebens- und Herrschaftsstil Neros imitieren – oder besser gesagt: karikieren. Lautete seine Botschaft an Nero womög-

lich: Mein Tod ist ein Spiegelbild deines Lebens? Auf jeden Fall zog er die
Zeremonie bewusst in die Länge. Erst ließ er sich die Pulsadern aufschneiden, dann wieder verbinden, dann wieder öffnen. Nebenbei unterhielt er
sich mit den anwesenden Freunden in einem lockeren Plauderton. Die
Freunde gaben einige lustige Verse zum Besten. Dann gab es Abschieds-
geschenke für seine Sklaven, für die einen in Form von Präsenten, für die
anderen in Form von Peitschenhieben. War das die Parodie auf Neros
Methode im Umgang mit seinen Untergebenen – mal Zuckerbrot, mal
Peitsche? Danach ging er zum Essen, anschließend legte er sich schlafen,
laut Tacitus, „um seinen erzwungenen Tod einem natürlichen Tod möglichst ähnlich zu machen"[25]. Nero sollte nicht triumphieren. Erst dann war
die Prozedur vorbei, und Petronius starb nach dem längsten Selbstmord
der römischen Geschichte. Eine Überraschung hatte er für Nero noch
parat. Als das Testament geöffnet wurde, stand dort nichts Freundliches
über den Kaiser. Vielmehr hatte Petronius den Raum, den ihm sein letzter
Wille bot, zu einer Abrechnung mit Nero genutzt. „Er beschrieb", sagt
Tacitus, die Ausschweifungen des Kaisers unter Angabe seiner Lustknaben
und Prostituierten sowie alle von Nero erfundenen Akte der Unzucht."[26]
Den Text schickte er versiegelt direkt an Neros Adresse. Vorsichtshalber
zerbrach er das Siegel. Er war sich nicht sicher, dass Nero oder seine
Freunde später damit andere in Gefahr bringen würden, indem sie das
Siegel wieder verwendeten.

Von Trauer Neros um seinen einst besten Freund ist nirgends die Rede.
In solchen Fällen übte der Kaiser eine für ihn sonst untypische Zurückhaltung. Die Öffentlichkeit sollte möglichst wenig darüber erfahren, warum und unter welchen Umständen der elegante Petronius aus dem Leben
geschieden war.

Besser erging es, was das Ende angeht, einem Helfer Neros, den man
modern vielleicht als den „Mann für das Grobe" bezeichnen könnte – ein
Typus von Assistenten, den wohl jeder autokratische Herrscher der Geschichte in seiner Umgebung hatte. Wie die anderen Kaiser aus der iulisch-claudischen Dynastie vor ihm rekrutierte auch Nero Helfer dieser
Art aus der Schar seiner Freigelassenen. Ehemalige Sklaven, den man die
Freiheit geschenkt hatte, so das Kalkül ihrer kaiserlichen Patrone, würden
besonders loyale Unterstützer sein, weil sie zu ihren Freilassern in einem
besonderen sozialen und persönlichen Verhältnis standen. Nero verfügte
in Anicetus über ein Musterexemplar jener Spezies, die zu jeder Tat und

Untat bereit ist. Ursprünglich war er an der Ausbildung und Erziehung Neros beteiligt, ein Metier, in dem er seine eigentlichen Qualitäten aber noch nicht zur Geltung bringen konnte. Als Nero ihn zum Kommandanten der in Misenum, im Norden des Golfes von Neapel, stationierten Flotte beförderte, verfügte er über eine Schlüsselposition in den römischen Streitkräften. 59 war er ausführendes Organ bei dem Mord an Agrippina. 62 half er dem Kaiser, die Trennung von seiner ersten Ehefrau Octavia über die Bühne zu bringen. In dem von Nero entworfenen Intrigenspiel nahm der willfährige Anicetus die Rolle desjenigen ein, der zugab, mit der Frau des Kaisers ein ehebrecherisches Verhältnis eingegangen zu sein. Dies gab er, wie vorgesehen, bei einer öffentlichen Anhörung zu, wodurch der Vorgang Eingang in die antiken Quellen gefunden hat. Seine Karriere in Rom war mit diesem Dienst allerdings abgeschlossen. Wie es heißt, schickte ihn Nero nach Sardinien, wo er, in den Worten des Tacitus, „in sorgenfreier Verbannung lebte und eines natürlichen Todes starb"[27]. Warum expedierte Nero seinen treuen Helfer nach Sardinien? Tacitus vermutet, er habe einen Komplizen seiner Untaten auf das Abstellgleis befördern wollen. Insbesondere habe Nero gefürchtet, er könne aus seiner Mitwisserschaft bei der Ermordung der Agrippina Kapital schlagen. Unklar ist in einem solchen Fall aber, wieso Nero drei Jahre brauchte, um zu dieser Erkenntnis zu gelangen. Da die Umstände, in denen Anicetus im Exil lebte, offenbar sehr angenehm waren, dürfte es sich in diesem Fall um eine Vorsichtsmaßnahme gehandelt haben, um den Helfer, der in so viele Aktionen Neros verwickelt war, etwas aus der Schusslinie zu bringen.

Seneca hatte dank Neros Großzügigkeit sein Vermögen um 300 Millionen Sesterzen vergrößern können. In diesen pekuniären Dimensionen konnten nicht allzu viele Römer mithalten – abgesehen von Nero natürlich. Der Kaiser häufte ein Vermögen aus Steuern, Tributen, Zöllen, Erbschaften, Testamenten, Konfiszierungen und anderen legalen und illegalen Quellen an. Finanziell ähnlich gut wie Seneca war aber Marcus Antonius Pallas aufgestellt. Nach der glaubwürdigen Angabe von Cassius Dio nannte er die bescheidene Summe von 400 Millionen Sesterzen sein Eigen.[28] Eine erstaunliche Karriere hatte er durchlaufen: erst Sklave der Antonia, der Mutter des Germanicus und des Claudius, dann deren Freigelassener, dann von Claudius zum Leiter der Finanzen befördert und unter diesem Kaiser einer der mächtigsten Männer in Rom. Als Nero an die Macht kam, erbte er neben anderen auch Pallas aus der Restmasse

dessen, was Claudius an Personal hinterlassen hatte. An Flexibilität gewöhnt, hatte er sich bereits vorher für die Heirat des Claudius mit der
überzeugenden Agrippina stark gemacht, mit dem Argument, sie würde
mit Nero einen Enkel der Lichtgestalt Germanicus mit in die Ehe bringen.
Pallas war es auch gewesen, der Claudius dazu gedrängt hatte, Nero zu
adoptieren. Wieder hatte der geschmeidige Politiker und Diplomat die
richtigen Worte gefunden: Er müsse für das „Wohl des Staates" sorgen –
immer und zu allen Zeiten ein passendes Argument –, außerdem wäre es
gut, dem kleinen Britannicus eine starke Persönlichkeit zur Seite zu stellen.[29] Hilfreich war auch eine Lektion im Fach „Genealogie der iulisch-
claudischen Dynastie": „Auch beim göttlichen Augustus hätten, obwohl er
sich auf Enkel habe stützen können, die Stiefsöhne in hohem Ansehen
gestanden. Von Tiberius sei neben seinem leiblichen Sohn noch Germanicus adoptiert worden. Auch Claudius solle daher den jungen Mann zu
sich heranziehen, der einen Teil seiner Sorgen übernehmen könne."

Mit diesen Verdiensten hatte sich Pallas bei Agrippina und Nero gut
eingeführt. Und doch war ihm unter dem neuen Kaiser keine glänzende
Karriere mehr beschieden. Bald verscherzte er sich die Sympathien dadurch, dass er gegenüber Nero jenes Maß an Servilität vermissen ließ,
das der Kaiser auch von seinem Spitzenpersonal erwartete. Unbedingte
Loyalität, aber kein Selbstbewusstsein – mit dieser Leitlinie hatte man als
Freund und Berater die Chance, über einen längeren Zeitraum akzeptiert
zu werden. Pallas war loyal, aber auch selbstbewusst. Zudem kursierten
Gerüchte, er hätte ein Verhältnis mit Agrippina, obwohl dies eher eine
der üblichen Affären war, die man den politischen Protagonisten gerne
und häufig andichtete – entweder bereits schon in der Zeit selbst oder
auch erst von den späteren Historikern und Biografen. Schon ein paar
Monate nach Neros Herrschaftsantritt verlor Pallas 55 den einträglichen
Posten des obersten Finanzaufsehers, den ihm einst Claudius übertragen
hatte. Einige Jahre hört man nichts von ihm, bis er 62 stirbt. Wiederum
soll es sich um einen von Nero angeordneten Giftmord gehandelt haben.
Der Kaiser soll sich darüber geärgert haben, dass er ihm „sein unermess-
liches Vermögen durch sein langes Greisenalter" vorenthalten habe.[30] Eine
nicht ganz logische Begründung, denn wenn Pallas schon so alt war, wäre
ihm sein immenses Vermögen als Patron über kurz oder lang ohnehin
zugefallen. Wiederum liegt der Verdacht vor, dass die Quellen einen Todesfall in der engeren Umgebung des Kaisers zu einem Mordfall machten.

Zu den Anklagen, die antike Autoren gegenüber Nero regelmäßig erhoben, gehörte der Vorwurf der sexuellen Perversion. In diesem Zusammenhang fällt regelmäßig der Name Sporus. In modernen Darstellungen wird er oft mit der Funktionsbezeichnung „Lustknabe" versehen. Das war natürlich auch in Rom keine reguläre Berufsbezeichnung, sondern ein technischer Terminus. In den oberen Regionen der römischen Gesellschaft waren enge, auch körperliche Beziehungen zwischen einem älteren und einem jüngeren Mann keine Seltenheit und zu einem gewissen Grad auch akzeptiert oder zumindest toleriert. Wer sich mit Sklaven oder Freigelassenen einließ, hatte keine Sanktionen zu befürchten. Anders verhielt es sich bei jungen Männern, die frei geboren waren. Faktum ist, dass Nero seinen „Lustknaben" Sporus im Jahre 65 in aller Form heiratete. In seiner gut gefüllten Rubrik „Neros sexuelle Ausschweifungen" teilt Sueton Erstaunliches mit.[31] Der Kaiser ließ Sporus entmannen und ihn auf diese Weise in einen Eunuchen umwandeln. Er unternahm sogar den anscheinend nicht ganz geglückten Versuch, ihm die natürlichen äußeren Merkmal einer Frau zu verpassen. Er versprach ihm eine Mitgift, und dann fand die Hochzeit statt, vor vielen geladenen Gästen, die männliche Braut mit einem feuerroten Schleier dekoriert. Dieses Kleidungsstück gehörte üblicherweise zur Ausstattung römischer Bräute bei der Trauungszeremonie. Dann zog sich das glückliche Paar in seine Gemächer zurück und verkehrte dort wie Mann und Frau. Sueton vergisst nicht den geistreichen Kommentar eines zeitgenössischen Beobachters. Für die Menschheit hätte es doch eigentlich ganz gut ausgehen können, wenn Neros Vater Domitius auch eine solche Braut gehabt hätte – statt der „richtigen" Frau Agrippina. Tatsächlich, so darf bestätigt werden, gingen aus der Ehe Neros mit Sporus keine Kinder hervor.

Ein Spleen des Kaisers? Ausdruck einer perversen Natur? Oder wieder nur Teil eines monarchischen Spiels, beim dem der Kaiser keine Inszenierung zu schade war, um sich damit ins Gespräch zu bringen? Immerhin hatte Nero im Jahr zuvor schon einmal einem Mann das Ja-Wort gegeben. Der Auserwählte war sein Freigelassener Pythagoras gewesen. Im Unterschied zu der Ehe mit Sporus, bei der Nero den Mann, Sporus die Frau abgab, hatte es sich bei der ersten Eheschließung um den Prototyp dessen, was man heute etwas sperrig „gleichgeschlechtliche Ehe" nennt.

Die Sache mit Pythagoras erregte Aufsehen, die Affäre mit Sporus indes war eine Sensation. Das Ereignis war so exzeptionell, das es sogar in den

spätantiken Kurzfassungen der römischen Geschichte Erwähnung fand,
so bei Aurelius Victor,[32] Orosius[33] und dem Byzantiner Zonaras[34]. Cassius
Dio wusste Genaueres über die Hintergründe zu berichten.[35] Offenbar
war Sporus für Nero ein Ersatz für die gerade verstorbene Poppaea, die
der Kaiser wegen ihrer Schönheit sehr vermisste.[36] Kurz nach ihrem Tod
lernte er eine Frau kennen, die Ähnlichkeit mit Poppaea hatte, und er
nahm sie, wie es vielsagend heißt, bei sich auf. Auch Sporus erinnerte
ihn in seinem äußeren Erscheinungsbild an die tote Gattin. Da ließ er
ihn kastrieren „und gebrauchte ihn ganz und gar wie eine Frau".

Sporus begleitete Nero auch auf seiner großen Griechenland-Reise, die
er im Jahre 66 antrat. Die Griechen feierten das Paar, wie Dio mitteilt und
beteten sogar für einen reichen Kindersegen.[37] Sie wussten eben, wie man
mit einem egozentrischen Herrscher wie Nero umging, der die Reise nach
Griechenland wiederum opulent zu inszenieren wusste. Aber auch die
Römer feierten, wie ebenfalls Dio berichtet, die Heirat mit großer Passion.[38] Und da Nero wenig tat, was nicht auf öffentliche Wirkung ausgerichtet war, war es ihm auf diesen Beifall auch angekommen. Natürlich
gab es konservative Kreise, insbesondere unter den Senatoren, denen diese
Gebaren gegen den Strich ging. Doch deren Proteste haben in den Quellen
nur wenig Resonanz gefunden. Virtuos spielte Nero die Rolle des bedauernswerten Kaisers, der seine geliebte Frau verloren und in Sporus einen
gleichwertigen Ersatz gefunden hatte. Dass es sich bei ihm eigentlich um
einen Mann handelte, konnte einen Kaiser wie Nero nicht aufhalten.
Dann wurde er eben in eine Frau umgewandelt und, soweit möglich, als
Frau präpariert. Einem Nero war, so die Botschaft, alles möglich.

Anders als manch anderer seiner Getreuen, blieb Sporus ein loyaler
Begleiter bis zu Neros Ende. Er verließ ihn nicht, als ihm, in die Enge
gedrängt, nur noch der Selbstmord blieb. Sporus überlebte Nero und erlebte danach ein tragisches Schicksal. Neros kurzfristige Nachfolger Otho
und Vitellius sahen in Neros Braut ein willkommenes Objekt, um frei von
Neros Passion, aus allem ein öffentlichkeitswirksames Schaustück zu machen, ihr eigenes Spiel zu treiben. Als Vitellius Sporus aufforderte, im
Theater die Rolle einer geraubten jungen Frau zu übernehmen, beging
er Selbstmord. Bezeichnenderweise hatte er dies als Neros Frau nicht
getan.

Ein Mann wie Nero hatte kein Privatleben. Was er wirklich dachte
oder fühlte, verschwindet hinter einer theatralischen Fassade und hinter

den Moralvorstellungen der antiken Quellen. Liebte er Acte? Claudia Acte, die zuvor eine Freigelassene des Kaisers Claudius gewesen war? Und die seit 55 immer an Neros Seite zu finden war? Die sogar bis zu seinem Tod bei ihm blieb? Die junge Frau war von Geburt eine Griechin, stammte wahrscheinlich aus Kleinasien und wurde aus dem Haushalt des verstorbenen Claudius übernommen. Nero war dreimal verheiratet. Geliebt hat er von seinen drei Frauen nur Poppaea. „Geliebt" jedoch nicht im Sinne einer tiefer gehenden Bindung. Sondern er delektierte sich an ihrer Schönheit, auch an ihrer Extravaganz. Das tägliche Bad in Eselsmilch wird ihm gefallen haben. Seine erste Frau Octavia hatte er aus politischen Gründen heiraten müssen. Die dritte Frau Statilia Messalina war für ihn wiederum wegen ihrer Schönheit attraktiv. Daneben hatte er immer wieder Affären, jedoch nur flüchtig und nicht von großer Intensität. Die emotionale Lücke, die man diagnostizieren muss, wurde von Acte geschlossen, seiner ständigen Begleiterin und Geliebten. Sie wird in den Quellen deswegen auch immer wieder erwähnt, jedoch nie in wirklich spektakulärer Weise. Nero hat sie aus seinem Bühnenstück mit dem Titel „Kaiser Nero" herausgehalten. Acte überlebte nicht nur physisch, sondern auch in ihrer Funktion als dauernder Bezugspunkt des Kaisers alle seine drei Ehefrauen.

Nur gelegentlich gab es größere Schwierigkeiten. Und ganz ohne Politik ging es auch nicht ab, wenn sich der Kaiser so dauerhaft an eine Person band. So gab es Stimmen, die den Kaiser davor warnten, negative Kritiken zu ernten, wenn er sich so intensiv mit einer Freigelassenen beschäftigte. Also sorgte er für die rechtliche und soziale Aufwertung seiner Favoritin: Es wurde dafür gesorgt, dass man eine Abkunft von der Dynastie der Attaliden, der alten Herrscherfamilie von Pergamon, mehr konstruierte, als wirklich glaubhaft machen konnte, obwohl Nero einige Konsuln sanft dazu überredet hatte, sich dafür als Zeugen zur Verfügung zu stellen. Nero liebte Acte, wie auch die antiken Informanten versichern. Aber heiraten wollte er sie nicht. Verhindern konnte er aber wiederum nicht, dass man genau dies erwartete – oder besser: befürchtete.[39] Das Problem war in dieser Hinsicht Neros Mutter Agrippina. Diese soll, als sie spürte, dass ihr Einfluss auf Nero, je länger er an der Macht war, immer mehr abnahm und der Kaiser sich stattdessen Acte zuwandte, so weit gegangen sein, dass sie sich ihm als Objekt seiner sexuellen Neigungen angeboten haben soll. „In ihrem brennenden Verlangen, die Macht zu behalten", berichtet Tacitus, „sei Agrippina so weit gegangen, dass sie sich mitten am Tage, zu der Zeit, als Nero durch Wein und das Mahl in Hitze geriet, mehrmals dem Betrunkenen angeboten habe, geschmückt und zur Blutschande bereit."[40] Seneca habe die bedrohliche Szenerie registriert und nach einem „Ausweg gegen die weiblichen Verführungskünste" gesucht. Der Ausweg, den er fand, trug den Namen Acte. Sie wurde in das Zimmer geschickt, was sie bemerkenswerterweise auch ohne zu zögern tat, trat ein und erinnerte den Kaiser daran, dass er im Begriff war, sich in eine hochriskante Situation zu manövrieren: Agrippina, so hatte es ihr Seneca als Argumentation vorgegeben, würde daraus Kapital zu schlagen versuchen. Und den Soldaten würde so etwas überhaupt nicht gefallen. Das erste Argument dürfte Nero weniger beeindruckt haben, dafür aber umso mehr der Hinweis auf die Soldaten, seine wichtigsten Verbündeten und Lebensversicherung bei all seinen Eskapaden auf der großen Bühne der kaiserlichen Politik. Ob man die Geschichte mit der sexuellen Beziehung zwischen Mutter und Sohn glauben kann, ist einmal mehr nicht sicher. Sie passt bestens zu dem Bild, das die antiken Autoren von dem hemmungslosen Unhold Nero zu entwerfen bemüht waren. Sie passt zu dem Bild der Agrippina, die, wenn es sein musste, über Leichen ging, um ihre Ziele zu erreichen. Sie passt weniger zu dem Bild eines Kaisers, der alles ausreizte, um seine Macht zu demonstrieren, aber auch vieles unterließ, was ihm in dem Bühnenspiel beim Publikum mehr Kritik als Pluspunkte einbringen würde. Zudem fällt auf, das die Inzest-Episode von Tacitus darstellerisch als Ouvertüre zu der Ermordung der Agrippina platziert wird. So liegt der Verdacht nahe, dass man auf der Suche nach einem starken Motiv gewesen war, um den Muttermord zu rechtfertigen oder zu erklären.

Neros letzte und dritte Ehefrau Statilia Messalina war nicht anwesend, als er am 9. Juni 68 zum Selbstmord gezwungen wurde. Acte war zumindest in der Nähe. Vor allem aber kümmerte sie sich, zusammen mit zwei alten Ammen des Kaisers, um die Bestattung. Ein Staatsbegräbnis war unter den obwaltenden Umständen nicht zu erwarten, so gestaltete sich Neros Bestattung als eine private Angelegenheit. Die Kosten beliefen sich dennoch auf stolze 250.000 Sesterzen. Diese aufzubringen, bereiteten Acte keine Mühe. Nero hatte sich ihr gegenüber auch in materiellen Dingen sehr großzügig gezeigt. So besaß sie, wie Inschriften zeigen, umfangreiche Besitzungen in Italien und auf Sardinien.[41] Was mit ihr nach Neros Tod passierte, ist unbekannt. Ihre Spur verliert sich, wie man pathetisch sagen könnte, nach 68 im Dunkel der Geschichte.

8

Der Brand von Rom und die Verfolgung der Christen

Zwar liegen in dieser Hinsicht keine genauen statistisch-empirischen Untersuchungen vor. Doch man wird nicht allzu verkehrt liegen, wenn man behauptet: Das Attribut, das Nero in der allgemeinen Wahrnehmung – und nicht etwa nur in historischen Fachkreisen, sondern auch beim viel zitierten „breiten Publikum" – am häufigsten zugeschrieben wird, würde man denn gefragt werden, was einem zu Nero zuerst einfällt, dann lautete die Antwort bei den meisten der Befragten: Nero war ein Brandstifter. Varianten sind: Nero hat Rom angezündet. Erweiterungen lauten: Nero sang, als Rom brannte. Und er hat, um das Paket fertig zu schnüren, den Christen die Schuld dafür in die Schuhe geschoben. Also war Nero auch der erste Christenverfolger.

Bei einer historischen Analyse dessen, was sich im Jahr 64 wirklich abgespielt hat, kommt man zu einem etwas anderen Ergebnis: Nero hat Rom nicht angezündet. Dass er sang, als Rom brannte, ist wiederum richtig, ebenso, dass man damals den Christen die Schuld gab. Aber der erste Christenverfolger ist Nero wiederum nicht gewesen – nicht deswegen, weil es auch schon frühere Verfolger unter den römischen Kaisern gegeben hätte (das war nicht der Fall), sondern weil es sich bei dem Vorgehen gegen die Christen nicht um Christenverfolgungen gehandelt hat.

Es gibt also eine erhebliche Diskrepanz zwischen dem, was man meint, wie es abgelaufen sei, und dem, was tatsächlich geschehen ist. Anlass genug, zu prüfen, wie diese Diskrepanz überhaupt zustande kommen konnte. Zu diesem Zweck wird es notwendig sein, die Ereignisse vom Sommer 64, als Nero schon zehn Jahre Kaiser war, Revue passieren zu lassen. Dies schließt die bei Nero immer gegebene kritische Auseinandersetzung mit den antiken Quellen ein, die über den Brand von Rom und über die Verfolgung der Christen berichtet haben.[1]

Am 18. Juli 64, mitten im heißen römischen Sommer, brach in der Nähe des Circus Maximus, zu Füßen des Palatins, auf dem auch der Palast Neros angesiedelt war, ein Feuer aus. Ausgangspunkt waren, wie festgestellt wurde, die Verkaufsstände, deren Waren dem Feuer so viel Nahrung boten, dass es sich sogleich rasch ausbreiten konnte. Zudem wehte ein heftiger Wind, der die Flammen auf den gesamten Circus übergreifen ließ. Tacitus fügt an dieser Stelle der Beschreibung ein: Es gab bis dahin in der Hauptstadt des Imperiums keinerlei Maßnahmen zum Brandschutz, etwa Mauern zwischen den Häusern aus Holz. Immer weiter fraß sich das verheerende Feuer vor, kämpfte sich auf die Hügel, kam dann wieder hinab in die Ebenen, um sodann erneut nach oben aufzusteigen. Bemühungen, den Flammen Einhalt zu gebieten, waren erfolglos. Zwar gab es bereits eine städtische Feuerwehr, an sich auch gut organisiert und mit damals modernem Gerät wie Wasserwerfern ausgerüstet. Kaiser Augustus hatte sie einst ins Leben gerufen, um den Menschen der Millionenmetropole am Tiber das Gefühl zu vermitteln, in einer sicheren Stadt zu leben. Aber die Rettungsarbeiten gestalteten sich außerordentlich schwierig, auch, weil sie durch die Menschen behindert wurden, die in Panik vor dem Inferno flohen.

Nero hielt sich zu diesem Zeitpunkt in einem Landhaus in der Nähe seiner Geburtsstadt Antium auf, 50 Kilometer von der Hauptstadt entfernt. Nach Rom, so betont Tacitus, kehrte er erst zurück, als das Feuer sich seinem eigenem Haus näherte. Sofort begann er damit, sich als Katastrophenmanager zu betätigen. Dies taten römische Kaiser gern, weil es ihnen Gelegenheit gab, sich gegenüber dem Volk, ihrer Klientel, als tatkräftige Herrscher beweisen zu können, auf die auch und besonders in Gefahrensituationen Verlass war. Neros Vorvorgänger Caligula hatte sich, ganz in diesem Sinne, darüber beklagt, dass es in seiner Regierungszeit keine ganz großen Katastrophen gegeben habe: Kein Theater stürzte ein, kein Erdbeben brach aus. Nero bekam jedenfalls seine Chance, und er gab sofort klare Anweisungen. Diejenigen, die obdachlos geworden waren oder orientierungslos in der Stadt umherirrten, versammelte er auf dem Marsfeld. Um die Nahrungsmittelversorgung zu gewährleisten, wurden aus der nahen Hafenstadt Ostia Getreidevorräte herbeigeschafft, und der Preis des Getreides wurde deutlich reduziert. Tacitus erkennt die humanitäre Seite der Hilfe an, spricht an dieser Stelle aber auch von Gerüchten, die in Rom anscheinend schon während des Brandes im Umlauf waren. Es hieß, Nero habe, bevor er nach Rom geeilt sei, von seiner privaten Bühne in Antium aus die Zerstörung Trojas besungen, während das aktuelle Feuer im Begriff war, große Teile der Hauptstadt in Schutt und Asche zu legen.

Sechs Tage wütete das Feuer, erst am 24. Juli gelang es, die vernichten-

Abb. 6: Altar für den mit Neros Zügen ausgestatteten Sonnengott, aufgestellt
von Eumolpus, einem für den Haushalt der Domus Aurea zuständigen Sklaven

den Flammen in den Griff zu bekommen. Geholfen hatte die Maßnahme,
ganze Gebäudekomplexe einzureißen, um das Feuer ins Leere laufen zu
lassen. Als alle meinten, erst einmal durchatmen zu können, brach das
Feuer plötzlich erneut aus. Es forderte nun weniger Todesopfer unter der

Bevölkerung, dafür stürzten Tempel und Säulenhallen ein. Erneut geriet Nero ins Kreuzfeuer der Kritik. Offenbar war das zweite Feuer auf einem Grundstück ausgebrochen, das Tigellinus, dem Präfekten der Prätorianer und engen Freund Neros, gehörte. Konnte es sein, dass Nero selbst den Befehl gegeben hatte, Rom in Brand zu stecken? Wollte er das alte Rom beseitigen und Platz schaffen für sein neues Rom? Hatte er dafür dieses Desaster in Kauf genommen? Immerhin waren von den vierzehn Stadtteilen nur vier kein Opfer der Flammen geworden. Drei Stadtteile waren ganz niedergebrannt, und die anderen betroffenen Viertel waren von Trümmern übersät.

Nero steckte Rom selbst in Brand. Dieser Auffassung war auch Sueton, der über das Ereignis weniger Worte als Tacitus verliert, dafür aber in der Aussage ganz klar ist.[2] Dem Kaiser seien die schäbigen Gebäude und die engen Straßen ein Dorn im Auge gewesen, „also ließ er die Stadt in Brand stecken". Um diesen Vorwurf zu belegen, hat der Biograf einige Indizien gesammelt: Ehemalige Konsuln, also Persönlichkeiten von absoluter Integrität, wie suggeriert werden soll, hatten Bedienstete Neros gesehen, die auf ihrem Grund und Boden mit Brandsätzen und Fackeln unterwegs gewesen seien. Dort, wo Nero nach dem Brand sein berühmtes „Goldenes Haus" errichten ließ, waren zunächst Speicher, die sich auf dem Areal befanden, wo der Palast entstehen sollte, mit schweren Geräten niedergerissen und dann, weil sie aus Stein waren, in Brand gesetzt worden. Auch Sueton kennt die Version von dem singenden Kaiser, der während des Feuers aus sicherer Entfernung ein Lied über die Zerstörung Trojas vorgetragen habe. Dabei habe er ein Bühnenkostüm getragen, „so, wie ihn jeder kannte"[3]. Und schließlich habe er es verstanden, aus dem Abtransport von Leichen und Schutt ein lukratives Geschäft zu machen.

Cassius Dio, die dritte Hauptquelle, liefert nicht in der Substanz, wohl aber im Detail einiges Originelles.[4] Nero schickte, so heißt es hier aus der Sicht des frühen 3. Jahrhunderts, heimlich Leute aus, die so taten, als seien sie betrunken (was einfach war) oder kriminell (was schwieriger war). Von diesen ließ er ganz gezielt in den einzelnen Stadtteilen Gebäude anzünden, um für Verwirrung zu sorgen. Schreckliche Szenen, von Dio in aller Plastizität geschildert, hätten sich bei dem Inferno, das nun ausbrach, abgespielt. Von den Rettungsaktionen, von denen Tacitus spricht, ist bei Dio keine Rede mehr. Die Menschen seien in ihrer Not nicht nur allein gelassen worden. Vielmehr seien Neros Soldaten plündernd unterwegs gewesen und hätten, anstatt zu löschen, weitere Häuser angezündet. Währenddessen „stieg Nero zum Dach seines Palastes hinauf, von wo aus man einen umfassenden Überblick über den größten Teil der Brandstätten hatte, legte das Kleid eines Kitharaspielers an und besang, wie er selbst erklärte, die Eroberung von Troja, nach der Ansicht der Zuhörer die von Rom".

Nero konnte überhaupt in den Verdacht geraten, selbst hinter dem Brand von Rom zu stecken, weil man ihm alles zutraute – das gilt bereits für die Zeitgenossen, aber auch für die antiken Autoren, die über ihn schrieben. Das kam nicht von ungefähr, denn Nero bot genug Angriffsfläche mit äußerlich bizarren Handlungen und Unternehmungen, die für ihn das Spiel, römischer Kaiser zu sein, ausmachten. Ein Argument, das schwer wiegt und das zu seinen Ungunsten ausgelegt werden kann, ist der Vorwurf, eine schönere Stadt geplant zu haben, die seiner würdig war. Ein Kaiser, der sich als Künstler sah, brauchte eine entsprechend repräsentative Bühne. Auch wenn Augustus behauptet hatte, aus einer Stadt aus Ziegeln eine Stadt aus Marmor gemacht zu haben, bot die Metropole des Imperium Romanum in weiten Teilen ein trauriges Bild. Rom war eben, anders als hellenistische Residenzstädte wie Alexandria, die einstige Hauptstadt der Ptolemäer in Ägypten, eine unkoordiniert gewachsene Stadt und keine, die wie im Falle Alexandrias von Alexander dem Großen auf dem Reißbrett geplant worden war, mit entsprechend breiten Boulevards, prächtigen öffentlichen Gebäuden und attraktiven Wohnkomplexen.

Hätte Rom nicht gebrannt, hätte es Nero auch nicht so einfach gehabt, das „Goldene Haus" bauen zu lassen, das erst in den letzten Jahren, nach umfangreichen Restaurierungsarbeiten, archäologisch wieder entdeckt wurde. „Haus" hört sich für das, was dort nach dem großen Brand von Rom entstand, deutlich zu bescheiden an. Was Nero plante und realisierte, war ein gigantischer, üppigst ausgestatteter Palastkomplex auf dem Areal zwischen Palatin, Forum und Caelius-Hügel. Zum Ensemble, das Nero schaffen ließ, gehörte auch ein künstlicher See, für dessen Wasserzufuhr ein Aquädukt sorgte. Die beste Vorstellung vom Aussehen vom „Goldenen Haus" bietet, neben den Entdeckungen der Ausgräber, die Schilderung bei Sueton: „Die Vorhalle hatte solche Ausmaße, dass in ihr eine riesige Statue von 120 Fuß Höhe (ca. 35 Meter) Platz fand, die Neros Züge trug. Der Bau hatte eine so große Dimensionierung, dass er an drei Seiten

Säulengänge von 1000 Fuß (ca. 300 Meter) hatte. Es gab dort noch einen See, so groß wie ein Meer, von Bauwerken umsäumt, die den Schein von Städten erweckten. Dazu kamen verschiedene Ländereien mit Feldern, Weinpflanzungen, Weiden und Wäldern, bevölkert von einer Menge Haus- und Wildtieren jeglicher Art. In den weiteren Räumlichkeiten war alles mit Gold überzogen und mit Edelsteinen und Perlmutt verziert. Die Speisezimmer hatten Kassettendecken, deren Platten beweglich waren, sodass man von oben Blumen streuen konnte. Die Platten hatten feine Röhren, um von oben Öle versprengen zu können. Der zentrale Speisesaal war rund. Seine Kuppel drehte sich unablässig, Tag und Nacht, so wie das Weltall. In den Bädern floss Wasser aus dem Meer und aus den Quellen des Albula (das heutige Tivoli)."[5] Und was sagte Nero bei der Einweihung der gigantischen Anlage? Jetzt endlich fange er an, wie ein Mensch zu wohnen – ein Satz, der, wenn er tatsächlich so gesagt worden ist, bei den Bewohnern der ärmsten Viertel Roms sicher sehr gut angekommen ist.

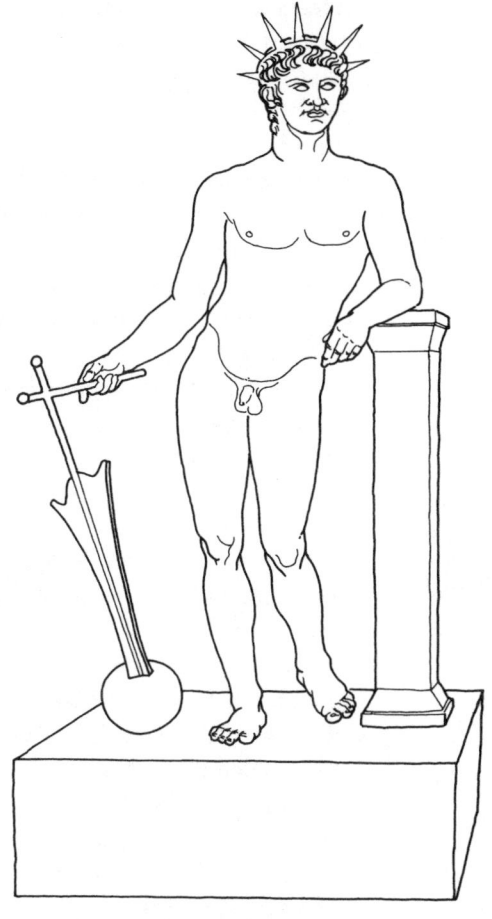

Abb. 7: Nero-Koloss

Der Koloss, von dem bei Sueton am Anfang die Rede ist, hat auf verschlungenen Pfaden dem Kolosseum in Rom – eine der großen touristischen Attraktionen in Rom – seinen Namen gegeben. Nach dem Tod Neros wurde dessen Kopf durch den des Sonnengottes Sol ersetzt. 123 stellte Kaiser Hadrian die Figur vor dem von den flavischen Kaisern Vespasian, Titus und Domitian erbauten Amphitheater auf. Inzwischen ist die Statue längst verschwunden. Der Name aber hat sich erhalten. Die früheste Erwähnung der Stätte, an der in der Kaiserzeit die Gladiatoren kämpften, stammt aus dem 8. Jahrhundert. So sind es also nicht etwa die kolossalen Ausmaße des Kolosseums gewesen, die zu dieser Bezeichnung Anlass geben. Vielmehr stellt sie eine sprachliche Erinnerung an jene Zeit dar, als Kaiser Nero seine kühnen Pläne einer Residenz in die Tat umsetzte, die, wie er meinte, seiner Bedeutung angemessen sei.

Von seinen baulichen Ambitionen her hätte Nero also durchaus ein Interesse daran haben können, die Stadt Rom den Flammen preiszugeben, als eine sehr direkte Art und Weise, an den begehrten Baugrund heranzukommen. Allerdings beschränkte er sich nach dem Brand nicht allein darauf, seine Mitrömer mit einer imposanten Palastanlage zu beeindrucken. Er nutzte auch die Gelegenheit, einige sehr sinnvolle städtebauliche Maßnahmen in die Wege zu leiten.[6] Anders als nach dem Brand der Stadt, der Jahrhunderte zuvor als Folge der Belagerung Roms durch keltische Armeen, meist martialisch „Gallier-Sturm" genannt, weite Teile des urbanen Gefüges zerstört hatte, ging man nun beim Wiederaufbau planmäßig vor. Und da dies nicht ohne die Hinzuziehung des Kaisers geschehen konnte, ist Nero selbst als lenkende Hand hinter dem umfangreichen Paket an Aktionen anzusehen. Bemerkenswert waren dabei vor allem die fortschrittlich und innovativ anmutenden präventiven Maßnahmen. Die Häuserzeilen wurden neu geordnet, mit der Anlage breiter Straßen verhinderte man zum einen, dass sich bei künftigen Bränden das Feuer wieder so schnell und praktisch ungehindert ausbreiten konnte, zum anderen wurden den Menschen Fluchtwege geboten. Die Höhe der Häuser wurde begrenzt, Innenhöfe sollten frei bleiben. Säulengänge vor den Mietshäusern schützten und bedeckten die Frontseiten.

Nero bewährte sich nach dem Brand vom Sommer 64 in ganz besonderer Weise als verantwortungsbewusster Krisenmanager. Nur Erfreuliches lasen und hörten die Bewohner von Rom über die Unternehmungen des Kaisers. Er sagte zu, die Kosten vieler dieser Bauten aus eigener Tasche zu finanzieren. Er versprach, sich im Zusammenhang mit dem Wiederaufbau von Villen und Mietshäusern um Preis- und Terminfragen zu kümmern. Er bestimmte die Sümpfe bei Ostia als Endlager für den Trümmerschutt. Was die Logistik anging, so sollten die Schiffe, die das Getreide aus den Speichern von Ostia auf dem Tiber nach Rom transportierten, auf dem Rückweg gleich den Schutt aus Rom zur Entsorgung mitnehmen. Es wurden neue Vorschriften für Bauherren publiziert, in denen sie aufgefordert wurden, feuerresistente Materialien wie hartes Tuffgestein aus Gabii oder aus den Albaner Bergen zu verwenden. Ein Gremium aus Inspektoren wurde gegründet, mit dem Auftrag, die Löschstationen besser erreichbar zu machen. Jeder Hausbesitzer wurde verpflichtet, jederzeit Geräte zum Feuerlöschen parat zu halten. Erntete Nero für all diese segensreichen Aktionen den ungeteilten Dank der Einwohner von Rom? Wenn man Tacitus Glauben schenken darf, war dies nicht der Fall. Nero machte die überzeitliche Erfahrung, dass man sich noch so anstrengen kann, den Menschen Gutes zu tun – es gibt immer notorische Skeptiker und Schwarzseher, die nach einem Haar in der Suppe fahnden und nur zufrieden sind, wenn sie auf der Suche auch fündig werden. Die Stadt, so sagt der Historiker, war nach dem großen Projekt „Wiederaufbau" zweifellos attraktiver geworden: „Die wegen ihres praktischen Nutzens willkommenen Maßnahmen verschönerten zugleich die neue Stadt." Und dann die Einschränkung: „Und doch glaubten manche, die alte Bauweise sei der Gesundheit zuträglicher gewesen, weil die engen Gassen und die hohen Häuser nicht in gleichem Maße die Sonnenhitze eindringen ließen. Aber jetzt brüte in den offenen, durch keinen Schatten geschützten Straßen eine noch drückendere Glut." Diesen leidenden Menschen hätte man eigentlich nur noch einen Umzug nach Alexandria empfehlen können. Die Stadt in Ägypten repräsentierte seit den städtebaulichen Aktivitäten der Ptolemäer das Nonplusultra an Wohnkomfort und gesundem Klima. Dort hatte man die Hauptstraßen mit Rücksicht auf die jeweils vorherrschenden Winde ausgerichtet. Im Sommer profitierten die Bewohner von den frischen Lüften, im Winter blieben sie von den kalten Luftbewegungen verschont.

Der große Brand von Rom wurde von Nero mit dem größten Sicherheits- und Vorsorgepaket beantwortet, das es in Rom bis dahin gegeben hatte. Passte dies zu einem zerstörerischen Kaiser, dem es nur darauf ankam, eine Stadt zu vernichten, weil sie sein ästhetisches Empfinden beleidigte? Natürlich packte er die Gelegenheit beim Schopf, den Römern – und insbesondere seiner ersten und bevorzugten Zielgruppe, der Plebs – zu beweisen, dass ein Nero alles im Griff hatte und er sich seiner Pflichten als oberster Patron bewusst war. Kein anderer Kaiser vor ihm hatte vor einer solchen Aufgabe gestanden – die eigene Hauptstadt Rom wieder aufzubauen. Das alles muss, wie zuzugeben ist, kein absoluter Beweis dafür sein, dass nicht tatsächlich Nero der Brandstifter gewesen ist. Jetzt hatte er die gewünschte Chance, Rom so zu gestalten, wie er es sich schon immer vorgestellt hatte. Und wenn er sich danach bemühte, Konditionen zu schaffen, dass sich ein solches Desaster nicht wiederholte, so ließe sich dies auch interpretieren als Maßnahmen, um die von ihm neu gestaltete Stadt möglichst in dieser Form zu bewahren.

Die antiken Quellen präsentieren es als ein sicheres Faktum, dass Nero die Verantwortung für den Brand von Rom im Jahre 64 trug. Einen völlig wasserdichten Beweis dafür, dass er es nicht getan hat, gibt es nicht. Jedoch sprechen zwei Punkte deutlich dagegen. Erstens hätte er dabei riskiert, die Sympathien jener Bevölkerungsgruppe zu verlieren, an der ihm am meisten gelegen war. Unter dem Brand litten auch die Reichen von Rom, aber sie hatten neben den Wohnhäusern in der Stadt noch zahlreiche Villen auf dem Lande, in den Bergen und am Meer. Die wahren Leidtragenden aber waren die einfachen Menschen, die Plebs. In Neros Konzept kam ihr die Rolle des Publikums zu, dem er seine Inszenierung der Herrschaft primär widmete – auch und vor allem auf Kosten des Adels. Hätte er Rom selbst in Brand gesteckt, hätte dies vor allem jene Menschen getroffen, von denen er gefeiert werden wollte. Die Saboteure, von denen die Quellen sprechen, die im Auftrag Neros unterwegs gewesen seien, um Löscharbeiten zu behindern und das Feuer immer wieder anzufachen, sind das Produkt der Imagination von interessierten Kreisen, die Nero bewusst die Schuld in die Schuhe schieben wollten oder die der Überzeugung waren, dass ein Tyrann wie Nero zu jeder Untat fähig sei und nicht einmal davor zurückschrecken würde, die Bewohner der Stadt Rom einer so großen Gefahr auszusetzen.

Ein wichtiges Argument gegen die Urheberschaft Neros ist vor allem aber der Umstand, dass es in Rom eigentlich immer brannte. Bevor der Brand von 64 ein Bewusstsein für präventive Maßnahmen schuf und entsprechend gehandelt wurde, verging vor allem im Sommer kaum ein Tag, an dem es nicht in irgendeiner Ecke Roms zu einem Feuer kam. Es genügte, wenn ein unachtsamer Hausbewohner seine Öllampe nicht mehr im Blick hatte oder das Herdfeuer nicht kontrollierte. Ein Funken reichte aus, um einen ganzen Häuserblock in Mitleidenschaft zu ziehen. Die Dächer der Mietskasernen waren aus Holz oder aus anderen, leicht brennbaren Materialien, das Nachbarhaus befand sich, weil die Straßen eng und winklig waren, gleich direkt gegenüber. Meistens war die Feuerwehr rechtzeitig an Ort und Stelle, um den Schaden in Grenzen zu halten. Dass es im Sommer 64 zu dieser verheerenden Katastrophe kommen konnte, lag an den ungünstigen Winden, die für eine Ausbreitung des Feuers sorgten, bevor die Feuerwehr wirkungsvoll eingreifen konnte.

Aber was ist mit dem Troja-Lied? War die Tatsache, dass Nero, als er von seinem Palast aus am Horizont den Lichtschein erblickte, zur Kithara griff und ein Lied über den Untergang von Troja vortrug, nicht Beweis genug, dass er nachgeholfen hatte und dass ihm das Schicksal der Menschen gleichgültig war? Dazu ist zunächst zu klären, ob diese Szene tatsächlich stattgefunden hat oder ob es sich dabei um eine Erfindung jener konservativen Kreise handelt, die sich an einem Kaiser rieben, für den Kunst und Musik nicht nur eine Passion waren, sondern der bald auch keinen Unterschied mehr machte zwischen seiner Rolle als Kaiser und seiner Identität als Künstler. Nero war nicht ein Kaiser, der lieber Künstler sein wollte, sondern für ihn war der Kaiser Künstler und der Künstler Kaiser.

Dafür, dass es sich um Gerüchte handelte, mag sprechen, dass sich die Quellen nicht darüber einig sind, wo denn die denkwürdige musikalische Einlage stattgefunden haben soll – in Antium oder auf dem Turm des Maecenas-Palastes in Rom. Bekannt ist, das Nero ein Gedicht über Troja verfasst hat.[7] Nero kannte sich, wie jeder römische Kaiser, gut in Geschichte und Mythologie aus.[8] Die Römer sahen Troja als ihre Urheimat an. Von dort hatte einst Aeneas den langen und strapaziösen Weg nach Italien angetreten, um als Stammvater der Römer unsterblichen Ruhm zu gewinnen. Rom war somit gewissermaßen aus dem brennenden Troja entstanden. Und wenn Nero ein neues Rom haben wollte, so hätte ein von ihm initiierter Brand als Symbol für eine neue Ära in Rom dienen können. Das konnten die Informanten des Tacitus gemeint haben, wenn sie gehört haben wollten, dass Nero in seinem Troja-Lied „das gegenwärtige Unglück mit den Vernichtungen der alten Zeiten verglich"[9].

Nero war ein Künstler. Er liebte die Theatralik. Als er aus der Ferne das in Rom wütende Feuer erblickte, griff er zur Kithara. Nicht allein und für sich. Ohne Publikum war seine Kunst nichts wert. Zeugen der Szenerie waren seine Freunde, Berater, die Bediensteten. Und dann sang er ein Lied über Troja, vielleicht sogar in einem Bühnenkostüm. Das passte zu Nero, vor allem zu dem späteren Nero, bei dem Kaiser und Künstler schon identisch geworden waren. Jedenfalls in den geeigneten Situationen. Als er später nach Rom kam, musste angepackt werden. Das konnte der Kaiser, wenn es darauf ankam, genauso gut. Doch als das Feuer ausbrach, als noch keiner abschätzen konnte, dass es sich um eine veritable Katastrophe handelte, ließ Nero der künstlerischen Seite in seiner Doppelexistenz als Kaiser und Künstler freien Lauf. Danach legte er das Musikinstrument beiseite, eilte in die Stadt und koordinierte ganz unkünstlerisch, aber sehr pragmatisch und letztendlich effizient die Rettungsaktionen.

Nero hat das Feuer nicht gelegt. Bei einer der größten Katastrophen, von der die Weltstadt Rom heimgesucht wurde, handelte es sich um einen Unglücksfall. Somit entfällt das Attribut „Brandstifter", das seit der Antike eng mit dem Namen Nero verbunden ist und bis heute eine Assoziation darstellt, die sich sofort einstellt, wenn man den Namen Nero hört. Nero wusste, dass er unschuldig war. Die Bevölkerung der Stadt Rom wusste es nicht. Eine genügend große Menge von Menschen mit der Möglichkeit, sich so zu artikulieren, dass sie gehört wurde, war indes davon überzeugt, dass der Kaiser die Verantwortung trug. Es war nicht möglich, diese *infamia,* wie Tacitus sagt, zu unterdrücken oder zu beseitigen.[10] *Infamia* kann man in diesem Zusammenhang mit „Schmach" oder „Schande" übersetzen – womit natürlich nicht die Einstellung zu jenen gemeint ist, die diesen Verdacht vorbrachten, sondern die Bewertung jener Tat, die man Nero unterstellte. In dieser Situation verband sich das eine große Thema, für das Nero bis heute berüchtigt ist, mit einem anderen Kapitel seiner Herrschaft, das entscheidend zu seinem negativen Renommee beigetragen hat: Nero als Christenverfolger. Dieses Image haftet auch deswegen so fest an ihm, weil er sich in dieser Eigenschaft die unerbittliche Gegnerschaft der christlichen Kirche zugezogen hat, die in ihm die Personifizierung des Bösen, den Antichristen schlechthin sah.

Dass Brand von Rom und Vorgehen gegen die Christen kausal in einem Zusammenhang stehen, ist evident. Irritiert hat gelegentlich der Umstand, dass der kenntnisreiche Sueton zwar beide Ereignisse erwähnt, dies jedoch an ganz unterschiedlichen Stellen seines Werkes und ohne sie in Bezug zueinander zu setzen. Aber das liegt nicht daran, dass er die Dinge anders gesehen hätte. Vielmehr hat er sie nur anders geordnet, gemäß seiner Vorgehensweise, Neros Herrschaft in einzelnen Sachgebieten zu präsentieren. Den Brand erwähnt er in Kapitel 38, unter der Rubrik „Nero der Wüterich", vor dessen Mordlust nichts und niemand – und nicht einmal, wie beim Brand, die Gesamtheit der stadtrömischen Bevölkerung – sicher war. Von den Christen spricht Sueton in Kapitel 16, also noch vor der magischen Grenze in Kapitel 20. Alles vor Kapitel 20 ist dem guten Nero gewidmet, danach beschreibt er das Monstrum. Das Vorgehen gegen die Christen hielt Sueton für richtig, dass Nero Rom ansteckte, für falsch. Somit rangieren beide Ereignisse für sich, in den jeweiligen Schubladen, nach denen Sueton Neros Biografie geordnet hat.

Wo Sueton über die Christen spricht, befinden sie sich thematisch in der Gesellschaft mit Neros Verbot, in Garküchen Gekochtes zu verkaufen, ausgenommen Hülsenfrüchte und Gemüse. Damit brach Nero mit der Tradition, in diesen römischen Schnellrestaurants, die sich praktisch an jeder Straßenecke befanden, Speisen aller Art anzubieten. Diese Verordnung erwähnt auch Cassius Dio, der auch hier die Gelegenheit nicht ungenutzt lässt, den Kaiser zu maßregeln: „Obwohl er sein Leben lang gewissermaßen ein Kneipendasein führte, verbot er den anderen, in den Garküchen Gekochtes zu verkaufen, außer es handelte sich um Gemüse oder Erbsensuppe."[11] Grund dieser ordnungspolitischen Maßnahme war entweder eine Konkurrenzsituation zwischen „ordentlichen" Gaststätten und den rasch servierenden Gourmettempeln, oder der Kaiser wollte die vom Staat organisierte Verteilung von Lebensmittelrationen monopolisieren. Unmittelbar im Anschluss an die Schilderung dieser gastronomischen Aktivität Neros heißt es bei Sueton: „Ganz heftig setzte man den Christen mit Martern zu. Dieser Menschenschlag hing einem neuen und schädlichen Aberglauben an." Das ist auch bereits alles. Danach befasst sich der antike Biograf mit Sanktionen gegen Wagenrennfahrer, die sich, wie es heißt, überall herumtrieben und die Leute belästigten, mit Pantomimen, die in die Verbannung geschickt wurden, und mit dem Umgang mit Testamentsfälschern.

Hätte Sueton geahnt, dass er über die frühen Vertreter einer späteren Weltreligion spricht, wäre er wahrscheinlich auskunftsfreudiger gewesen. Das gilt auch für Cassius Dio, der zwar in einer Zeit lebte, in der die Christen bereits ein wichtiger Faktor des öffentlichen Lebens waren, sie aber weder dort, wo er vom Brand Roms spricht, noch überhaupt an einer anderen Stelle seines Werkes erwähnt, was natürlich auch daran liegen kann, dass der Dio-Exzerptor eine entsprechende Passage weggelassen hat. Umso deutlicher und ausführlicher ist dafür Tacitus. Ihm ist eine detaillierte Beschreibung der Maßnahmen gegen die Christen zu verdanken, und er hat einen klaren Bezug zu dem Brand von Rom hergestellt. Seine Darstellung der Leiden der Christen gehört zu den eindringlichsten und bekanntesten Texten der antiken Literatur.

Im ersten Teil seiner Ausführungen erläutert Tacitus dem seiner Meinung nach in dieser Hinsicht eher unbedarften römischen Publikum, um wen es sich bei diesen Christen überhaupt handelte. „Man glaubte, der Brand sei (von Nero) befohlen worden. Daher schob Nero, um dem Gerede ein Ende zu machen, andere als Schuldige vor und belegte sie mit den ausgesuchtesten Strafen. Wegen ihrer Schandtaten verhasst, wurden sie vom Volk Christen genannt. Der Urheber dieses Namens, Christus, war unter der Herrschaft des Tiberius auf Veranlassung des Procurators Pontius Pilatus hingerichtet worden. Für den Augenblick unterdrückt, brach der unheilvolle Glaube aufs Neue wieder aus, nicht nur in Judäa, dem Ursprungsland dieses Übels, sondern auch in Rom, wo aus der ganzen Welt alle Gräuel und Scheußlichkeiten zusammenströmen und Anklang finden."

Der zweite Teil der Passage beschreibt, was mit den Christen von Rom nach dem großen Brand passierte:

„So verhaftete man zunächst diejenigen, die ein Geständnis ablegten, dann wurde auf ihre Anzeige hin eine gewaltige Menge nicht so sehr wegen des Verbrechens der Brandstiftung, sondern wegen des Hasses gegen das Menschengeschlecht schuldig gesprochen. Und als sie in den Tod gingen, trieb man noch Spott mit ihnen in der Weise, dass sie, in die Felle wilder Tiere gehüllt, von Hunden zerfleischt wurden, oder, ans Kreuz geschlagen und zum Tod durch Verbrennen bestimmt, als nächtliche Beleuchtung verbrannt wurden. Für dieses Schauspiel hatte Nero seinen Park zur Verfügung gestellt, und er gab gleichzeitig ein Circusspiel, bei dem er sich in der Tracht eines Wagenlenkers unter das Volk mischte oder sich auf einen Rennwagen stellte. Obwohl es sich bei ihnen um Menschen handelte, die die härtesten Strafen verdienten, regte sich doch Mitleid. Denn man glaubte, nicht dem Nutzen der Allgemeinheit, sondern der Grausamkeit eines Einzelnen würden sie geopfert."

Der Text wirft einige Fragen auf. Was gestanden die Christen? Dass sie das Feuer gelegt hatten? Oder eher, dass sie Christen waren, obwohl dies zu diesem Zeitpunkt nicht ein juristisches Delikt war? Hat man sie, was eine gewisse Wahrscheinlichkeit für sich hat, unter Druck gesetzt? Wie kam man überhaupt auf die Christen? Dass sie es gewesen waren, die Rom anzündeten, kann ausgeschlossen werden,[12] auch wenn es in der modernen Literatur Versuche gibt, eine Urheberschaft zu postulieren. Doch reicht die Erklärung, als Folge von apokalyptischen Visionen, nach denen es eines Weltenbrandes bedurfte, um die ersehnte Endzeit Wirklichkeit werden zu lassen, nicht aus.[13] Die frühen Christen waren bis dahin, soweit ersichtlich, nicht als gewalttätig aufgefallen, auch wenn Behauptungen von der Art kursierten, sie würden bei konspirativen Treffen römische Kinder verspeisen. Anlass zu diesem Vorwurf gab die Praxis des Abendmahls. Auch die Römer kannten Kultmahle, die jedoch öffentlich stattfanden. Die stadtrömische Christengemeinde war im Jahr 64 zahlenmäßig noch sehr überschaubar. Das Christentum befand sich zu dieser Zeit in einem Prozess der Formierung und der ersten Konsolidierung. Bei den Christen von Rom handelte es sich auch nicht um Römer, die sich zur christlichen Religion hatten bekehren lassen. Vielmehr waren dies Menschen, die aus den östlichen Provinzen des Imperiums, aus Judäa, Ägypten, Syrien und Kleinasien nach Rom eingewandert waren und den christlichen Glauben mitgebracht hatten. Für Außenstehende war zudem der Unterschied zwischen Christen und Juden, die sich bereits im 2. Jahrhundert v. Chr. in Rom als Gemeinde etabliert hatten, kaum wahrnehmbar. Wenn Tacitus von einer „gewaltigen Menge" spricht, die damals Opfer des von Nero angeordneten Verfahrens wurden, so dürften sich darunter auch viele Juden, vielleicht auch Anhänger anderer östlicher Mysterienreligionen wie Isis oder Mithras befunden haben. Im Kern aber waren es die Christen, die der Kaiser und seine Berater ins Visier nahmen. Was sie auffällig machte, war die sich aus ihren religiösen Vorschriften ergebende Andersartigkeit. Sie nahmen nicht an den staatlichen Kulten teil, stattdessen hielten sie separat und isoliert Gottesdienste ab. Nicht jeder durfte sich ihnen ohne Weiteres anschließen. Um in die Gemeinschaft aufgenommen zu werden, war ein Initiationsritual notwendig, herkömmlich als Taufe bezeichnet. Die römische Staatsreligion dagegen stand allen offen, hier gab es keine Beschränkungen. Was die Christen prinzipiell verdächtig machte, waren also nicht ihre religiösen Vorstellungen. In Bezug auf den Kult war der römische Staat immer liberal und tolerant. Wichtig aber war aus der Sicht des Staates die Transparenz: Man wollte wissen, was die Leute dachten und machten, um zu verhindern, dass Ruhe und Ordnung gestört würden. Weil die Christen unter sich blieben, konnte man ihnen den drastischen, bei Tacitus formulierten Vorwurf machen, sie würden von einem „Hass auf das Menschengeschlecht" geleitet.

Nero kannte die Christen vorher wahrscheinlich überhaupt nicht.

Durch die Gerüchte um seine Urheberschaft beim Brand in die Enge getrieben, brauchte er aber einen Befreiungsschlag. Wer ihn aus seiner Umgebung auf die Christen brachte, lässt sich nicht rekonstruieren. Jedenfalls fand die Idee, den aufgebrachten Römern eine Gruppe als Täter zu offerieren, der man glaubhaft die Schuld an der Katastrophe geben konnte, seinen Beifall. Wichtig war für Nero immer die Stimmung des einfachen Volkes. Auch hier, so fand man heraus, waren die Christen nicht unbedingt beliebt, weil sie ihre eigenen Wege gingen und weil man den Gerüchten über ihre vermeintlich gefährlichen Praktiken Glauben schenkte. Das gab den Ausschlag. Nero gab den Befehl, die Christen ausfindig zu machen und zu bestrafen.

Dabei fragt es sich, woran man sie erkannte. In dieser Hinsicht hatte ein paar Jahrzehnte später auch ein Plinius (der Jüngere) seine Schwierigkeiten. In seiner Eigenschaft als Statthalter der Provinz Bithynia et Pontus an der Nordwestküste des Schwarzen Meeres wurde er, im Übrigen von der „einfachen" Bevölkerung, mit Anschuldigungen gegen die in seinem Verwaltungsbezirk lebenden Christen konfrontiert. Er behalf sich mit Verhören, Untersuchungen, auch mit Foltern. Möglicherweise kamen ähnliche Methoden auch jetzt bereits zum Einsatz. Gestanden die Beschuldigten, Rom in Brand gesteckt zu haben, oder gaben sie nur zu, Christen zu sein, wurden sie bestraft. Tacitus gibt einen wichtigen Hinweis: Die Brandstiftung trat bei den Ermittlungen in den Hintergrund, man konzentrierte sich auf den allgemeinen Vorwurf des „Hasses gegen das Menschengeschlecht". Das war an sich kein rechtlich relevanter Tatbestand, doch das Recht spielte bei Neros Vorgehen gegen die Christen ohnehin keine Rolle. Fragwürdig waren auch die Anzeigen, die dazu führten, dass die Zahl der Angeklagten immer größer wurde. Möglicherweise war bei dem Verfahren dem Denunziantentum Tür und Tor geöffnet worden, vielleicht sogar mit der Zusicherung, auf freiem Fuß zu bleiben, wenn man andere benannte, die man als Schuldige präsentieren konnte.

Wenn man die Christen der Öffentlichkeit glaubhaft als diejenigen darstellen wollte, die Rom in Brand gesetzt hatten, konnte dies nur die Todesstrafe zur Folge haben. Um diese Sanktion in die Tat umzusetzen, gab es in Rom verschiedene Möglichkeiten. Zum Repertoire zählten Enthauptung, Erdrosselung, Sturz vom Tarpejischen Felsen am Kapitolshügel. Auch Kreuzigung kam vor, diese aber nicht als Strafe für römische Bürger, sondern für Sklaven oder freie Personen, die nicht über das Bürgerrecht verfügten. Seit der frühen Kaiserzeit gab es eine zunehmende Tendenz, Todesurteile öffentlich zu vollstrecken.

Was Nero im Sommer 64 mit den Christen anstellte, war, gemessen an den bisherigen Praktiken, ein Novum. Die Hinrichtung der Christen wurde zu einem regelrechten Spektakel – Tacitus benutzt genau dieses Wort *spectaculum*. Der Kaiser, von dem viele irrtümlich dachten, er hätte Rom in Brand gesetzt, machte aus dem Tod der Christen, die man zu Unrecht desselben Verbrechens beschuldigte, ein öffentliches Schauspiel, bei dem er nicht nur persönlich Regie führte, sondern bei dem er alle anderen wichtigen Rollen für sich reserviert hatte. Die „Hinrichtung der Christen" – Regie: Nero, Inszenierung: Nero, Ausstattung: Nero, Choreografie: Nero, Hauptrolle: Nero. Dem Volk sollte etwas geboten werden, und der Kaiser lud die Menschen zu sich nach Hause ein, in seinen Park in Rom. Natürlich war er persönlich anwesend. Der Gastgeber verkleidete sich für seine Klientel als Wagenlenker. Und dazu die gruselige Szenerie mit den Christen, die am Kreuz verbrannt wurden und als lebendige Fackeln dienten. Sicher wollte Nero damit die Assoziation zum Brand von Rom herstellen. Eine perfekte Inszenierung der Macht war es, die den Betrachtern in jener Nacht geboten wurde. Nero, seit zehn Jahren Kaiser, kannte in seinem Einfallsreichtum inzwischen keine Grenzen mehr. Dies war eine der Gelegenheiten, die er zu nutzen pflegte, um der Öffentlichkeit die künstlerisch-schauspielerische Seite seiner doppelten Existenz als Künstlerkaiser oder Kaiserkünstler zu demonstrieren.

Nero war mit der Nacht, in der die Christen eines qualvollen Todes starben, sicher hoch zufrieden. Waren es die Zuschauer des Festes auch? Tacitus spricht von Mitleid, das sich zumindest bei einem Teil der Anwesenden regte. Und er nennt Neros Haltung „Grausamkeit". Doch zugleich vergisst er nicht zu betonen, dass die Christen harte Strafen verdient hätten. Das ergab sich logisch aus der Auffassung, sie seien von einem chronischen Hass auf die Menschheit beseelt gewesen. Es ist also eine auffallend moderate Kritik an Nero, die Tacitus hier den Leuten in den Mund legt. Sein Vorgehen war zwar grausam, aber in diesem Fall doch auch in gewisser Weise angemessen. Wie die Masse der Bevölkerung von Rom reagierte, der Nero doch große Unterhaltung bieten wollte, lässt sich nur vermuten. Angesichts der Unpopularität der Christen geht man wahrscheinlich nicht fehl, dass sie den Abend in Neros Garten positiv bewerteten. Damit dürfte Nero sein Hauptziel erreicht haben: Es ging darum, mit einer effektvollen Veranstaltung zu unterstreichen, dass er mit dem Brand von Rom nichts zu tun hatte und die wahren Schuldigen nun ihrer gerechten Strafe zugeführt worden waren.

Die christliche Tradition hat mit der „Neronischen Christenverfolgung" auch das Martyrium der Apostel Paulus und Petrus verbunden. Es ist vor allem diese Überlieferung, die für den nachhaltig schlechten Ruf Neros bei den Christen gesorgt hat. Ein früher Repräsentant ist der christliche Autor Sulpicius Severus, der zwischen (etwa) 360 und 420 lebte. Er hat in bemerkenswerter Anlehnung an Tacitus eine ausführliche Schilderung der Ereignisse im Sommer 64 vorgelegt und dabei auch, wie seine Vorlage Tacitus, einen expliziten Zusammenhang zwischen Brand von Rom und Christenverfolgungen hergestellt. Auf ihn geht auch die bekannte Geschichte von Petrus, Paulus, Nero und dem Magier Simon zurück. Petrus war demnach in jenen für die Christen so verhängnisvollen Tagen als Bischof von Rom ohnehin in Rom gewesen. Paulus kam in die Hauptstadt, um als römischer Bürger von seinem Recht Gebrauch zu machen, sich als Angeklagter direkt an den Kaiser zu wenden. Mit ihren Predigten hätten die beiden Apostel viele Menschen für die christliche Religion gewonnen. Die Kraft des christlichen Glaubens hätten die beiden Lichtgestalten der neuen Religion aus Judäa dann gegenüber der hybriden Gestalt des Simon, versehen mit dem Beinamen „der Magier", demonstriert – ein früher Häretiker, der ins Visier der christlichen Kritik geriet und der ein Anhänger der philosophischen Richtung der Gnosis war, mit der die frühen Christen ihre Schwierigkeiten hatten. Im Verlauf des Streits zwischen Petrus und Paulus auf der einen und Simon auf der anderen Seite habe sich der Magier, um seine göttlichen Qualitäten unter Beweis zu stellen, mithilfe okkulter Kräfte und unterstützt von zwei Dämonen, in die Lüfte erhoben. Doch gegen die Gebete der beiden Apostel hatten die Zauberkräfte Simons keine Chance: Die Dämonen flohen, Simon stürzte auf die Erde und wurde von der Menge, die das Geschehen staunend verfolgt hatte, in Stücke gerissen. Auch Nero ist in diese Tradition involviert. Die Diskussionen, die Paulus, Petrus und Simon führten, fanden in Gegenwart des Kaisers statt. Das Motiv findet sich in bildlicher Darstellung auf den mittelalterlichen Mosaiken in der Cappella Palatina in Palermo und im Dom von Monreale.

Was die historische Realität angeht, so ist es, freundlich formuliert, nicht sicher, dass Petrus und Paulus während Neros Spektakel mit den

Abb. 8: Mosaik aus der Cappella Palatina mit Paulus, Petrus, Simon und Nero

Christen wirklich in Rom gewesen sind. Und somit ist auch die christliche Tradition fraglich, wonach die beiden Apostel an ein und demselben Tag ums Leben gekommen sind – am 29. Juni 67, also drei Jahre nach dem großen Feuer und der Ermordung der Christen durch Nero. Eine andere Tradition setzt das Todesdatum auf den 29. Juni 64, also ein paar Tage vor den Brand. Paulus starb als römischer Bürger durch Hinrichtung mit dem Schwert, Petrus wurde mit dem Kopf nach unten gekreuzigt. Vom nüchternen Standpunkt der Geschichtswissenschaft aus betrachtet, konnte Petrus noch gar nicht Bischof von Rom sein, weil die Christengemeinde in Rom sich zwar in der Phase der Konsolidierung befand, sich eine entsprechende Hierarchie mit einem Bischof an der Spitze aber erst später herausbildete. Diese Tradition hatte dem Anspruch Roms auf den Primat innerhalb der katholischen Kirche samt einem Papst an der Spitze zu dienen.

Petrus war weder 64 noch 67 in Rom. Nach der Absprache mit Paulus – beide waren auch nicht immer ein Herz und eine Seele – hatte er die Mission im Osten des Römischen Reiches übernommen. Seine Aufgabe war es, die Juden für den christlichen Glauben zu gewinnen. Rom gehörte demzufolge nicht zu seinem Ressort. Gestorben ist er auch nicht in Rom, selbst wenn das „Petrusgrab" unter der Peterskirche gerne und beharrlich zur letzten Ruhestätte des berühmten Apostels deklariert wird. Paulus dagegen übernahm die sogenannte Heidenmission, und er kam tatsächlich im Verlauf seiner Missionsreisen nach Rom. Wann und wo er gestorben ist, ist indes nicht bekannt.

Petrus und Paulus hat Nero demzufolge nie persönlich kennen gelernt. Doch hat er aufgrund der Vorgänge des Jahres 64 nicht nur bei den Christen, sondern auch in der allgemeinen Wahrnehmung den Ruf eines „Christenverfolgers". Die Christenverfolgungen, so kann man immer wieder lesen, begannen mit Nero. Richtig ist: Nero war der erste römische Kaiser, der gegen die Christen in der Weise vorging, dass er sie als geschlossene Gruppe ins Visier nahm. Opfer seiner Inszenierung waren jedoch allein die Christen der Stadt Rom. Es kam nicht zu weiteren Aktionen etwa in Italien und schon gar nicht im gesamten Imperium. Die „Christenverfolgungen" Neros waren eine zeitlich und lokal begrenzte Unternehmung. Anlass und Ziel war es allein und ausschließlich gewesen, die Christen für den Brand von Rom zu bestrafen. Sie waren kein Startpunkt für eine systematische, reichsweite Verfolgung von Christen. So heißt es auch Abschied nehmen von der medial gerne vermittelten Vorstellung von zitternden, nichtsdestotrotz singenden Christen in der Arena, umgeben von hungrigen Löwen, einem frenetischen Publikum und einem zwischen Gespanntheit und Langeweile changierenden Kaiser Nero. Christenverfolgungen in dem Sinne, dass der Staat gezielt, koordiniert und global gegen die Anhänger dieser Religion vorging, fanden erst gut zwei Jahrhunderte später statt. Diese sind verbunden mit den Namen der Kaiser Decius, Valerian und Diokletian. Damals, im 3. Jahrhundert, befand sich das Römische Reich in einer ernsten Krise. Verzweifelt suchten die Kaiser nach Schuldigen – oder besser gesagt: nach Gruppen in der Gesellschaft, denen man die Schuld an den schlechten Zeiten in die Schuhe schieben konnte. Man fand sie in den Christen, denen man vorwarf, durch ihren Glauben die römischen Götter verärgert zu haben, die deswegen alle möglichen Katastrophen schickten. Das war die Wiederauflage des „Prinzips Nero": Dieser Kaiser darf für sich das zweifelhafte Privileg in Anspruch nehmen, die Christen in ihrer Dauerfunktion als Blitzableiter und Sündenböcke entdeckt zu haben.

9   **Der Künstler**

Kurz bevor er starb, sagte Nero: „Was für ein Künstler geht mit mir zugrunde!" Noch eindrucksvoller hört sich dieser Satz im lateinischen Original an: *qualis artifex pereo.* Er sagte diesen Satz, wie Sueton betont, gleich mehrmals, so, als ob es sich um ein Vermächtnis, eine Botschaft an die Zeitgenossen und an die Nachwelt handelte.[1] Nero hielt die Aussage also für sehr wichtig. Und tatsächlich ist das Künstlertum Neros ein Schlüssel zum Verständnis seiner Persönlichkeit und seiner Herrschaft. Der Kaiser sang, begleitete sich selbst auf der Kithara, ging auf Tournee, sonnte sich im Beifall der Massen. Hier handelte es sich nicht um den Spleen eines überdrehten Herrschers, um den Ausdruck eines exzentrischen Charakters an der Schwelle zur Debilität und Pathologie. Die Musik, selbst vorgetragen und teilweise auch selbst komponiert, war für Nero ein Medium zur Inszenierung der Macht. Mit seiner Musik, die er nicht hinter verschlossenen Türen, in elitären Zirkeln präsentierte, suchte er die Nähe zu jener Bevölkerungsgruppe, die er als Publikum für die theatralische Gestaltung seiner Herrschaft auserkoren hatte. Nero veranstaltete keine Flötenkonzerte in Sanssouci, sondern künstlerische Veranstaltungen vor allem für das Volk, für die Masse der stadtrömischen Bevölkerung. „Am meisten strebte er danach, den Beifall der Menge zu erhalten", sagt Sueton in einer der wichtigsten Passagen seiner Nero-Biografie.[2] Auch hier schafft das lateinische Original noch mehr Transparenz: Nero war begierig nach *popularitas,* nach der Gunst und der Sympathie der Massen.

Er beherzigte damit einen Grundsatz, nach dem auch seine kaiserlichen Vorgänger mehr oder weniger gut gelebt hatten. Tacitus hat ihn Tiberius in den Mund gelegt: „Die normalen Menschen können so planen, wie sie es für richtig halten. Bei den Kaisern ist dies anders: Sie müssen ihre wichtigsten Entscheidungen nach der fama ausrichten."[3] Die „fama" lässt sich am besten mit „öffentlicher Meinung" übersetzen. Der Kaiser, so lautete die Devise, sollte sich weniger um die Qualität seiner Politik sorgen als um die Art und Weise, wie sie bei den Menschen ankam. Das bedeutet: Von Anfang an musste sich der Kaiser bei seinen Handlungen Medien bedienen, die auf Wirkung ausgerichtet waren. Der römische Kaiser war, so, wie Augustus das Principat angelegt hatte, immer auch so etwas wie ein Schauspieler gewesen. Er musste ein System repräsentieren, von dem er den Eindruck zu erwecken hatte, es sei gar keine auf das Militär gestützte Monarchie, sondern die nur leicht modifizierte Wiederherstellung der alten republikanischen Ordnung.

Nero teilte, gleich nachdem er Kaiser geworden war, in seiner Regierungserklärung im Senat mit, er werde ganz nach den Vorgaben des Augustus herrschen.[4] Ein solches Bekenntnis hatten auch schon andere Kaiser vor ihm abgelegt. Bei Nero aber war es mehr als ein bloßes Lippenbekenntnis, als eine pflichtschuldigst absolvierte Reverenz an den Gründer des Principats und den allseits verehrten Stammvater der kaiserlichen Dynastie. Nero wollte sich wirklich Augustus zum Vorbild nehmen, jedoch nicht in jeder, sondern vor allem in einer Hinsicht. Augustus hatte gezeigt, wie man Herrschaft inszeniert. Er hatte bewiesen, wie man mit Worten, mit Bildern, mit Ritualen, mit Bauten, mit Spielen der Herrschaft Konturen und Format verleihen konnte. Den Glanzpunkt setzte er mit der sorgfältigen, fast schon künstlerisch anmutenden Gestaltung seines eigenen Todes am 19. August 14.[5] An seinem Krankenbett in Nola war die gesamte Familie versammelt. Augustus sprach alle an, doch das Wichtigste hatte er sich, abgesehen von dem Abschiedsgruß an seine Frau, bis zum Schluss aufgespart. Dazu heißt es bei Sueton wörtlich: „Er erkundigte sich bei den Freunden, ob sie den Eindruck hätten, er habe die Komödie des Lebens überzeugend gespielt, und fügte dann die übliche Schlussformel hinzu: ‚Wenn gut gespielt wurde, klatscht Beifall und begleitet uns mit Applaus hinaus‘.“[6] Diese Sätze sprach Augustus auf Griechisch. Es handelte sich dabei um ein Zitat. Der sterbende Kaiser gebrauchte exakt jene Worte, mit der sich griechische Schauspieler im Theater am Ende der Aufführung vom Publikum zu verabschieden pflegten. Natürlich ist Augustus dieser Satz nicht erst kurz vor seinem dann auch rasch eingetretenen Ableben eingefallen. Diesen Abgang hatte er sich gut überlegt. Und was er damit sagen wollte, dürfte den Anwesenden und all jenen, die später von ihm hörten, klar gewesen sein. Es handelte sich nicht so sehr um die Lebensbilanz eines Herrschers, der immer auch eine gewisse Sympathie für die Philosophie der Stoa an den Tag gelegt hatte, jener Philosophie, der auch Neros Lehrer Seneca anhing. Das Leben war für die Stoiker eine Komödie, bei der es darauf ankam, gut mitzuspielen. Augustus meinte vielmehr etwas anderes: Erfolgreich hatte er den Römern vorgespielt, er

habe die Republik gerettet und überhaupt seine Rolle als Kaiser gut gespielt. Dafür wollte er Beifall.

Als Nero regierte, waren die Zeiten vorüber, in denen der Kaiser noch
dadurch um Akzeptanz und Loyalität zu werben hatte, dass er den monarchischen Charakter des politischen Systems nach Möglichkeit verdeckte.
Das Principat war inzwischen zur Institution geworden. Jedenfalls gilt
dies für die staatsrechtlichen Voraussetzungen. Daran, dass der Kaiser als
Persönlichkeit gefordert war, der Herrschaft Relief und Konturen zu verleihen, hatte sich nichts geändert. Die einzelnen gesellschaftlichen Gruppen, von den Senatoren bis hinab zur Plebs, erwarteten von dem obersten
Patron Zuwendung und Aufmerksamkeit.

Für Nero war die Betonung seines Künstlertums die Reaktion auf diese
Anforderungen. Von Augustus hatte er gelernt, dass man als Kaiser inszenieren musste. Sein eigener Beitrag bestand darin, dass er die Inszenierung der Macht virtuos perfektionierte, und dies in einer Weise, dass sie,
anders als noch bei Augustus, nicht mehr Instrument zur Sicherung der
Herrschaft, sondern Selbstzweck wurde. Nero wollte geliebt werden, er
brauchte den Beifall der Massen – nicht den der Eliten, sie sah er als
natürliche Gegner des Herrschers an, sie galt es, in die Schranken zu verweisen, und dies auch, indem er sie öffentlich vorführte und demütigte.
Dazu gehört zum Beispiel die akrobatisch fraglos beeindruckende, gesellschaftlich jedoch verheerende Einlage eines römischen Ritters, der im Circus, auf einem Elefanten reitend, auf einem Seil herabbalancierte. Das
Volk johlte, weil der Kaiser solche Schauspiele ermöglichte. Andere Angehörige der Oberschicht erkannten nicht das Spiel, das Nero mit ihnen
spielte. Sie versuchten den Kaiser nachzuahmen und an seinem Status zu
partizipieren, indem sie sogar danach strebten – Frauen wie Männer – im
Theater und im Circus aufzutreten.

Nero suchte den Beifall der Massen. Den bekam der Kaiser nicht, wenn
er sich, separiert von seinem Volk, im Palast versteckte. Wer Beifall bekommen will, muss dem Volk etwas bieten, so wie die umjubelten Gladiatoren in der Arena, die Wagenlenker im Circus oder die Schauspieler
im Theater. Er war Kaiser, also musste man ihm zujubeln, mochten die
Konservativen deswegen auch pikiert von Verstößen gegen die Würde des
Aristokraten sprechen. Und ein Augustus hatte schließlich auch gelehrt,
dass die Umgänglichkeit, von den Römern *comitas* genannt, eine zentrale
Eigenschaft des Princeps zu sein hatte. Jubelkaskaden löste aber auch ein

römischer Kaiser nicht einfach durch seine pure Anwesenheit aus. Er musste, wollte er den ersehnten Applaus bekommen, etwas bieten. Etwas Besonderes bieten. Und so bot Nero dem Volk Spektakel jeder Art. Das beste Spektakel war der Kaiser höchstpersönlich, der sich selbst als Künstler betätigte und der je länger, desto mehr den Kaiser mit dem Künstler und den Künstler mit dem Kaiser identifizierte. Inszenierung der Macht bedeutete bei Nero demzufolge zweierlei: Zum einen trat er als Künstler auf, um die Massen für sich zu gewinnen, zum anderen praktizierte er Politik und Herrschaft dort, wo es sich anbot – und nur dort –, wie ein Künstler, mit einer entsprechenden Regie und Choreografie. Herausragende Beispiele für den zweiten Aspekt sind der Umgang mit den Christen nach dem Brand von Rom 64 und der Empfang des armenischen Königs Tiridates in Italien im Jahre 66. In beiden Fällen erwartete der Kaiser Applaus, den er am Anfang auch bekam. Am Ende liebte er das Spiel mit der Macht so sehr, dass er den Kontakt auch zu denen verlor, die er für sein treues Publikum hielt. Dann funktionierte die Kunst als Instrument der Herstellung von Macht und sozialen Bindungen nicht mehr, und auch die Orchestrierung des normalen politischen Geschäfts vermochte die Menschen nicht mehr, wie zu Neros besten Zeiten, zu faszinieren.

Den größten Erfolg als Künstler hatte er bei den Griechen. So meinte Nero jedenfalls nach dem, wie es schien, triumphalen Empfang, den sie ihm bereiteten, als er sich 66 zu einer Tournee aufmachte. Dieses Erlebnis führte ihn zu der Überzeugung, die Griechen wüssten seine Kunst mehr zu schätzen als die Römer. Dabei wussten die Griechen nur besser, wie man mit einem Kaiser umgeht, der glaubte, ein großer Künstler zu sein.

Wie kam Nero aber zur Kunst und zur Musik? Wann und wie entdeckte er diesen Bereich als eine Disziplin, die ihm nicht nur zur persönlichen Passion wurde, sondern die er auch virtuos als Medium der Inszenierung seiner Herrschaft zu nutzen wusste? An der Musik war er, wie berichtet wird, schon von frühester Jugend an interessiert. Diese Aussage darf man für glaubwürdig halten, auch wenn die Tendenz der Quellen zu bedenken ist, spätere Charakteristika einer Persönlichkeit schon möglichst früh angelegt sehen zu wollen. Aber Nero war die Musik wohl tatsächlich sehr wichtig, in einem bedeutenderem Maße, als es bei den Angehörigen der römischen Oberschicht der Fall war, für die Kunst und Musik lediglich Teil einer Ausbildung waren, der man sich gewohnheitsmäßig unterzog, um in der vornehmen Gesellschaft als allseits gebildetes Individuum gelten zu können. Nero aber war von Anfang an Feuer und Flamme. Als er Kaiser geworden war, stürzte er sich noch intensiver in seine musikalische Ausbildung. Das ist ein bemerkenswerter Umstand, könnte man doch meinen, dass er ab dem 13. Oktober 54 anderes und Nützlicheres zu tun hatte. Und tatsächlich kümmerte er sich auch intensiv um die Politik und seine Pflichten als Herrscher. Doch war die Musik für ihn auch in dieser Zeit bereits mehr als nur eine willkommene Ablenkung von harten Regierungsgeschäften. Sie war von Anfang an ein relevanter und allmählich immer zentraler werdender Bestandteil seiner Herrschaftspraxis.

Als Neros Lehrer wird immer Seneca genannt. Das ist auch zutreffend. Doch für Nero war Terpnos wichtiger. Terpnos war Neros Musiklehrer. Ihn engagierte Nero, kaum, dass er an die Macht gekommen war. Terpnos hatte zwei große Vorzüge: Er stammte aus der Kulturmetropole Alexandria, und er war ein Virtuose auf der Kithara. Dieses Instrument hatte Nero wohl auch bereits in seiner frühen Jugend, im Rahmen einer allgemeinen musikalischen Ausbildung, gespielt. Die Kithara, ein siebensaitiges Instrument, ähnlich einer Lyra oder einer Leier, sollte bald zum ständigen Begleiter des musikalischen Kaisers Nero werden. Einstweilen aber ging er bei Terpnos in die Lehre, hörte ihm Tag für Tag bis tief in die Nacht beim Musizieren und beim Gesang zu. Dann begann er sich vom Konsumenten zum Produzenten zu wandeln. Er begann damit, wie es heißt, die Kunst der Musik zu studieren und sich selbst darin zu üben, offenbar, weil er sie bereits jetzt als ein Mittel entdeckt hatte, mit dem es ihm gelingen würde, die Römer für sich zu begeistern – für einen jungen Mann im Alter von knapp siebzehn Jahren, der in der Öffentlichkeit im Ruf stand, von seiner ehrgeizigen Mutter auf den Thron gehievt worden zu sein, unter Ausschaltung des beliebten Claudius-Sohnes Britannicus. Es ist möglich, dass diese Vorbehalte, die es gegen ihn am Anfang seiner Herrschaft gab, ihn in dem Bestreben gestärkt haben, den Menschen etwas Besonderes zu bieten.

Einen besseren Schüler als Nero konnte sich Terpnos nicht wünschen. Geradezu verbissen arbeitete der Kaiser daran, ein guter Musiker zu werden. Er unterzog sich dabei den anstrengendsten Übungen, ohne zu klagen oder im Eifer nachzulassen. „Er legte sich", wie Sueton berichtet, „auf den Rücken und deponierte eine Bleiplatte auf der Brust, und mit Hilfe von Klistieren und durch Erbrechen reinigte er den Körper, und er ließ die

Finger von Früchten und von Speisen, die seiner Stimme schaden konnten." Aufgrund des harten Trainings machte der Kaiser einige Fortschritte. Sein Gesang und seine Künste auf der Kithara erreichten allmählich ein Niveau, bei dem er an eine öffentliche Aufführung denken konnte. Und darauf zielten schließlich all die Anstrengungen: Nero wollte vor Publikum auftreten. Bezeichnend ist in diesem Zusammenhang ein Ausspruch, den er gegenüber seinen Freunden häufig wiederholte: „Musik im Verborgenen hat keinen Wert" – ein altes griechisches Sprichwort.[7]

Die Römer hätten diesen Satz wohl nicht sofort und ohne Weiteres unterschrieben. Musik war im Grunde nicht besonders angesehen. Gerade das Gegenteil von dem, was Nero sagte, war nach Meinung konservativer Kreise gerade noch tolerierbar: Musik daheim, im trauten Kreise, auch unter Beteiligung der Frauen des Hauses. Ansonsten hatte die Musik einen festen Platz im Bereich von Religion und Kult. Flöten und Tanz gehörten zum festen Repertoire von Zeremonien. Da hatte sie den ihr angemessenen Platz in der Öffentlichkeit, so fanden die Aristokraten. Ein öffentlich singender Kaiser war indes aus ihrer Sicht, freundlich ausgedrückt, ein Novum, unfreundlich formuliert, ein Skandal. Aber Nero hatte mit seinen künstlerischen Aktivitäten eben gerade nicht den Adel im Visier. Wenn er auf der Bühne stand, war es das Volk, dem er gefallen wollte.

Sicher ist es auch richtig, dass Neros Einstellung zur Musik mehr die eines Griechen als die eines Römers war. Durch die römische Aristokratie war ein Keil gegangen, als mit der im 2. Jahrhundert v. Chr. erfolgten Eroberung Griechenlands und dessen Integration in das Römische Reich die Römer auch mit der Kultur der Hellenen konfrontiert worden waren. Die einen widmeten sich mit Eifer und Begeisterung griechischer Philosophie, Kunst, Literatur, Architektur und Kunst, die anderen sahen darin den Untergang des Abendlandes und beharrten umso mehr auf der tradierten Kultur. Nero gehörte zu der Gruppe der Griechenlandfreunde, was sich dann vor allem auch bei seiner legendären Reise in das Land der Hellenen zeigen sollte.

Seine Premiere als Sänger und Musiker feierte Nero im Jahre 59. Es ist bemerkenswert, dass er, nachdem er Princeps geworden war, noch fünf Jahre wartete. Der einzige Grund für die lange Zeit, die er verstreichen ließ: Er wollte sich nicht blamieren. Mehr noch: Er wollte etwas Bedeutendes, Qualitätvolles bieten. Andernfalls hätte es keinen Beifall gegeben.

Aber war Nero auch gut genug, um das Volk zu begeistern? Und nicht nur dadurch, dass er ihm das ungewöhnliche Schauspiel eines auf der Bühne singenden leibhaftigen Kaisers bescherte – und er damit automatisch einen Bonus gehabt hätte –, sondern vor allem auch dadurch, dass er sein Metier verstand? Harsch fallen die Urteile über Neros Fähigkeiten als Künstler bei denjenigen aus, die ihn nie gehört haben. So kanzelte ihn der große deutsche Altertumswissenschaftler Theodor Mommsen im 19. Jahrhundert mit dem Attest „gänzlich unfähig"[8] ab. Von Mommsen ist man solche Verrisse gewöhnt, auch von Alfred Heuß, der in seiner fachmännischen Ferndiagnose „künstlerischen Dilettantismus" auszumachen glaubte.[9] Gnädiger war der Musikhistoriker Günter Wille. Für ihn war Nero „zweifellos eine musikalische Begabung".[10] Zu argwöhnen ist, dass die Vokabel „zweifellos" wie so oft, so auch in diesem Fall die fehlende argumentative Überzeugungskraft des Verfassers ersetzen soll. Jedoch wirklich schlecht, so darf man vermuten, war Nero nicht. Kein überragender Künstler, aber durchaus passabel, besser auch, als man es von einem Kaiser erwartete. Eine gewisse Qualität stellte sich auch fast notwendigerweise dadurch ein, dass Nero so eifrig und so intensiv übte.

Die Premiere des Jahres 59 fand in Rom statt. Schauplatz des denkwürdigen Ereignisses war Neros Privattheater am Tiber. Bevor er sich an die große Öffentlichkeit wagte, sollte im privaten Versuchslabor ein erster Test gestartet werden. Das Publikum war handverlesen, und doch waren die Ränge bis auf den letzten Platz gefüllt. Erst ließ Nero ein paar andere Künstler auftreten. Dann kam der große Moment, und alles blickte voller Spannung auf die Bühne. Cassius Dio hat notiert, was nun passierte. Erst sprach Nero die Gäste direkt an. „Meine Herren, leiht mir euer geneigtes Ohr."[11] Offenbar befanden sich unter den Zuschauern keine Frauen. Dann griff der Kaiser zur Kithara, entlockte ihr die ersten paar Töne und trug dann einige Stücke vor – zum Beispiel einen *Attis* und *Die Bacchanten*. Um möglicherweise aufkommender Langeweile von Anfang an keine Chance zu lassen, wählte Nero bei seinem Debüt also Lieder, von denen er sicher war, dass sie beim Publikum Anklang fanden. Attis war der Kultpartner der phrygischen Göttin Kybele und garantierte ebenso orgiastische Stimmung wie die Bacchantinnen, die weiblichen Anhänger des Gottes Bacchus, die römische Variante des griechischen Gottes Dionysos, der unter anderem für den Wein zuständig war.

Aber wie reagierten Neros Zuhörer wirklich? Das Volk saß da und lauschte, verrät Cassius Dio in seinem Bericht. Vielleicht wussten die Menschen nicht genau, ob es dem kaiserlichen Rezitator gefallen würde, wenn sie ihm während seinem musikalischen Vortrag zujubelten. Missfallen zu bekunden, wäre hingegen nicht opportun gewesen. Es wohnten, wie Dio sagt, auch viele Soldaten dem Konzert bei. Diese hätten sicher eingegriffen, wenn es jemand gewagt hätte, den Kaiser lauthals zu beschimpfen.

Nach der insgesamt gelungenen Premiere wurde Nero mutig. In den folgenden Monaten kamen eine ganze Reihe weiterer Auftritte hinzu. Dabei half er ein wenig nach, um den erwünschten Beifall, am besten in Form von ohrenbetäubendem Lärm, auch tatsächlich genießen zu dürfen. Zu seinen wichtigsten Helfern wurden bezahlte Claqueure, eine Truppe von professionellen Beifallsspendern. Es handelte sich dabei um junge Leute aus dem Ritterstand sowie mehr als 5000 Plebejer, die nun als mobile Einsatzreserve parat standen, wenn der Kaiser eine Bühne betrat. Über ihr Training und über ihre Arbeit zur Förderung des Spektakels berichtet Sueton: „In verschiedene Gruppen aufgeteilt, hatten sie die verschiedenen Formen des Beifalls zu lernen – man nannte das Summen, Klatschen mit hohler Hand und Klatschen mit flacher Hand – und die ihn, während er sang, mit ihrem Applaus unterstützen mussten. Diese Leute fielen durch ihr stark pomadisiertes Haar und ihre exquisite Kleidung auf."[12] Sie wurden vom Kaiser für ihre Dienste fürstlich entlohnt, was sie zu wahren Höchstleistungen animierte. Davon weiß Cassius Dio zu berichten. War der Kaiser künstlerisch in Aktion, brachen sie in wohl koordinierte, hymnische Lobgesänge aus: „Herrlicher Caesar! Unser Apollo! Unser Augustus! Ein zweiter Pythier! Wir schwören dir, Caesar, niemand übertrifft dich."[13] Die Botschaft war unmissverständlich: Dort sang zwar der Kaiser, doch im Grunde sang Apollo, der Gott der Künste. Auf die Idee, eine solche auf Bezahlung in grenzenlose Euphorie ausbrechende Truppe im Theater zu positionieren, kam Nero, nachdem ihm bei einem Konzert Zuschauer aus Alexandria aus freien Stücken zugejubelt hatten. Als Griechen wussten die Gäste, was der Kaiser hören wollte. Und Nero war so begeistert, dass er weitere Alexandriner zu seinen Konzerten herbeischaffen ließ.

Ein späterer Auftritt in Neapel im Jahre 64 nahm einen kuriosen Verlauf. Nero hatte die Stadt am Vesuv ausgewählt, weil es sich um eine alte griechische Siedlung handelte. Den Griechen traute er grundsätzlich mehr künstlerischen Sachverstand zu, und so wollte er seine Wirkung nun auch hier testen, gewissermaßen als Probe für seine große Griechenland-Reise, zu der er zwei Jahre später aufbrechen sollte. Zwar war sein auserwähltes Publikum nach wie vor die Bevölkerung der Stadt Rom. Doch als römischer Kaiser war er auch der Kaiser der Griechen. Von ihnen Beifall zu bekommen, wäre eine besondere Bestätigung seiner außerordentlichen Fähigkeiten als Sänger gewesen. Im Rahmen des Konzerts in Neapel kam es zu einem Zwischenfall. Eben hatte Nero seine Darbietungen beendet, da stürzte das Theater ein. Verletzt wurde niemand. Der Kaiser komponierte daraufhin ein Danklied an die Götter, in dem er von Glück im Unglück sprach. So wird über den Vorfall bei Tacitus berichtet.[14] Sueton kennt eine etwas andere Version.[15] Noch während Nero sang, erzitterte das Theater durch ein Erdbeben. Während das Publikum wohl in Unruhe geriet, setzte der Kaiser sein Konzert ungerührt fort. Wie eine Inschrift aus Pompeji zeigt, in der die Unversehrtheit des Princeps während eines Erdbebens hervorgehoben wird, scheint es damals tatsächlich zu einer wenngleich relativ harmlosen Erschütterung gekommen zu sein.[16] Doch auch mit dieser Information lässt sich nicht entscheiden, ob Nero weitersang oder das Konzert bereits beendet war.

So oder so stand er jedenfalls gut da, konnte dadurch doch entweder demonstriert werden, dass er in der Gunst der Götter stand, oder dass sich ein Kaiser wie Nero selbst durch Naturgewalten in seinem künstlerischen Schaffensdrang nicht bremsen ließ. Jedenfalls trat Nero noch öfter in Neapel auf, was dafür spricht, dass die Konzerte den von ihm erhofften Erfolg hatten. Die Zeit zwischen den Auftritten nutzte er dazu, um mit den Anwesenden zu kommunizieren. Die Zuschauer erlebten einen Kaiser, der sich vom Bad ins Theater begab und dort mitten in der Orchestra, also dem Platz, wo die Schauspieler agierten und die Sänger auftraten, zu essen begann. Der Kaiser sang nicht nur für das Volk, er ließ es auch an der Förderung seines leiblichen Wohlergehens teilhaben. Sueton erklärt dieses Verhalten damit, dass Nero nicht allein sein konnte. Die Wahrheit ist, dass er mit anderen zusammen sein wollte, was in der Hierarchie der Kausalität einen Unterschied darstellt. Als er mit dem Essen fertig war, versprach er, noch ein weiteres Lied zu singen, aber erst, wenn er seine Kehle mit einem Schluck Flüssigkeit gespült habe – wie ein professioneller Sänger eben. Er sagte dies auf Griechisch, weil die meisten Zuschauer in Neapel Griechen waren oder weil er es für passend hielt, sich in der Sprache der so kunstverständigen Griechen auszudrücken.

Neapel wertete der Kaiser als einen großen Erfolg. Zu Füßen des Vesuv hatte er triumphiert. Nun konnte er an den nächsten, den wichtigsten Schritt gehen. Es musste Rom, die Hauptstadt des Imperiums, die Residenz, die Metropole, der Schmelztiegel erobert werden. Jetzt sollte Schluss sein mit den privaten Vorstellungen vor geladenen Gästen, wie es ein paar Jahre zuvor der Fall gewesen war. Nun wollte er sich dem Publikum in der bedeutendsten Stadt der Welt stellen. In Rom hatte Nero ein Heimspiel. Das war, wie er wusste, ein Vorteil und ein Nachteil. Ein Vorteil deswegen, weil er sicher sein konnte, dass er sich auf seine Anhängerschaft, die städtische Plebs, verlassen konnte. Die einfachen Menschen waren begeistert von einem Kaiser, der sie so wichtig nahm, dass er für sie sang. Das wäre bei dem ernsten Augustus, dem biederen Tiberius, dem hölzernen Claudius und auch bei dem für Eskapaden aller Art zwar immer offenen, jedoch auch grenzenlos überheblichen Caligula nie und nimmer denkbar gewesen. Aber da war auch noch ein Nachteil, und dieser Punkt hatte Nero so lange zögern lassen, in der Hauptstadt aufzutreten. Wie würden jene Kreise reagieren, die sein Künstlertum als eines Kaisers unwürdig abqualifizierten, weil sie nicht verstanden, was er damit bezweckte? Was würden die Senatoren sagen, die Ritter, das reiche Bürgertum?

Solche Fragen quälten Nero wirklich. So sehr er sich nach Beifall sehnte, so sehr fürchtete er Kritik. Dass diese kommen könnte, war nicht unwahrscheinlich. Nero hatte sich für die offizielle Premiere in Rom die Feier der *Neronia* des Jahres 65 ausgewählt. Fünf Jahre zuvor hatte dieses Fest zum ersten Mal stattgefunden, von Nero ersonnen und mit Nero als Schirmherrn. Geboten wurden dem Publikum Wettspiele, nach griechischem Vorbild mit Konkurrenzen in Dichtung, Musik und Gesang. Dazu kamen sportliche Wettkämpfe und die in Rom außerordentlich populären Wagenrennen. Nun, Ende April 65 sollte das Nero-Fest ein zweites Mal stattfinden, und bei dieser Gelegenheit wollte sich Nero seinen Römern als Sänger und Musiker präsentieren. Doch es war eine schwierige Phase in Neros Herrschaft. Ein paar Tage zuvor hatte sein langjähriger Lehrer und Berater Seneca Selbstmord begangen. In der römischen Öffentlichkeit war diese Tat, von der man munkelte, sie sei auf Anordnung des Kaisers geschehen, mit Betroffenheit registriert worden. Und kurz davor war eine Verschwörung von Senatoren aufgedeckt worden, an deren Spitze mit Piso ein erklärter Gegner Neros gestanden hatte. Dazu kam der dauernde Ärger mit Poppaea. Jeder in Rom wusste, dass die Beziehung zwischen

Kaiser und Kaiserin auf einem Tiefpunkt angelangt war. Keiner wusste, dass Poppaea kurze Zeit später sterben würde.

War das ein günstiger Zeitpunkt, sich auf der Bühne als Epigone Apollos zu betätigen? Nero war im Zweifel, sein engere Umgebung ebenso. Aber es gab einen Ausweg. Nicht umsonst war Nero ein guter Schauspieler. Es musste so aussehen, als habe man ihn gebeten, dem Volk seine Künste vorzuführen. Natürlich würde er dem Wunsch der Menschen folgen – das mussten auch die adligen, konservativen Kritiker einsehen. Sich bitten zu lassen und nach einigem Zögern dem Wunsch Folge zu leisten, war auch schon eine Spezialität des seligen Augustus gewesen, von dem Nero sich bei der Inszenierung der Macht so manches abgeschaut hatte. Das gehörte bei dem ersten Princeps mit zur „Komödie des Lebens", die er so genial gespielt hatte.

Und so wurden bezahlte Anhänger Neros aktiviert. Sie liefen durch die Straßen der Hauptstadt und verlangten die „göttliche Stimme" des Kaisers zu hören. Und Nero spielte das Spiel mit, erklärte sich bereit, aber mit einer Einschränkung. Gerne wolle er in seinen Gärten ein kleines Konzert geben, ließ der Regisseur Nero mitteilen. Nein, nicht in den Gärten, sondern bei den großen *Neronia*, war die erwartete Reaktion, unterstützt durch eine entsprechende Bitte seiner ihm treu ergebenen Leibgarde.

Großzügig erklärte er nun seine Bereitschaft, das Fest durch einen eigenen Beitrag zu bereichern. Angeblich soll ihm der Senat noch angeboten haben, ihm von vornherein den Siegerkranz zu überreichen, um ihm von einem Auftritt abzuhalten.[17] Wie alle anderen Veranstaltungen der *Neronia*, so traten auch die Sänger zu einem Wettbewerb an. Am Ende hatte eine Jury über den Sieger zu entscheiden. Nero aber habe die Offerte der Senatoren abgelehnt. Er könne, so ließ er selbstbewusst und wohl kalkuliert verlauten, auf die Hilfe des Senats verzichten. Seinen Konkurrenten fühle er sich durchaus gewachsen, die Richter würden schon die richtige Entscheidung treffen.

Diese Aussage konnten die bedauernswerten Mitglieder der Jury nur als eine versteckte Drohung auffassen. Das Ergebnis stand also schon von Anfang an fest. Jeder Preisrichter war sich darüber im Klaren, dass Nero gewinnen musste. Den Kaiser verlieren zu lassen, wäre ein Affront gewesen, bei dem man sich ausmalen konnte, wie Nero reagieren würde. Doch dieser war peinlich genau bemüht, sich wenigstens dem äußeren Anschein nach an die Spielregeln zu halten. So ließ er, wie die Mitbewerber, seinen

Namen in die Liste der Kitharaspieler eintragen, warf ein Los in die Urne und wartete geduldig, bis er an die Reihe kam. Zugleich aber spielte er ganz konsequent die Doppelrolle von Künstler und Kaiser. Er trat nicht, wie die anderen, allein auf die Bühne. In seiner Begleitung befanden sich die Kommandanten der Prätorianer, die ihm sein Instrument trugen, dahinter standen die Militärtribune, seine Berater, seine Freunde.

Nero begann das Konzert mit einigen Fingerübungen auf der Kithara. Das hatte er von großen Künstlern gelernt und hatte den zweifachen Effekt, dass es professionell aussah und zum anderen die Spannung steigerte. Dann ließ er einen ehemaligen Konsul und alten Freund namens Cluvius Rufus verkünden, er werde die *Niobe* singen. Auch das gehörte zum professionellen Spiel: Nero hatte seinen eigenen Ansager, und einen prominenten noch dazu. Auch bei der späteren Griechenland-Tournee bewährte dieser sich als der Conférencier des Kaisers. Mit der *Niobe* hatte sich Nero einen populären, aber auch gewagten Stoff ausgesucht. Jeder in Rom kannte die Geschichte von der mythischen Tochter des Königs von Lykien, die es gewagt hatte, sich über die Götter, besser gesagt: die Göttinnen, zu stellen, weil sie über die stattliche Kinderschar von sieben Söhnen und sieben Töchtern verfügte, während die Göttin Leto mit Apollo und Artemis gerade einmal zwei Nachkommen auf der Liste hatte. Eine solche Hybris ließ sich die Geliebte des Zeus natürlich nicht gefallen, und so tötete sie die Kinder der Niobe und verwandelte sie selbst in einen Stein. Das war viel Stoff zum Singen, und Nero ließ sich bei seinen Gesangsdarbietungen auch immer sehr viel Zeit. So wurde die Geduld des Publikums auf eine harte Probe gestellt. Nero sang, wie Sueton notiert, „ununterbrochen bis zur zehnten Stunde"[18]. Er sang also bis vier Uhr nachmittags, wobei unglücklicherweise nicht gesagt wird, wann er begonnen hatte. Unter drei Stunden lief jedoch kein Nero-Konzert ab.

Bei alledem gab sich der Künstlerkaiser jedwede Mühe, sich wie ein richtiger Künstler zu verhalten. Streng nach den Regeln, lautete die Devise, was umso besser ankam, als alle wussten, das sich hier der Kaiser produzierte. Die Leibgarde im Hintergrund der Bühne sorgte dafür, dass diesen zur Vorsicht gemahnenden Umstand auch wirklich niemand vergaß. Und so sah das Publikum einen Nero, der sich peinlich genau an das Gebot hielt, sich während der Vorstellung, auch wenn er müde wurde, nicht zu setzen. Eine harte Prüfung für den singenden und musizierenden Kaiser, dessen Darbietungen sich immer so in die Länge zogen. Auch

Niesen und Räuspern standen auf dem Index. Um den Schweiß abzuwi-
schen, war nur der Gebrauch eines Zipfels des Kostüms erlaubt. In dieser
Hinsicht verhielt sich Nero wie alle anderen Künstler auf den großen
Bühnen der römischen Welt. Typisch für Nero, der sich im Laufe seiner
Theaterkarriere zu einem ganz passablen Schauspieler entwickelte, war
die Reaktion am Ende seiner Darbietung: „Am Schluss beugte er das Knie,
warf dem Publikum Kusshände zu und wartete mit verstellter Angst auf
das Urteil des Preisrichter."[19]

Das Publikum war begeistert. Begeistert? Tacitus streut wie immer eine
gehörige Portion Skepsis aus, wenn es um den Künstler Nero geht: „Der
Pöbel der Großstadt, der die Gesten der Schauspieler zu beklatschen
pflegte, lärmte und spendete taktmäßig geregelten Beifall. Man konnte
glauben, die Zuhörer seien erfreut. Vielleicht waren sie auch wirklich erfreut, aus Gleichgültigkeit gegen die öffentliche Schande."[20] Diese Text-
stelle zeigt einmal mehr, dass Nero gegen seine späteren Kritiker keine
Chance hatte. Senatoren wie Tacitus und Cassius Dio strickten an einem
Nero-Bild, das ganz ihren Ansichten und Urteilen entsprach. Es war unter
der Würde eines Kaisers, sich öffentlich vor den einfachen Menschen zu
produzieren. Nicht nur unter der Würde eines Kaisers. Nero beschädigte
damit auch die Würde der Stadt Rom und des Römischen Reiches. So
lautete die Botschaft der senatorischen Historiker. Was die reinen Fakten
angeht, so darf man getrost davon ausgehen, dass die Besucher der Nero-
Premiere im Frühjahr des Jahres 65 begeistert waren. Sie waren nicht so
sehr begeistert über die künstlerische Qualität des Konzerts. Es gab in
Rom, ganz zu schweigen von Griechenland, Hunderte von Sängern und
Musikern, die besser als Nero waren. Begeistert waren sie, weil es der
Kaiser war, der sich ihnen auf diese Weise präsentierte, der sich bemühte,
als Patron seiner Klientel etwas zu bieten. Tacitus streitet nicht ab, dass die
Zuhörer sich freuten. Eigentlich durfte dies nicht sein, so qualifiziert er sie
als „Pöbel" ab und unterstellt ihnen, nicht darüber befinden zu können,
was angemessen oder unangemessen ist. Für Nero wurden seine Auftritte
nach dem Durchbruch auf der großen Bühne in Rom zu einem Elixier der
Herrschaft. Nun hatte er endlich seinen Stil gefunden. So stellte er sich
sein Kaisertum vor: Im Kostüm des Künstlers mit der Kithara im voll
besetzten Theater zu erscheinen, alle Blicke auf sich gerichtet wissen,
und dann singen, singen, singen. Am Ende die Verbeugung, tosender Applaus brandet auf – eine perfekte Inszenierung der Macht.

Während Nero außerordentlich zufrieden mit sich war, passierte aus der Sicht des Kaisers Unerhörtes, begann sich die Einstellung auch der von ihm so umworbenen Plebs langsam, aber sicher zu wandeln. Strömten die Massen anfangs noch neugierig und gespannt in Scharen zu den Konzerten, ebbte die Euphorie in dem Maße ab, wie sich der Reiz des Neuen und Ungewöhnlichen allmählich legte. Einmal Nero hören war eine Sensation, zweimal Nero hören ein Ereignis, dreimal Nero hören eine Normalität, viermal Nero hören eine Last, fünfmal Nero hören eine Qual. Der singende Kaiser verlor, je häufiger dieser jenes Mittel strapazierte, um seiner Herrschaft eine spezifische Note zu geben, allmählich den Charakter des Exzeptionellen. Nero hatte ein Gespür dafür, was die Menschen fühlten und dachten. Er merkte, dass die Freude an seinen Konzerten nachließ. Er ärgerte sich darüber, dass es immer schwieriger wurde, das Theater zu füllen. Die Vorstellung, in einem halb leeren Rund zu agieren, war für ihn unerträglich. Wenn der Künstler sein Publikum nicht mehr begeistern konnte, hatte auch der Kaiser, der sein Amt als künstlerische Aufgabe interpretierte, ausgespielt. Nero hatte seinem Publikum einfach zu viel Nero zugemutet. Denn es war nicht nur bei den Auftritten als Sänger geblieben. Intensiv hatte sich der Kaiser auch der Schauspielerei gewidmet: „Er trat auch in Tragödien in der Maske von Heroen und Göttern auf. Die Masken trugen seine Züge und die der Frau, die gerade seine Geliebte war. Unter anderem trat er in *Die Niederkunft der Kanake*, *Der Muttermörder Orest*, *Der geblendete Ödipus* und *Der rasende Hercules* als Sänger auf.“[21]

Daher kam Nero zu einem Entschluss. So wie er am Anfang seiner Karriere mit der Aufstellung einer Truppe von Claqueuren dafür Sorge getragen hatte, dass seine Auftritte zu einem stimmungsvollen Erlebnis wurden, so kümmerte er sich nun darum, dass der Überdruss am Künstler Nero im Keim erstickt wurde. Die Zeichen waren tatsächlich alarmierend. Wenn der Kaiser sang, so hatte es Nero bestimmt, durfte keiner der Zuhörer das Theater verlassen. Hinter dieser Verfügung stand ein Stück künstlerischer Eitelkeit, aber auch herrschaftspolitisches Kalkül: Die perfekt inszenierten Konzerte waren dazu da, dass der Kaiser Beifall erhielt und ein starkes Band zwischen Herrscher und Volk geknüpft wurde. Diese ritualisierte Prozedur vertrug keine Unterbrechung – deswegen sang Nero auch so lange – und keine Störung durch Verlassen der Plätze im Zuschauerraum. Nun war es aber immer öfter vorgekommen, dass die eher-

ne Regel der Dauerpräsenz des Auditoriums gebrochen worden war – sei
es, dass viele Zuhörer die Geduldsprobe eines Nero-Konzertes nicht mehr
auf sich zu nehmen bereit warten, sei es, dass sie genug von seinem Gesang hatten oder sei es auch nur, dass sie keine Zeit mehr hatten.

Die Quellen berichten von höchst innovativen Versuchen von Teilen
des Publikums, einer Nero-Vorstellung frühzeitig zu entkommen.[22] Frau-
en, so heißt es, brachten, während der Kaiser sang, Kinder zur Welt – ob
aus Verzweiflung oder aus Versehen, wird nicht mitgeteilt. Andere sahen
nur den Ausweg, von den sehr hohen Mauern des Theaters in die Freiheit
oder in den Tod hinabzuspringen. Einige kamen auf die anfangs sehr erfolgreiche Idee, sich während eines Konzerts tot zu stellen und hinaus-
tragen zu lassen. Doch die signifikant hohe Zahl von Scheintoten in Neros
Konzerten sorgte bald dafür, dass die Verantwortlichen misstrauisch wurden und keiner mehr auf diese Weise aus dem Theater kam.

Wenn die Menschen schon nicht mehr von sich aus begeistert waren, so
musste der Kaiser eben für die von ihm gewünschten Bedingungen sorgen. Aufpasser wurden engagiert, deren einzige Aufgabe darin bestand,
den Gesichtsausdruck der Zuschauer zu kontrollieren. Cassius Dio erzählt
die Geschichte von einem Mann, der sich Neros Zorn zugezogen hatte,
weil er während eines kaiserlichen Vortrages ein missmutiges Gesicht gemacht und sich nicht an den geforderten Lobeshymnen beteiligt hatte.[23]
Er jagte ihn daher fort und verbannte ihn überhaupt ganz aus seiner Nähe.
Als der Mann zaghaft nachfragte, wo er denn nun hingehen sollte, emp-
fahl ihm einer von Neros Freigelassenen: „Zu den Raben!", eine freund-
liche aber bestimmte Aufforderung an jemanden, wenn er das Weite
suchen sollte. Das war ein noch einigermaßen glimpflicher Ausgang. Anderen drohte tatsächlich die Todesstrafe. „Es gab", berichtet Tacitus, „viele
Aufpasser, öffentliche und noch mehr geheime, die auf Namen und Mie-
nen, auf Heiterkeit oder Verdrossenheit der Zuschauer zu achten hatten.
An Leuten geringeren Standes wurde ohne Untersuchung die Todesstrafe
vollzogen."[24]

Die Claqueure, die schon beim ersten Privatkonzert in Rom für koordinierte gute Stimmung zuständig waren, blieben im Dauereinsatz,
sorgten bei den Adressaten aber mit ihrem rigiden Vorgehen für Kon-
fusionen: „Die ungeübten Hände erschlafften, sie verwirrten die Kun-
digen und wurden dann häufig von den Soldaten, die zwischen den
Bankreihen standen, misshandelt. Denn es sollte keinen Moment mit un-

einheitlichem Beifallslärm oder unbeteiligtem Schweigen geben."[25] Gelegentlich mündete das Ganze in chaotische, mitunter sogar lebensgefährliche Situationen. So sollen eine Reihe von römischen Rittern im Gedränge des Theaters erdrückt worden seien, während andere, wie es etwas kryptisch heißt, „auf ihren Plätzen Tag und Nacht sitzen bleiben mussten und sich tödliche Krankheiten holten".[26] Zu den Opfern der rigiden Maßnahmen Neros gehörte auch der spätere Kaiser Vespasian. Das eher rustikal gestrickte, volkstümliche Oberhaupt der Flavier-Familie begleitete Nero auf seiner Griechenland-Reise, die der Kaiser im Jahre 66 antrat. Wenn Nero sang, war Vespasian entweder nicht anwesend oder er pflegte, wie betont wird, schnell einzuschlafen. Das nahm ihm Nero außerordentlich übel, und der Kunstbanause, der nach der Lesart des Kaisers mit seinem Verhalten demonstriert hatte, dass er nicht Teil der durch Kunst geschmiedeten kaiserlichen Gemeinde sein wollte, wurde mit scharfen Sanktionen bestraft. Dazu gehörte die Entfernung aus Neros Gefolge und der Ausschluss von öffentlichen Empfängen. Da Vespasian aber einer der fähigsten Militärführer im Römischen Reich war, ging der Zorn des Kaisers nicht so weit, dass er ihn nicht später mit dem heiklen Kommando zur Bekämpfung des jüdischen Aufstandes betraut hätte.

Man mag sich fragen, warum die Menschen überhaupt noch in Nero-Konzerte gingen – zumindest diejenigen, die unter ihnen erkennbar litten. Doch mit dem Schwinden der Zustimmung zu seinen künstlerischen Aktivitäten war Nero fester denn je entschlossen, die Leute zu ihrem Glück zu zwingen. So waren seine Agenten ständig in Rom unterwegs, mit dem Auftrag, dafür zu sorgen, dass die Theater voll waren. Das geschah auf die Weise, dass man die Menschen direkt ansprach, sich ihre Namen geben ließ und sie aufforderte, bei dem anstehenden Konzert anwesend zu sein. Ob sie der Aufforderung Folge geleistet hatten, wurde dann im Theater selbst kontrolliert. Auch sprach der Kaiser persönliche Einladungen aus, die abzulehnen im Interesse einer weiteren geregelten Lebensgestaltung der Betroffenen nicht empfehlenswert war.

Das Jahr 65 war noch ein Jahr des künstlerischen Triumphes für Nero gewesen. Natürlich hatte er bei den *Neronia* für seine Darbietungen den Siegerpreis erhalten. Doch zur allgemeinen Überraschung teilte der Kaiser mit, die Siegerehrung und die noch ausstehenden Wettbewerbe auf das nächste Jahr verschieben zu wollen. Laut Sueton tat er dies deswegen, um noch häufiger die Gelegenheit zu haben, als Sänger die Bühne zu betre-

ten.[27] Das ist eine durchaus glaubwürdige Erklärung, glaubwürdiger jedenfalls als gelegentlich in modernen Nero-Interpretationen ins Feld ge-
führte politische Motive.[28] Für Nero war Kunst Politik, und den Siegerpreis in Empfang zu nehmen, hatte in seinem Denken absolute Priorität.
Tatsächlich verschaffte ihm der Aufschub die Chance, ein Abonnement
auf weitere Auftritte zu erhalten. Seiner Eitelkeit dürfte auch geschmeichelt haben, dass ihm nach dem Nero-Fest von 65 aus verschiedenen
Städten Siegerpreise für musische Wettkämpfe zugeschickt wurden, an
denen er überhaupt nicht teilgenommen hatte. Die Begründung lautete:
Nur er sei dieser Auszeichnungen würdig.[29] Wahrscheinlich handelte es
sich bei diesen Aktionen vorauseilenden Gehorsams um pure Schmeicheleien mit dem Ziel, sich beim Kaiser beliebt zu machen. Jedenfalls ist diese
Annahme plausibler als die Deutung, man habe auf diese Weise, wegen
der vielen negativen Begleiterscheinungen, verhindern wollen, dass Nero
tatsächlich zu einem Konzert erschien. Übersetzt in die Terminologie der
Herrschaftssoziologie aber könnte man auch sagen: Die Klientel hatte verstanden, worum es dem Kaiser mit seiner Kunst ging. Er interpretierte sie
als Geschenk an sein Volk, das sich für diesen Beweis der Gunst, der Fürsorge und der Hingabe zu revanchieren hatte, sei es in Form von Beifall,
sei es in Form von Preisen und Siegeskränzen. Dass man Nero nun prä-
miierte, ohne dass er eine entsprechend konkrete Leistung erbracht hatte,
zeigt, dass sich das System inzwischen zu automatisieren begann: Der
Kaiser erntete Zustimmung und Beifall ganz von allein.

Was anfangs noch gut aussah, begann bald zu bröckeln. Die Kommunikation zwischen dem Künstlerkaiser und seiner Klientel war gestört. Vom
Adel war Nero dies gewöhnt. Die Senatoren und die Abkömmlinge der
alten Familien hatten aus ihrer Abneigung gegen die öffentlichen Auftritte
des Kaisers von Anfang an kein Hehl gemacht. Doch nun schien auch die
Plebs der Hauptstadt – Neros bevorzugter Adressat – diese Form der
Klientelpflege und der Inszenierung der Macht nicht länger für so attraktiv wie zu Beginn zu halten. Die Anstrengungen des Kaisers, im Theater
für Disziplin zu sorgen, wirken vor diesem Hintergrund wie die verzwei-
felten Versuche des Herrschers, die alte Harmonie mit Gewalt zu retten.

So fasste der Kaiser wohl bereits 65 den Entschluss, nach Griechenland
zu reisen. Die Griechen, so ließ er wissen, seien eben in der Lage, seine
Kunst zu würdigen.[30] Das Kompliment für die Griechen war zugleich eine
Anklage an „seine" Römer, die im Begriff waren, ihn im Stich zu lassen,

indem sie sich seiner Kunst verweigerten. In Griechenland galt es für den Princeps, das demolierte Selbstbewusstsein wieder aufzufrischen und die Inszenierung der Macht, die er doch so virtuos beherrschte, nun dort zu praktizieren.

10 Griechenland-Tournee

Ende September 66 brach Nero zu einer Reise nach Griechenland auf. Er blieb im Land der Hellenen bis Dezember 67. Diese nüchterne Information ist gleich in dreifacher Hinsicht bemerkenswert. Zum einen war dies die einzige „Auslands"-Reise, die Nero während der gesamten Zeit seiner Herrschaft unternommen hat. Zum zweiten dauerte diese einzige Reise mit fünfzehn Monaten Absenz von Rom sehr lange. Und drittens ist hervorzuheben, dass ihn seine einzige Reise ausgerechnet nach Griechenland und nicht in irgendeine andere Gegend des großen Imperium Romanum geführt hat.

Eigentlich musste ein römischer Kaiser viel unterwegs sein. Nicht unbedingt als Feldherr an der Spitze seiner Legionen – schon Augustus hatte damit begonnen, das operative militärische Geschäft fähigen Kommandeuren anzuvertrauen, und seine Nachfolger aus der iulisch-claudischen Familie waren diesem Vorbild weitgehend gefolgt. Von seinem Stief- und Adoptivvater hatte Nero lernen können, wie man Kriege von zu Hause aus verfolgte und dann rechtzeitig zur Stelle war, um die Lorbeeren des Erfolgs zu ernten. Unter Claudius' Regie war 43 der südliche und mittlere Teil Britanniens erobert worden. Erst, als die Gefahr vorüber war, wagte sich der Kaiser über den Kanal und sonnte sich dort im Glanz des frisch erworbenen Ruhmes. In der Regel verließen die Kaiser in dieser Zeit Rom und Italien aus politischen oder diplomatischen Gründen, vor allem aber, um sich vom ordnungsgemäßen Zustand der Provinzen des Reiches zu überzeugen. Als Patron aller Römer, als „Vater des Vaterlandes" hatte der Kaiser geradezu die Verpflichtung, sich persönlich um das Wohlergehen der Menschen zu kümmern.[1] Die Legitimation seiner Herrschaft beruhte auch auf der permanenten Kommunikation mit der Bevölkerung des Reiches, die sich am besten in persönlichen Visiten realisieren ließ. Ein Musterbeispiel war in dieser Hinsicht ein späterer Nachfolger Neros. Hadrian, der das Imperium von 117 bis 138 regierte, erwarb sich durch seine unermüdlichen Aktivitäten in der modernen Forschung das Etikett „Reisekaiser".

Ein Reisekaiser war Nero indes wirklich nicht. Er reiste nur nach Griechenland. Einmal hatte er auch den Plan verfolgt, Ägypten zu besuchen.

Das war im Jahr 65 gewesen. Doch die Reise ins Land der alten Pharaonen kam nicht zustande,[2] obwohl die Vorbereitungen schon sehr weit gediehen waren. So hatte man für Nero in der Hauptstadt Alexandria bereits Bäder bauen lassen – ein logistischer Beweis dafür, dass der Kaiser in der Fremde nicht auf den aus Rom gewohnten zivilisatorischen Standard verzichten wollte.[3] Zudem war Vorsorge getroffen worden für die Zeit seiner Abwesenheit. Per Erlass hatte der Kaiser mitteilen lassen, die Reise werde nicht lange dauern, alles werde so weiterlaufen wie bisher.

Für die Absage der Reise geben die Quellen einheitlich den Aberglauben Neros an. Am Tag der Anfahrt begab er sich auf das Kapitol, betete zu den Göttern und ließ sich für eine Weile im Tempel der Vesta nieder. Den Priesterinnen dieser altehrwürdigen Göttin oblag die Aufsicht über das heilige Feuer, von dem nach der Tradition das Glück und die Unversehrtheit Roms abhing. Als er wieder aufstand, blieb er mit einem Zipfel seiner Toga hängen. Dann wurde es so dunkel, dass er nichts mehr sehen konnte. So heißt es bei Sueton.[4] Der Biograf weiß offenbar mehr als der Historiker Tacitus, der nur die Version kennt, dass der Kaiser nach dem Besuch bei Vesta völlig von der Rolle war und an allen Gliedern zitterte.[5] Zwei Erklärungen machten die Runde. Entweder hatte ihn die Göttin erschreckt, oder er hatte wegen all seiner Verbrechen ohnehin immer Angst. Letzteres darf man als Grund eliminieren. Tacitus ließ eben keine Gelegenheit aus, um dem Kaiser sein Sündenregister vorzuhalten und dabei in einen reflexartig eintretenden Zustand der Empörung zu verfallen (den im Übrigen auch viele moderne Historiker adaptiert haben). Auch den Aberglauben darf man als Motiv für die Absage der Reise getrost ausschalten. Vor den Göttern hatte Nero nur pflichtschuldig Respekt. Er hatte zu ihnen ein eher rationales Verhältnis, so, wie er seine Macht rational organisierte. Wer wie Nero gekonnt mit der Macht spielte, ließ sich nicht von einem Zipfel seiner Toga aus der Bahn werfen.

Man kann also die in den Quellen genannten Gründe für den Verzicht auf die Reise ins Land am Nil ausschließen, jedoch die wahren Ursachen nicht seriös benennen, weil sich die antiken Informanten mit den publizierten Erklärungen zufrieden gaben. Wahrscheinlich ließen es Nero die politischen Verhältnisse in Rom ratsam erscheinen, in der Hauptstadt zu bleiben – immerhin fielen die Ägypten-Pläne in das turbulente Jahr 65, als etwa Neros Herrschaft durch die Pisonische Verschwörung erschüttert wurde. Vielleicht stand dahinter auch die Sorge um eine funktionierende

Versorgung der Hauptstadt mit Getreide – immer eine sensible Angelegenheit.

Jedenfalls zeigte sich Nero ganz als Herr der Lage, als er dem Publikum erklärte, warum er, statt zum Nil zu reisen, am Tiber geblieben war.[6] Ihn habe die Liebe zur Stadt Rom geleitet, ließ er die partiell gerührten Mitbürger wissen. Er habe die betrübten Gesichter gesehen, er habe die stillen Klagen gehört, als die Nachricht von seiner bevorstehenden Abreise die Runde machte. Und Nero spielte weiter virtuos auf der Klaviatur der Emotionen: Die Menschen können es schon nicht ertragen, wenn der Kaiser einen kleinen Ausflug macht, weil sein Anblick ihnen Trost und Hoffnung spendet. In den Familien sind es die Lieblinge der Eltern, denen alles andere untergeordnet wird. Genauso ist es beim Kaiser: Für ihn geht nichts über das römische Volk. Das gefiel, wie Tacitus beteuert, diesem Volk. Im lateinischen Original steht für „Volk" im ersten Fall *populus*, im zweiten *plebs*. Eine wichtige Differenzierung: *Populus* bedeutet das Volk im Sinne von Staatsvolk, während *plebs* als soziologische Kategorie die unteren Schichten kennzeichnet. Nero richtete seine Ansprache also staatsmännisch an das ganze Volk, fand aber besonderen Anklang bei seiner liebsten Klientel, dem einfachen Volk der Stadt Rom, das seine Botschaft „Der Patron bleibt bei seiner Klientel" wohl tatsächlich noch erfreut zur Kenntnis genommen haben wird.

So blieb die Reise nach Griechenland der einzige Aufenthalt Neros außerhalb Roms und Italiens. Hier konnten ihn die hehren Beweggründe, die er für den Verzicht auf den Besuch Ägyptens angeführt hatte, offenbar nicht davon abhalten, sich auf die Reise zu begeben. Und dass er dort so lange Zeit blieb, ist angesichts des Umstandes, dass Neros inszenierte Herrschaft in ganz entscheidender Weise von der direkten Kommunikation zwischen Herrscher und Volk lebte, nicht unbedingt selbstverständlich.

Jedoch spielte in diesem Zusammenhang die schleichende Entfremdung zwischen Nero und seiner stadtrömischen Klientel, so, wie sie sich in den Monaten zuvor entwickelt hatte, eine nicht unerhebliche Rolle. So war die Reise nach Griechenland eher eine Flucht aus Rom als eine Reverenz an Griechenland. Sie war auch ein strafendes Signal an die Bevölkerung in Rom, dass sie den Kaiser vernachlässigt und damit verärgert hatte. Sie hatte ihm durch zunehmendes Desinteresse an seinen musikalischen Darbietungen die Bühne des Lebens und der Politik nehmen wollen. Primär war also der Entschluss, Rom und Italien zu verlassen. Doch wenn er schon verreiste, dann sollte es ein lohnendes Ziel sein. Nicht Germanien, Britannien oder Spanien, sondern Griechenland musste es sein. Wer wie Nero ein Faible für Kunst und Kultur hatte, für den war Griechenland ein Dorado. Natürlich waren die besten Zeiten der Griechen vorbei. Doch zehrten sie immer noch von jenen glanzvollen Epochen, als sie in Sachen Kunst, Philosophie oder Architektur das Maß aller Dinge gewesen waren. Politisch fristeten sie allerdings schon lange ein eher tristes Dasein. Es war in der Mitte des 2. Jahrhunderts v. Chr., also vor mehr als 200 Jahren gewesen, als die Griechen von Rom militärisch unterworfen und in das große Imperium Romanum integriert worden waren. So kontrastierte in jenem Land, das Nero sich im September 66 zu besuchen anschickte, eine stolze, glorreiche Vergangenheit und anhaltender kultureller Glanz mit einer relativen politischen Bedeutungslosigkeit.

Der Anstoß dafür, dass Nero die Reise nach Griechenland unternahm, soll von den Griechen selbst gekommen sein. Nach dem grandiosen Auftritt des Kaisers bei den *Neronia* des Jahres 65 hatten sich auch griechische Veranstalter der Praxis angeschlossen, die Siegerkränze ihrer musikalischen Wettkämpfe in der Rubrik „Gesang mit Kithara" gleich nach Rom, adressiert an den Kaiser persönlich, zu schicken. Überreicht wurden sie von eigens dafür ausgewählten Gesandten, die von Nero außerordentlich zuvorkommend empfangen wurden. So hatten sie Vorrang vor allen anderen Diplomaten und durften sogar an seiner Tafel Platz nehmen. Die griechischen Gesandten wussten, wie man einen Kaiser zu behandeln hatte, der in Personalunion auch Künstler war und sein Kaisertum durch die Kunst definierte. Sie hatten aus ihrer eigenen Geschichte viel Erfahrung mit Potentaten dieser Art. In der Ära nach Alexander dem Großen hatten sich die Könige fast gottgleich gegeben und einen ausgeprägten Herrscherkult entwickelt. Diese Zeit, die man modern die Epoche des Hellenismus nennt, lag nun schon einige Zeit zurück. Doch das Erbe der hellenistischen Könige war noch präsent. Die Gesandten, die die Ehre hatten, von Nero eine Audienz gewährt zu bekommen, behandelten den Kaiser so, wie es ihre Vorfahren gegenüber den damaligen Monarchen getan hatten. Sie spielten das Spiel mit, das die Herrscher spielen wollten.

Und so baten die Gesandten Nero, nachdem das Mahl beendet war, etwas für sie zu singen. Das ließ sich der Kaiser nicht zweimal sagen, er griff zur Kithara und gab ein Stück aus seinem umfangreichen Repertoire zum Besten. Die griechischen Gäste waren natürlich begeistert und brachten den Kaiser zu der Aussage, nur die Griechen seien seiner Kunst würdig. Das war einerseits als ein Kompliment gedacht. Auf der anderen Seite aber machte der Kaiser damit deutlich, dass er von seinem römischen Publikum enttäuscht war. Es sollte bestraft werden mit dem Entzug seiner Anwesenheit und seiner Konzerte. Die Griechen sollten dafür in den Genuss seiner Inszenierungen kommen.

Die Reise nach Griechenland war nicht das Ergebnis eines spontanen Entschlusses. Die Vorbereitungen liefen über einen längeren Zeitraum hinweg. Dass Nero kein politischer Amateur war, bewies er durch die umsichtigen Anweisungen, die er für die Zeit seiner Abwesenheit gab. Die Aufsicht über die politischen Geschäfte überließ er zwei einflussreichen Freigelassenen aus seiner engsten Umgebung, für die Sicherheit sollte Sabinus, der Präfekt der Prätorianergarde, sorgen. Ihnen war klar, dass Nero längere Zeit fortbleiben würde. Denn die Fahrt nach Griechenland war keine Fahrt ins Blaue, sondern in ihrem Ablauf genau geplant.

Natürlich reiste Nero nicht allein. Kurz nach dem 25. September 66 bestieg eine ansehnliche Reisegesellschaft das Schiff im Hafen von Brundisium, den man zuvor über die Via Appia erreicht hatte. In seiner Begleitung befanden sich, neben vielen Angehörigen seiner engsten Umgebung,[7] die Augustianer, die so schön rhythmisch vorklatschen konnten, dazu Senatoren wie der spätere Kaiser Vespasian, der bald danach zum Kriegsschauplatz Judäa geschickt wurde, und der ehemalige Konsul und spätere Historiker Cluvius Rufus, ein aktiver Nero-Freund. Mit dabei war auch der Eunuch Sporus, den Nero in einer spektakulären Zeremonie geheiratet hatte. Dafür fehlte seine dritte, die „richtige" Ehefrau Statilia Messalina, die Nero nach dem Tod Poppaeas im Jahr zuvor zur Kaiserin befördert hatte. Der Grund dafür wird in den Quellen nicht mitgeteilt. Möglicherweise verspürte diese Frau, die immer – und wohl auch nicht ganz unfreiwillig – in Neros Schatten stand, keine große Leidenschaft, mit Neros bunter Truppe auf Reisen zu gehen.

Für Nero war die Reise durch Griechenland, nach zuletzt wenig erbaulichen Erlebnissen in Italien, eine Gelegenheit, seinem Talent zur Inszenierung seiner Herrschaft vor einem anderen, vorweg von ihm zur Sicherheit als einzig sachverständig klassifizierten Publikum einer neuen Dimension zuzuführen. Neros Besuch in Griechenland war kein Höflichkeitsbesuch – so etwas gab es in der Antike ohnehin noch nicht –, keine

Studienreise, um die wichtigsten Bauwerke kennenzulernen, und auch keine politische Reise in dem Sinne, dass es im Vorfeld Anlass gegeben hätte, die Beziehungen zwischen Rom und Griechenland auf eine neue Grundlage zu stellen. Man sollte auch vorsichtig sein, in der Reise eine kulturpolitische Mission zur Herstellung einer zukunftsweisenden Symbiose zwischen römischem Westen und griechischem Osten sehen zu wollen.[8] Visionen dieser Art, die an Ideen Alexanders des Großen angeknüpft hätten, waren Nero, wie auch den meisten seiner Nachfolgern, schlicht fremd. Nero hatte auch in Griechenland keine großen politischen Botschaften im Gepäck. Seine einfache Botschaft lautete „Nero", oder, in den Worten von Edward Champlin: Nero ging nicht nach Griechenland, um etwas zu sehen, sondern er ging nach Griechenland, um gesehen zu werden.[9]

In Neros Handeln gab es drei Ebenen. Er konnte, wenn es sein musste und in der Handlung kein weiteres künstlerisches Potenzial war, durchaus auch rational und unspektakulär Politik betreiben. Lieber war es ihm, sich als Künstler zu betätigen und in dieser Eigenschaft Applaus und damit Zustimmung zu seiner Existenz als Kaiser zu ernten. Und er konnte drittens realpolitische Vorgänge, wenn sie denn das Potenzial dazu hatten, in einer unnachahmlichen Weise als Inszenierungen gestalten. Bei der Griechenland-Reise kamen in geradezu idealtypischer Weise alle drei Ebenen zur Geltung. Dies kann leicht übersehen werden, wenn man die Reise, wie es die antiken Autoren vorgemacht haben, nur unter dem Gesichtspunkt einer künstlerischen Tournee sieht. Ein Cassius Dio beispielsweise ließ für andere Interpretationen keinen Raum, wenn er die Reisegesellschaft, mit der Nero unterwegs war, mit den Worten charakterisierte: „Eine so große Masse nicht nur Augustaner, sondern auch anderer Leute hatte er in seiner Begleitung, dass er damit, falls sie ein kriegerisches Heer gewesen wären, die Parther und die übrigen Völker hätten unterwerfen können. Sie waren jedoch nur von der Art, wie man es bei Truppen Neros nicht anders erwarten durfte, und als Waffen trugen sie Leiern, Plektren, Masken und Kothurne."[10] Und in seinen weiteren Ausführungen gibt der Historiker des 3. Jahrhunderts zu erkennen, dass er von den militaristischen Tendenzen seiner eigenen Zeit nicht unberührt geblieben ist und er diese in die Zeit Neros hineinprojizierte: „Und der Kaiser erfocht mit ihnen Siege, wie sie zu einem solchen Heer passten, und er besiegte Terpnos, Diodoros und Pammenes statt Philipp, Perseus und Antiochos." Womit

gesagt werden sollte: Nero gewann musikalische Wettbewerbe gegen berühmte Kitharaspieler, nicht aber Kriege wie einst römische Feldherrn, die
die makedonischen Könige Philipp V. und Perseus und den seleuki-
dischen Herrscher Antiochos IV. besiegt hatten.

Als ein Vorgang, der bewies, dass ein von seinem Künstlertum benebel-
ter Nero gelegentlich auch noch lichte Momente hatte, wird für gewöhnlich ein kühnes Projekt im Rahmen des Aufenthaltes in Griechenland be-
wertet. Dabei handelte es sich um die Verwirklichung eines Vorhabens, an
dem sich schon viele bedeutende Persönlichkeiten versucht hatten, ohne
dabei zum Ziel zu gelangen. Das ehrgeizige Projekt trug den Titel „Durch-
stechung des Isthmos von Korinth".

Aus der Antike sind sechs Versuche bekannt, die Landenge zwischen
dem Korinthischen Golf und dem Saronischen Golf zu durchbrechen und
damit der Schifffahrt den langen Umweg um die Peloponnes herum zu
ersparen.

Zu Neros erfolglosen Vorgängern gehörte im 6. Jahrhundert v. Chr. Periandros, der Tyrann von Korinth, der sich als Erster in die Liste derjenigen
eingetragen hatte, die als Pioniere in die Geschichte des Kanalbaus eingehen wollten. Als das Projekt scheiterte, wurde der Diolkos angelegt, eine
gepflasterte Schleifbahn, auf der die Schiffe mühsam zu Land über den
Isthmos gezogen wurden. Zweiter in der Reihe war 300 Jahre später der
Makedonenkönig Demetrios Poliorketes. Er ließ von dem Plan ab, als ihm
seine Ingenieure ein Gutachten vorlegten, indem sie warnten, bei einem
Durchstich des Isthmos würden die Wassermassen die Insel Aegina und
ihre Nachbarinseln überschwemmen. Nachdem Griechenland römisch geworden war, stellten sich die Römer der Aufgabe. Kein Geringerer als Iulius
Caesar war es, der das Projekt ein weiteres Mal in Angriff nahm. Ein In-
genieur hatte bereits mit den Vorarbeiten begonnen, als die Ermordung
des Dictators 44 v. Chr. dessen Bestrebungen ein Ende setzte. Im Stadium
des Planens blieb auch das Kanalprojekt des Kaisers Caligula, der schon
einen Vermessungstechniker nach Korinth geschickt hatte. Doch auch er
wurde ermordet, sodass die Arbeiten nicht weitergeführt wurden.

So war die Ausgangslage, als Nero zu einer Neuauflage blies. Auch ihm
war es nicht vergönnt, als Initiator eines fertig gestellten antiken Isthmos-
Kanals gelten zu dürfen. Jedoch war keiner so nah am Ziel wie der römische Kaiser. Von der sorgfältigen Vorbereitung zeugt der Umstand, dass
der moderne Isthmos-Kanal von Korinth, der am Ende des 19. Jahrhun-

derts vollendet wurde, fast exakt jener Trasse entspricht, die bereits Neros Ingenieure hatten legen lassen. Bei den Arbeiten wurde von beiden Seiten des Isthmos her ein 40 bis 50 Meter breiter Graben eingeschnitten, wobei man von Westen her zwei, von Osten her einen Kilometer weit gelangte. Dabei wurde insgesamt eine halbe Million Kubikmeter Erde bewegt. Der erstrebte Isthmos-Kanal wurde freilich auch unter Nero nicht Wirklichkeit. Die Arbeiten wurden eingestellt, wofür die Quellen zwei unterschiedliche Begründungen geben: Die einen warnten, dass, wie bei Demetrios Poliorketes, sich die unterschiedlichen Meereshöhen zwischen den beiden Golfen negativ auswirken würden.[11] Die anderen sprachen davon, der Aufstand des Iulius Vindex habe die Rückkehr des persönlich in Korinth anwesenden Kaisers nach Italien notwendig gemacht.[12] So blieb es dem griechischen Sophist, Mäzen und Politiker Herodes Atticus vorbehalten, im 2. Jahrhundert den letzten Versuch vor der Neuzeit zu unternehmen. Der Biograf Philostratos teilt mit,[13] Herodes habe darunter gelitten, in seinem Leben schon viele große Taten, aber nichts wirklich Bedeutendes vollbracht zu haben. Da verfiel er auf die Idee, das Isthmos-Projekt wieder zum Leben zu erwecken. Doch habe er letztlich nicht den Mut gehabt, die Idee zu realisieren, denn er fürchtete den Vorwurf, einen ambitionierten Plan in die Tat umsetzen zu wollen, dem sich nicht einmal ein Nero gewachsen gezeigt habe. Das war immerhin ein spätes Kompliment für Nero, das im Übrigen zeigt, dass die Erinnerung an diesen Herrscher durchaus nicht nur negativ gewesen ist.

Die wichtigsten Nero-Autoren der Antike haben zu dem Plan unterschiedlich Stellung bezogen, wobei das Votum des Tacitus nicht vorliegt, weil die Bücher seiner Annalen, in denen die beiden letzten Jahre von Neros Herrschaft behandelt wurden, nicht erhalten sind. Der Biograf Sueton zählt in seinem strengen Schema, das zwischen „guten" und „schlechten" Taten Neros differenzierte, den Isthmos-Plan zu den Glanzleistungen Neros,[14] der Historiker Cassius Dio hingegen zu dessen Freveltaten.[15] Auf jeden Fall ließ es sich der Kaiser nicht nehmen, zu Beginn der Arbeiten, an denen auch jüdische Kriegsgefangene beteiligt waren, eine Ansprache zu halten. Darin verlieh er seiner Hoffnung auf ein gutes Gelingen Ausdruck, dann ließ er ein Trompetensignal geben, vollzog den ersten Spatenstich und trug die ausgegrabene Erde höchstpersönlich in einem Korb auf seinen Schultern davon. Auch hier nutzte Nero also die Gelegenheit, sich selbst wirkungsvoll in Szene zu setzen.

Wahre Schauergeschichten weiß Cassius Dio zu berichten: Nero begann am Isthmos von Korinth mit den Ausschachtungsarbeiten, „obwohl man dagegen Bedenken hatte. Als nämlich die ersten Arbeiter die Erde berührten, quoll Blut daraus hervor, und man hörte auch Wehrufe und Gebrüll, und es zeigten sich viele Gespenster"[16]. Dem lag eine in der Antike verbreitete Vorstellung von der physischen Verwundung der für göttlich gehaltenen Erde zugrunde. Die Existenz einer solchen Auffassung wird auch durch die Oracula Sibyllina dokumentiert, einer Sammlung von Weissagungstexten aus dem griechisch-jüdischen Kulturbereich. In dem um 100 n. Chr. entstandenen fünften Buch wird Neros Isthmos-Projekt lapidar mit den Worten erwähnt: „Nero durchsticht den doppelumfluteten Berg und färbt ihn mit Blut."[17] Offenbar gab es im Zusammenhang mit Neros Arbeiten am Isthmos religiös ummantelte Kritik, die einen Kontrast herstellen sollte zwischen dem hybriden Kaiser, der keine Rücksicht nahm, wenn es um persönliches Prestige ging, und der göttlichen Ordnung der Natur. So urteilte im 2. Jahrhundert der griechische Reiseschriftsteller Pausanias: „Wer es unternahm, die Peloponnes zur Insel zu machen, hat das Durchgraben des Isthmos vorher eingestellt. Und wo sie anfingen zu graben, ist noch sichtbar, bis zum felsigen Teil aber sind sie gar nicht gekommen, und so ist das Land jetzt noch Festland, wie es von Natur ist."[18] Dabei befand sich Nero in respektabler Gesellschaft, denn Pausanias fährt fort: „Alexander (dem Großen), dem Sohn Philipps, der die Halbinsel Mimas (in Thrakien) durchstechen wollte, gelang allein dies auch nicht. Und die Knidier hinderte die Pythia, ihren Isthmos zu durchstechen: So schwer ist es für den Menschen, Götterwerk gewaltsam zu verändern."

Bei dem Versuch einer möglichst objektiven Einordnung von Neros Isthmos-Vorhaben wird man festzuhalten haben, dass hier der Realpolitiker Nero am Werk war, der im Begriff war, ein wichtiges infrastrukturelles Projekt in die Wege zu leiten. Wirtschaft und Handel hätten bei einer Realisierung in starkem Maße von dem Kanal profitiert. Vor dem Hintergrund einer Quellenlage, die davon gekennzeichnet ist, Nero in seinem Handeln grundsätzlich Übles, Debiles und Diabolisches zu unterstellen, ist aber auch dieses Projekt in eine perspektivische Schieflage geraten. Nur Sueton vermochte den Wert dessen, was Nero hier initiierte, adäquat einzuschätzen. Für Nero selbst war die Tatsache, dass die Fertigstellung des Kanals nicht gelang, eine schwere Enttäuschung, und dies nicht nur deswegen, weil ein Meilenstein der Verkehrsgeschichte Wunschtraum blieb. Vielmehr entging ihm dadurch die Chance, bei der Einweihung seine liebste Rolle zu spielen – die des Künstlerkaisers Nero. Es gehört nicht viel Fantasie dazu, sich vorzustellen, was Nero aus der offiziellen Eröffnung alles gemacht hätte: das größte Fest, das Griechenland bis dahin gesehen hatte, mit dem krönenden Höhepunkt des singenden Kaisers. Einen Vorgeschmack hatte er mit seinem Einsatz beim Beginn der Arbeiten geliefert. Doch das war noch nicht die Bühne gewesen, wie sie Nero suchte und brauchte, um ein an sich schon großes Ereignis zu einer gekonnten Inszenierung zu machen.

Doch die Griechenland-Tour bot ihm Gelegenheiten genug, sich sowohl als Künstler zu produzieren und damit politische Wirkung zu erzielen wie auch politische Vorgänge künstlerisch zu gestalten. Und Nero verlor keine Zeit. Gleich nach der Ankunft auf der Insel Korkyra (heute Korfu) stattete er in der Hafenstadt Kassiope dem Tempel des Zeus, der hier den lokalen Beinamen *Kasios* führte, einen Besuch ab. Dort lud er auch zur ersten Gesangsdarbietung auf griechischem Boden. Sein nächstes Ziel war Actium (vermutlich – die Chronologie ist in Bezug auf die einzelnen Stationen von Neros Griechenlandreise nicht in jedem Fall gesichert).[19] Seit dem Jahr 31 v. Chr. stand der Name dieses an der Einfahrt zum Golf von Ambrakia gelegenen Ortes für ein wichtiges Kapitel der römischen Geschichte. Hier hatte am 2. September jenes Jahres Octavian, der spätere Kaiser Augustus, seinen innenpolitischen Rivalen Marcus Antonius und die mit ihm verbündete Königin Kleopatra besiegt. Dieser Erfolg markierte den entscheidenden Schritt zur Begründung des Principats. Somit hatte für jeden römischen Kaiser Actium eine besondere Bedeutung. Das galt auch für Nero, dies umso mehr, als er Augustus zu seinem Vorbild erkoren hatte, weil er dessen schauspielerische Fähigkeiten bewunderte, die wesentlich zur Stabilität seiner Herrschaft beigetragen hatten. In Erinnerung an diesen denkwürdigen Sieg hatte Augustus 30 v. Chr. ganz in der Nähe eine Stadt gegründet, der er den passenden Namen *Nikopolis* („Siegesstadt") gegeben hatte. Ab 27 v. Chr. fanden hier die Nachfolge-Veranstaltungen der alten Aktischen Spiele statt. Diese gehörten nicht zum Kanon der großen Feste der Griechen, hatten aber zumindest lokale Bedeutung. Augustus widmete die Neuauflage der Spiele in seiner Stadt Nikopolis den vom ihm favorisierten Gott Apollo. Dieser vielseitig verwendbare Gott hatte für ihn die Funktion eines Schutzgottes. Auch

Nero verehrte Apollo, vor allem in seiner Eigenschaft als Gott der Musen, der Kunst, des Gesangs. So hatte Nero gleich zwei Gründe, um den Weg nach Actium-Nikopolis anzutreten: erstens als Reverenz an Augustus, zweitens als Geste gegenüber dem Sängergott.

Mit dem Aufenthalt in Actium war das Besuchsprogramms dieses Jahres abgeschlossen. Auch Griechenland war im Winter kein angenehmes Reiseland, und so verbrachte der Kaiser die kalte Jahreszeit in der Stadt Korinth. Die reiche Handelsstadt wurde für ihn nun zu einer Art Hauptquartier. Nicht zielführend erscheinen Versuche in der modernen Forschung, in der Wahl gerade dieser Stadt eine tiefere Symbolik sehen zu wollen.[20] Allenfalls könnte man sich darüber wundern, dass er während seines mehrmonatigen Aufenthaltes in Griechenland weder Athen noch Sparta aufsuchte. Immerhin waren diese in der klassischen Zeit, im 5. Jahrhundert v. Chr., die mit Abstand wichtigsten griechischen Städte gewesen – Sparta in seiner Eigenschaft als Militärmacht, Athen als politische Führungsmacht, Hort der Demokratie und Mittelpunkt von Kunst und Kultur. Trotzdem machte Nero einen Bogen um diese beiden Städte. Warum? Diese Frage stellten sich schon die späteren antiken Autoren und wahrscheinlich auch die Zeitgenossen. Cassius Dio hat eine merkwürdige Erklärung parat: Nach Sparta wollte er nicht wegen der Gesetze des Lykurg, an Athen störte ihn die „Geschichte mit den Furien"[21]. Lykurg, der in Wirklichkeit wohl gar keine historische Persönlichkeit gewesen ist, galt in der Antike als der Architekt der spartanischen Verfassung und in dieser Funktion als Impulsgeber der teils bewunderten, mehr aber noch gefürchteten spartanischen Lebensweise, die geprägt gewesen war von Drill, Härte, Disziplin und Ordnung. Das waren nun tatsächlich Kategorien, die zu Nero nicht passten und die nicht seinen Vorstellungen von Herrschaft entsprachen. Aber ließ er sich wirklich von den Furien abschrecken, einen Abstecher nach Athen zu machen? Wäre es nicht eine prächtige Gelegenheit zur Selbstdarstellung gewesen, zu Füßen der berühmten Akropolis ein umjubeltes Konzert zu geben? Bei der „Geschichte mit den Furien" handelt es sich um einen Mythos im Zusammenhang mit der bekannten Gestalt des Orest. Dieser hatte seine Mutter Klytemnestra getötet. Deswegen stand er auf der Fahndungsliste der Furien, auch unter dem Namen Erinyen bekannte Rachegötter mit der für die Objekte ihrer Begierde unangenehmen Eigenschaft, sie unerbittlich zu verfolgen, um das Verbrechen zu sühnen. Athen hatten die Furien im Zusammenhang mit der

Orest-Verfolgung als ihre Zentrale gewählt. Die Assoziation ist zu banal, um sie als historisch einstufen zu können: Natürlich konnte es der Muttermörder Nero wegen des mythischen Vorgängers Orest nicht wagen, athenischen Boden zu betreten. In den Kontext solcher Spekulationen, Mutmaßungen und fiktiver Zuweisungen gehört auch die von Sueton kolportierte Information, Nero habe es während der Reise durch Griechenland nicht gewagt, nach Eleusis zu fahren und sich in die dortigen Mysterien einweihen zu lassen.[22] Tatsächlich handelte es sich bei Eleusis, ganz in der Nähe von Athen gelegen, um eine alte, bei Einheimischen und Fremden gleichermaßen beliebte Kultstätte der Fruchtbarkeitsgöttin Demeter. Sich in die Mysterien der Göttin einweihen zu lassen, gehörte fast zum guten Ton. Auch Augustus hatte auf der Liste der Eingeweihten gestanden, wie auch Neros Adoptiv- und Stiefvater Claudius. Sueton lässt die fieberhaft nach einer Erklärung für Neros Desinteresse an Eleusis suchende Nachwelt nicht im Unklaren: Ausgeschlossen seien von den Mysterien „Menschen, die gegen die Götter gefrevelt haben, und auch solche, die gegen Menschen ein Verbrechen begangen hätten". In dieser Beschreibung der in Eleusis nicht erwünschten Personen soll sich Nero also selbst wiedererkannt haben. Jedoch besaß er nicht jenes Maß an Aberglauben und Furcht vor göttlichen Mächten, das Sueton ihm zuzuschreiben bestrebt gewesen ist. All jene Gedankenspiele rings ums Neros Reiseziele beweisen nur, dass die Gerüchteküche heftig brodelte, niemand jedoch etwas Genaues wusste. So ist es absolut undenkbar, dass Nero öffentlich mitteilte, er werde nicht nach Athen reisen, weil er ein Muttermörder sei. Und genauso wenig ist zu erwarten, dass er verkünden ließ, er gehe nicht nach Eleusis, weil er ein Verbrecher sei. All diese angeblichen Motive waren Erfindungen von außen, die auf nichts anderem beruhten als auf dem Umstand, dass Nero weder in Athen noch in Sparta oder in Eleusis gewesen war. Dabei lagen die Dinge in Wirklichkeit ganz einfach: Erstens konnte Nero nicht überall sein, und zweitens hatte er ganz klare Prioritäten: Er wollte an den Schauplätzen der großen Spiele und Wettkämpfe sein, wo er sich als Künstler produzieren konnte. Und dass er im Winter 66 auf 67 in Korinth Quartier nahm, ist angesichts des Reichtums und des Komforts der Stadt ebenfalls nicht verwunderlich. Außerdem war die Stadt administratives Zentrum der römischen Provinz, und es lebten hier viele Römer, sodass sich Nero auch von daher einigermaßen wie zu Hause fühlen konnte – wenn er dies denn überhaupt wollte, war Griechenland für den Kaiser doch auch so etwas wie ein selbst gewähltes Exil im Paradies der Künste. Und schließlich war Korinth eine bedeutende Wettkampfstadt: Die sogenannten Isthmischen Spiele hatten einen festen Platz im griechischen Festkalender.

Im Frühjahr des Jahres 67 begann, nach der Winterpause in Korinth, die große Nero-Tournee durch Griechenland. Sie war nicht etwa das Ergebnis der spontanen Laune eines sprunghaften Kaisers. Vielmehr war alles sorgfältig geplant worden. Die Nero-Administration hatte einen klaren Fahrplan erstellt: Der Kaiser wünschte, an allen großen, den sogenannten panhellenischen Spielen in Griechenland persönlich teilzunehmen – und dies natürlich nicht als einfacher Zuschauer, sondern als Aktiver. Das bedeutete für die einheimischen Organisatoren, dem Gast aus Rom einen Platz zu reservieren bei den Olympischen Spielen in Olympia, den Pythischen Spielen in Delphi, den Nemeischen Spielen in Nemeia und den eben erwähnten Isthmischen Spielen in Korinth. Alle diese Veranstaltungen hatten eine lange Tradition. Entstanden waren sie aus dem Bestreben der adligen Jugend, sich im sportlichen Wettkampf zu messen. Nach und nach kamen musische und künstlerische Disziplinen hinzu, bei denen Dichter oder Sänger, meist allerdings außerhalb des offiziellen Programms, um den Siegespreis wetteiferten. In Olympia allerdings galt die Tradition, dass nur sportliche Wettbewerbe zugelassen waren.

Die Olympischen Spiele waren die älteste und wichtigste Veranstaltung. Sie blickten auf eine Geschichte zurück, die bis zum Jahr 776 v. Chr. zurückreichen soll. Alle vier Jahre kamen die Athleten und die übrigen Aspiranten in den heiligen Hain, um offiziell dem Gott zu huldigen, vor allem aber, um sich den ewigen Ruhm eines Sieges in Olympia zu sichern. Äußeres Zeichen eines solchen Triumphes war die Überreichung eines Olivenkranzes. Die Pythischen Spiele in Delphi waren nach der Pythia benannt, jenem mysteriösen Medium, dessen Aufgabe darin bestand, die Antworten des Orakel-Gottes Apollo auf die ihm gestellten Fragen wenn möglich so unklar wiederzugeben, dass bei einer falschen Auskunft immer noch eine alternative Deutung möglich war. Allerdings antwortete die Pythia nur gegen eine üppige Bearbeitungsgebühr. 582 v. Chr. fanden hier zu Ehren des Gottes die ersten Wettbewerbe statt. Als Siegespreis winkte in Delphi ein Lorbeerkranz. Ort der Nemeischen Spiele war die Stadt Nemeia, im Nordosten der Peloponnes gelegen. Hier fanden seit dem 6. Jahrhundert v. Chr., im Zusammenhang mit einer Kultstätte für Zeus,

Spiele statt, die, was den Zuspruch von Teilnehmern und Zuschauern anging, so erfolgreich waren, dass sie Eingang in den exklusiven Club der Großen Vier fanden. Originell war der Preis, den erfolgreiche Athleten oder Künstler entgegennehmen durften: Sie konnten sich über einen Kranz aus Sellerie-Blättern freuen. Auch die Isthmischen Spiele in Korinth, benannt nach dem Isthmos, den Nero vergeblich mit einem Kanal versehen wollte, hatten einen religiösen Hintergrund. Gefeiert wurde bei ihnen der Meeres- und Erdbebengott Poseidon. Die Anfänge reichen bis in den Beginn des 6. Jahrhunderts v. Chr. zurück. Wer gewann, nahm einen Kranz aus Holunder, später aus Kiefernzweigen in Empfang.

Alle Spielorte waren bestens ausgestattet. Sie verfügten über Stadien, Hippodrome, Theater, Gymnasien. Um sich nicht gegenseitig in die Quere zu kommen, fanden die Spiele in einem bestimmten koordinierten Rhythmus statt. Das Maß aller Dinge war Olympia. Dass hier alle vier Jahre, jeweils im Sommer, die Spiele stattfanden, war eine in Erz gemeißelte Regel. Anders konnte es auch gar nicht sein, war die Periodisierung von Olympia doch sogar die Grundlage einer von allen griechischen Städten akzeptierten Zeitrechnung; ansonsten verfügte jede Stadt über einen eigenen Kalender. Die „Olympiade" war ein Zeitraum von vier Jahren, die „Olympischen Spiele" markierten das Ende einer alten und den Beginn einer neuen Olympiade. Die Pythischen Spiele fanden im dritten Jahr einer Olympiade statt, die Nemeischen Spiele im ersten und dritten Jahr einer Olympiade und die Isthmischen Spiele im zweiten und vierten Jahr einer Olympiade. Auf diese Weise musste man in keinem Jahr auf ein Sport- und Künstlerfest verzichten – ganz abgesehen davon, dass es noch viele weitere Veranstaltungen von eher regionaler Bedeutung gab, die nicht zu den panhellenischen Spielen gezählt wurden.

Man kann sich vor dem Hintergrund dieses sorgfältig ausgetüftelten Zeitrahmens den Schrecken der griechischen Organisatoren vorstellen, als sie im Vorfeld von Neros Besuch aus Rom die Mitteilung erhielten: Der Kaiser wünscht an den Olympischen Spielen teilzunehmen. Er wünschte überhaupt an allen großen Veranstaltungen teilzunehmen. Aber die Griechen waren und blieben flexibel. Also musste die heilige Terminplanung eben dem Kaiser zuliebe geändert werden. Nero erschien 66 in Griechenland, die letzten Spiele hatten 65 stattgefunden, die aber, da der Kaiser seine Reiseplanungen rechtzeitig kommuniziert hatte, auf 67 verlegt wurden. Um wieder in den alten Rhythmus zu kommen, fanden die nächsten Spiele bereits wieder im Jahre 69 statt, als Nero schon nicht mehr am Leben war. Der Kaiser hatte noch weitere Sonderwünsche. In Olympia wollte er sich als Schauspieler und Virtuose auf der Kithara betätigen – also wurden diese Disziplinen eigens in den Kanon aufgenommen. Auch die Isthmien erlebten in diesem Zusammenhang das Novum einer Konkurrenz der Schauspieler.

Als Nero gegen Ende des Jahres 67 mit seinem Tross wieder nach Rom zurückkehrte, hatte er, wie Cassius Dio buchhalterisch genau notiert, nicht weniger als 1808 Siegeskränze im Gepäck.[23] Oliven, Lorbeeren, Sellerie, Kiefer – alles war dabei, denn wo Nero in Griechenland auftrat, siegte er auch. Man muss nicht nachzurechnen versuchen, ob er überhaupt die Zeit und die Gelegenheit hatte, zu einer solch exorbitant hohen Zahl von Trophäen zu kommen. Viele Preise wird man ihm, wie es schon vorher üblich gewesen war, überreicht haben, ohne dass er dafür eine Leistung erbracht hätte. Die 1808 Siegeskränze sind das sichtbare Zeichen eines perfekten Zusammenspiels zwischen dem Herrscher aus Rom und den Griechen. Der Kaiser war gekommen, um sich feiern zu lassen und damit ein Band zwischen Herrscher und Volk zu knüpfen, wie er es zuvor bereits in Rom und Italien praktiziert hatte. Die Griechen waren aus der Sicht Neros ein Kulturvolk, ihnen traute er es zu, seine Kunst richtig würdigen zu können – jene Kunst, die für ihn ein Mittel war, um sich selbst zu inszenieren und seine Macht zu sichern. Und die Griechen ihrerseits wussten, was der Kaiser von ihnen erwartete. Die Siegespreise signalisierten ihre Bereitschaft, dieses Spiel mitzuspielen, sich auf die Bedingungen des Kaisers einzulassen. Neros Monate in Griechenland zeigten, dass er bei der Inszenierung der Macht den Gipfel der Perfektion erreicht hatte.

Und Nero spielte auf den Bühnen wieder jene Rolle, die er auch in Italien bereits perfekt einstudiert hatte: Er gab sich ganz als Künstler, ohne zu verbergen, dass er der Kaiser war. Die Berichte über seine Auftritte sind als authentisch einzustufen, denn diese fanden in aller Öffentlichkeit statt und damit vor Tausenden von Zeugen. Bei Sueton haben die Erzählungen der Zeit- und Augenzeugen breite Resonanz gefunden. Nero, so ist zu erfahren, simulierte vor seinen Auftritten Lampenfieber, war bemüht, sich so zu verhalten wie seine Mitstreiter und tat so, als fürchte er sich vor dem Votum der Preisrichter.[24] Seinen Rivalen bei den künstlerischen Wettbewerben begegnete er liebenswürdig, respektvoll und umgänglich. Dann aber wieder streute er böse Gerüchte über sie aus, beschimpfte sie auch mal, wenn sie ihm über den Weg liefen. Konkurrenten, die erkennbar besser waren als er, versuchte er zu bestechen.

Und dann das Erlebnis: Nero auf der Bühne! Hier zeigte der Kaiser, was er in den Jahren zuvor gelernt hatte. Dabei war weniger die Qualität des Gebotenen mitreißend als die Art, wie er sich im Theater präsentierte, virtuos choreografiert. Erst die Versicherung an die Preisrichter: Er habe sich so gut vorbereitet, wie es eben nur möglich war. Doch über Erfolg oder Misserfolg entscheidet natürlich die Glücks- und Schicksalsgöttin Fortuna; da es sich um griechische Preisrichter handelte, wird Nero hier die entsprechende griechische Göttin Tyche genannt haben – wie er überhaupt problemlos in der Lage gewesen ist, sich auf Griechisch auszudrücken. Aufgabe der Preisrichter, so belehrte der Kaiser die Mitglieder der Jury, sei es, darauf zu achten, dass alles mit rechten Dingen zugehe. Nero bezeichnete sie dabei als „weise und gelehrte Männer".[25] Die griechischen Schiedsrichter verstanden sofort, was der Kaiser ihnen eigentlich sagen wollte: Sie sollten sich darüber im Klaren sein, dass der Sieger nur Nero heißen durfte. Aber sie wussten auch ohne diese leise Mahnung, die fast schon eine versteckte Drohung war, was sie zu tun hatten. Er solle sich keine Sorgen machen, lautete ihre beruhigende Antwort.

Wenn er dann mit Musik, Gesang und Rezitation begann, konnten seine Begleiter dieselben Mechanismen erkennen, die sie bereits auf den Bühnen Italiens, jedenfalls zu Anfang seiner öffentlichen Karriere als Künstler, an ihm hatten beobachten können. Streng hielt er sich an die Regeln – kein Ausspucken, sich den Schweiß selbst mit dem Arm von der Stirn wischen. Beim Auftritt in einer Tragödie fiel ihm aus Versehen ein Zepter aus der Hand, den er für eine Rolle als König bei sich trug. Für die Zuschauer ergab sich aus dieser Rolle der manchmal vielleicht irritierende, aber in gewisser Weise auch die Wirklichkeit reflektierende Effekt, dass sie einen Kaiser auf der Bühne sahen, der sich als Künstler produzierte und dabei einen Monarchen spielte. Das kleine Malheur mit dem Zepter brachte Nero fast aus der Fassung. Wie Sueton angibt, fürchtete er, von den Preisrichtern deswegen disqualifiziert zu werden. Diese Sorge war, wie der Kaiser wusste, grundlos, aber es kam seiner Meinung nach gut an, wenn er dem Publikum den Eindruck vermittelte, er habe, wie alle seine Schauspieler-Kollegen, bloß keinen Fehler machen wollen. An seiner Seite befand sich ein anderer Schauspieler, wie es üblich war in Tragödien, dessen Aufgabe, wie früher beim griechischen Chor, darin bestand, den

Kollegen mit Gesten und Kommentaren zu unterstützen. Neros Assistent reagierte schlagfertig und professionell: Er schwor Stein und Bein, dass das Publikum, das angesichts der überragenden Darbietungen Neros in Beifallsstürme ausgebrochen war, von der Zepter-Affäre überhaupt nichts mitbekommen habe.

Wenn Nero gesiegt hatte, also immer, machte er dieses Ereignis auch immer selbst publik. Üblicherweise war dies das Geschäft von Herolden. „... während der Herold mit schallendem Ruf den Sieg verkündet", dichtete der athenische Tragödiendichter Euripides auf den athenischen Politiker Alkibiades, nachdem dieser, eine ähnlich schillernde Persönlichkeit wie Nero, bei den Olympischen Spielen erfolgreich Wagenlenker ins Rennen geschickt hatte. Da die Griechen aus allem einen Wettbewerb machten, gab es bei den Festspielen auch einen Wettbewerb der Herolde. Wer aus diesen als Sieger hervorging, durfte die Sieger der anderen Wettbewerbe ausrufen – aber nicht im Jahre 66. Seine Siege rief der Kaiser selbst aus, mit von Cassius Dio zitierten, zu Neros Bescheidenheit passenden, immer wiederkehrenden Worten: „Nero Caesar besteht siegreich diesen Wettkampf und bekränzt das römische Volk und die bewohnte Erde, die sein Eigen ist."[26] Mag man hier vielleicht wieder Hybris herauszuhören, so gilt es zu bedenken, dass sich Nero in Kategorien ausdrückte, die den Griechen seit den Zeiten der hellenistischen Könige vertraut waren. Wenn Sueton weiter die Nachricht kolportiert, Nero habe die Statuen und Büsten von früheren Siegern bei den panhellenischen Wettbewerben umstürzen, wegschleifen und in Latrinen werfen lassen, so gehört diese Angabe mit einiger Sicherheit in die Abteilung „Gerüchte und Erfundenes". Die Begründung, er habe es nicht ertragen können, wenn etwas an einen anderen Sieger der „heiligen Wettkämpfe" erinnerte, steht in einem diametralen Gegensatz zu Neros Denkweise. Er wollte immer der Erste und der Beste sein, aber dies in Konkurrenz zu anderen. Die Zahl seiner Siege, die er in Griechenland errang, beziehungsweise die man ihm geschenkt hatte, ließ ihn in einem Maße über alle Sieger der Vergangenheit herausragen, dass es geradezu kontraproduktiv gewesen wäre, deren Spuren zu beseitigen.

Cassius Dio bestätigt partiell die Angaben Suetons, liefert aber auch einige weitere Informationen. Eliminiert man die moralische Empörung, die der Autor, ähnlich wie sein Kollege Tacitus, im Zusammenhang mit Neros Auftritten in Griechenland geradezu inflationär ausschüttet, so teilt er substanziell und an Fakten Folgendes mit: Nero ließ sich nach dem Vorbild griechischer Künstler das Haar lang wachsen, während das Kinn rasiert blieb.[27] Er ging mit ein oder zwei Begleitern spazieren, provozierte seine Gegner und zitterte vor den Schiedsrichtern, denen er heimlich Geld zusteckte. Als Schauspieler übernahm Nero die Rollen von Ödipus, Thyestes, Herakles, Alkmeon und Orest. Die Theatermasken, die er trug, waren entweder nach den Figuren, die er verkörperte, oder nach sich selbst gestaltet. Spielte er Frauen, trugen die Masken die Züge seiner verstorbenen Frau Poppaea. Musste er in einer Rolle gefesselt werden, kamen nur goldene Ketten zum Einsatz, weil man es unpassend fand, einen römischen Kaiser in eiserne Fesseln zu legen. Wenn er nicht auf der Bühne stand, plünderte er Griechenland aus und ließ Männer, Frauen und Kinder ermorden. Diese letzte Bemerkung Dios fällt allerdings weniger in die Rubrik „Fakten" als in die Abteilung „Tyrannen-Topik", aus der sich gerade Dio reichhaltig bedient hat.[28] Die ganze Passage ist polemisch, und auch wenn Nero zu keinem Zeitpunkt ein Anwärter auf den (fiktiven) antiken Friedensnobelpreis gewesen ist, so war er immer und jederzeit Machtpolitiker genug, um ein Gespür dafür zu haben, was seinem Ruf nachhaltig schaden konnte. Nach seinem eigenem Kompass trat dieser Fall ein, wenn die Kritik lauter als der Beifall war. Dass er den Aufenthalt in Griechenland nutzte, um Kunstwerke nach Italien abzutransportieren, ist zumindest in Bezug auf die Angabe, dass der Kaiser aus Delphi 500 Bronzestatuen entwendete, nicht abzustreiten.[29] Entlastung findet sein Handeln auch nicht durch den Hinweis, dass Kunstraub in Griechenland zu dieser Zeit schon eine lange römische Tradition hatte, und erst recht nicht dadurch, dass viele dieser Kunstwerke in Neros „Goldenem Haus" in Rom eine neue Heimat fanden, er dabei also weniger an die Griechen als vielmehr an sein repräsentatives Vorzeigeobjekt in der Hauptstadt dachte.

Bei dem Unternehmen „Inszenierung der Macht" waren für Nero während seines Griechenland-Aufenthaltes die musischen Wettkämpfe die wichtigste Bühne. Doch wagte er sich auch an jene Disziplin, die bei allen panhellenischen Spielen als die Königsdisziplin galt. So betätigte sich der Kaiser an verschiedenen Orten als Wagenlenker, eine Nachricht, die seine konservativen Gegner in Rom vermutlich in einen Schockzustand versetzte, während sich seine Berater und Freunde um ihre Zukunft sorgten. Was sollten sie tun, wenn der Kaiser dieses gefährliche Abenteuer nicht überstehen würde? Wagenrennen wurden mit vier, aber auch mit zehn Pferden veranstaltet. Nero probierte beide Versionen aus. Ein paar Mal ging alles gut. Doch ausgerechnet im Stadion von Olympia, wo der Kaiser vor Zehntausenden von Zuschauern ein Zehnergespann lenkte, kam es zu einem schweren Unfall. Nero kam mit seinem Gespann ins Schleudern, wurde aus dem Wagen katapultiert und wäre beinahe überrollt worden.[30] Helfer eilten herbei, hievten ihn wieder in den Wagen. Doch Nero war nicht in der Lage, das Rennen zu beenden. Noch vor Erreichen des Ziels musste er aufgeben. Trotzdem sprachen ihm die Schiedsrichter den Siegerkranz zu. Laut Dio bedankte sich der Kaiser bei ihnen mit einem Geschenk von einer Million Sesterzen.

Wagenrennen waren für Nero zwar nicht eine Passion wie das Auftreten mit der Kithara. Doch faszinierten ihn die spannenden und verwegenen Rennen schon früh. Tacitus überliefert einen Ausspruch Neros, wonach die Wagenrennen eine „wahrhaft königliche und von den Herrschern der alten Zeit gepflegte Gewohnheit" seien.[31] Sueton berichtet, Nero habe während seiner Griechenland-Reise ein großes Interesse am Ringkampf gezeigt: „Er saß im Ring auf dem Boden nahe bei den Kämpfern, und wenn die beiden, die kämpften, etwas zu weit nach außen gerieten, zog er sie mit eigener Hand wieder in die Mitte."[32] Im Gesang, fährt der Biograf fort, konnte sich Nero mit Apollo, im Wagenrennen mit Helios messen. Nun fehlte nur noch, dass er sich auch die Taten des Herakles zum Vorbild nahm. Um sich dem Publikum als legitimer Nachfolger des griechischen Heros zu präsentieren, soll er einen kühnen, zum Glück nicht realisierten Plan gefasst haben. Er hatte einen Löwen abrichten lassen, dem er sich in der Arena stellen wollte, natürlich nackt, um ihn dann, da war er sich noch nicht ganz sicher, entweder mit einer Keule zu erschlagen oder mit den Armen zu erwürgen.

Jedenfalls kann es vor diesem Hintergrund nicht überraschen, dass sich Nero dem griechischen Publikum auch als Wagenlenker präsentierte.[33] Diese von ihm als „königlich" erachtete Disziplin war für ihn wie der Gesang und die Schauspielerei ein willkommenes Mittel, um sich dem Volk zu zeigen, die Kräfte mit anderen zu messen, natürlich zu gewinnen und Jubel und Applaus zu ernten. In der Regie nicht vorgesehen war der Sturz. Wichtig war, dass er sich danach noch einmal aufrappelte. Danach konnte er auch aufgeben, denn der Siegeskranz war ihm ohnehin sicher. Das hatte sich inzwischen so eingespielt: Nero gewann, auch wenn er verlor oder gar nicht teilnahm. Besser konnten die Inszenierungen des Kaisers Nero gar nicht funktionieren, wenn sich das Prozedere inzwischen verselbstständigte und eine ganz eigene Dynamik gewann.

Dafür, dass alles so gut lief, zeigte sich Nero auch erkenntlich. Alle Preisrichter, die ihm so unbürokratisch geholfen hatten, wurden reich belohnt – mit Geld und mit der Verleihung des bei der Provinzialbevölkerung begehrten römischen Bürgerrechts. Dies geschah nicht etwa im Verborgenen, wie sich bei Nero überhaupt nur wenig im Verborgenen abspielte. Vielmehr nutzte er die Feiern der Isthmischen Spiele in Korinth, um mitten im Stadion diesen tiefen Griff in das Füllhorn kaiserlicher Freigebigkeit entsprechend publik zu machen. Doch der Kaiser hatte noch mehr Freundlichkeiten im Gepäck. Man hatte ihn gut behandelt, man hatte ihm auf den Bühnen und im Stadion Beifall gespendet, man hatte ihn umjubelt, man hatte ihn immer gewinnen lassen. Jetzt zeigte der Kaiser seine Dankbarkeit. Der Inszenierung der Macht folgte die Macht der Inszenierung. Dies geschah am 28. November des Jahres 67,[34] gewissermaßen als Neros Abschiedsgeschenk an seine so folgsamen Griechen, die bei der Inszenierung der Macht so angenehme Partner und Adressaten gewesen waren. Nun zeigte sich abermals Neros Begabung, genuin politischen Vorgängen einen zeremoniellen Rahmen zu verleihen und damit Wirkung zu erzielen.

An diesem denkwürdigen Tag erklärte der römische Kaiser Nero im prall gefüllten Stadion in Korinth Griechenland für frei. Eine Szenerie, wie für Nero gemalt. Dabei hatte er hier wieder selbst Regie geführt. Nun war es nicht so, dass römische Kaiser, Feldherrn oder Senatoren vor Nero nicht auch ihr Talent unter Beweis gestellt hatten, bedeutenden Ereignissen einen beeindruckenden Rahmen zu verschaffen. In dieser Hinsicht hatte gerade Augustus, der Begründer des Principats und Urahn Neros, Maßstäbe gesetzt. Nero aber war nicht nur ein gelehriger Schüler, sondern entwickelte sich zu einem Meister in der Kunst, Politik so choreografieren, dass von dem Ereignis geradezu eine suggestive Wirkung ausging – eben die Macht der Inszenierung.

Bis 1888 wusste man nur wenig von Neros Freiheitserklärung, mit der die Griechen, jedenfalls die, die in der Provinz Achaea zusammengefasst waren, von allen Abgaben an Rom befreit und dazu aus der Verfügungsgewalt des römischen Statthalters entlassen wurde. Vor allem gab es die, durch eine kurze Notiz Dios ergänzte,[35] Nachricht Suetons, wonach Nero vor der Abreise aus Griechenland am Tag der Isthmischen Spiele mitten

im Stadion von Korinth „der gesamten Provinz die Freiheit schenkte."[36]
1888 wurde in dem Ort Akraiphia in Böotien (heute Karditsa) eine antike
Inschrift entdeckt mit dem Text der Rede, die Nero damals hielt.[37] Bei der
Inschrift von Akraiphia handelt es sich um eine von vermutlich vielen
Kopien, die das denkwürdige Ereignis von Korinth in den betroffenen
Städten und Gemeinden dokumentieren sollte.

Mit diesem Text verfügt man im Rahmen der Biografie Neros über ein
einmaliges Zeugnis. Zwar gibt es in den literarischen Quellen eine Menge
von Zitaten und Aussprüchen Neros, die richtig sein können, bei denen
man sich aber immer auch die Möglichkeit offenhalten muss, dass es sich
dabei um Verdrehungen, Komprimierungen, aus dem Zusammenhang
gerissene Sätze oder auch einfach nur um Erfindungen handelt. Die Inschrift bietet als authentisches Dokument die Gelegenheit, sich einen un-
mittelbaren Eindruck von der Sprache und dem Stil Neros zu verschaffen,
wenn es ihm darauf ankam, feierlich zu klingen. Neben einigen formalen
Punkten bietet die Inschrift auch den kurzen Einladungstext, mit dem
Nero die Griechen nach Korinth rief: „Der Imperator Caesar verkündet:
Da ich dem so edlen Hellas das Wohlwollen und die Verehrung mir gegenüber vergelten will, befehle ich, dass sich aus dieser Provinz so viele Einwohner wie möglich am 28. November in Korinth einzufinden haben."

Wie viele dem Aufruf nachkamen, ist nicht überliefert. Doch sicher
waren die Plätze im Stadion von Korinth bis auf den letzten Platz besetzt,
als der Kaiser, stimmlich nicht zuletzt durch die Teilnahme an den Wettbewerben der Herolde gut konditioniert, der gespannt lauschenden Menge Folgendes mitteilte: „Wenn auch von meiner hochherzigen Gesinnung
nichts unverhofft kommt, so erweise ich Euch doch ein so großes Geschenk, so groß, wie Ihr es zu erbitten nicht gewagt habt. Nehmt Ihr alle,
die Ihr Achaia und die bis jetzt sogenannte Peloponnes bewohnt, die Freiheit und den Erlass der Steuern entgegen, eine Gabe, die Ihr nicht einmal
in den glücklichsten Zeiten Eurer Geschichte alle besessen habt, denn
entweder wart Ihr anderem oder einander untertan. Ich wünschte, dass
ich zu der Zeit, als Hellas in seiner Blüte stand, dieses Geschenk hätte
überreichen können, damit sich dieser Gnade noch mehr Menschen er-
freuen könnten, und deswegen tadele ich auch den Lauf der Zeit, dass er
mich um die Größe meiner Gabe gebracht hat. Und jetzt erweise ich Euch
nicht aus Mitleid, sondern aus Wohlwollen diese Gunst, und ich danke
damit Euren Göttern, deren Fürsorge für mich zu Wasser und zu Lande

ich immer erfahren habe und die mir die Gelegenheit gegeben haben, Euch eine solche Wohltat zu erweisen. Denn Städte haben auch andere Herrscher befreit, eine ganze Provinz aber nur Nero."

An dieser Stelle wird Nero wieder jenen stürmischen Applaus empfangen haben, der für ihn Lebens- und Herrschaftselixier war. Keiner wird sich an der gestelzten Rhetorik gestört haben, als der Kaiser, den die Griechen fast nur als Künstler kannten, ihnen die frohe, zumindest aber überraschende Botschaft übermittelte. Im Prinzip war die Veranstaltung von Korinth eine Fortsetzung der künstlerischen Aktivitäten Neros in einem anderen Kontext. Die Tribüne des Stadions war seine Bühne, das Stück, das er präsentierte, trug nicht den Titel Niobe oder Orest, sondern ‚Freiheit für Hellas'. Das gab der Szenerie einen leicht politischen Charakter. Der Künstler wurde in dieser Situation wieder zum Kaiser, oder, besser gesagt: Es trat die kaiserliche Seite seiner doppelten Existenz in den Vordergrund.

Wie gut sich Nero selbst in der älteren römischen Geschichte auskannte, lässt sich generell nicht ermessen. Doch es ist davon auszugehen, dass er oder seine Berater zumindest eine gewisse Anzahl von historischen Präzedenzfällen parat hatten, die man bei Bedarf aktualisieren konnte. Die geschichtsbewussten Griechen jedenfalls fühlten sich anlässlich der Zeremonie bei den Isthmien an ein Ereignis erinnert, das nunmehr bereits über 250 Jahre zurücklag. 197 v. Chr. hatte der römische Feldherr Titus Quinctius Flamininus den makedonischen König Philipp V. in der Schlacht bei Kynoskephalai in Thessalien besiegt und damit die römische Vorherrschaft über Griechenland begründet. Wie sehr viel später bei Nero, so wussten die Griechen auch damals bereits, wie man römische Prominenz zu behandeln hatte, die Griechenland gegenüber ein ambivalentes Verhältnis hatte, das zwischen politischem Führungsanspruch auf der einen und grenzenloser Bewunderung für die griechische Kultur auf der anderen Seite hin und her schwankte. So feierten die Griechen Flamininus als Befreier und prägten Goldmünzen mit seinem Konterfei und seinem Namen. Der solchermaßen Geehrte war geschmeichelt und rief die Griechen im Herbst 196 v. Chr. nach Korinth, als dort gerade die Isthmischen Spiele stattfanden. Von seiner Rede gibt es zwar kein epigrafisch erhaltenes Protokoll. Doch was an diesem Tag passierte, hat der antike Biograf Plutarch zusammengefasst: „Bei den Isthmischen Spielen saß eine große Menge von Menschen im Stadion. Dann erscholl eine Trompete, Stille trat ein, und ein Herold begab sich inmitten unter die Zuschauer und verkündete die Proklamation, dass der römische Senat und der Kommandant Titus Quinctius Flamininus, nach dem Sieg über Philipp von Makedonien, die Griechen in die Freiheit entließen, ohne Besatzungen und ohne Steuern, und sie sollten nach ihren alten Gesetzen leben dürfen."[38] Allerdings gab es, wie Plutarch weiter berichtet, eine kleine Panne. Der Herold kam mit seiner Stimme wegen der allgemeinen Aufregung, die im Stadium herrschte, nicht durch. Die Anwesenden fragten sich irritiert, was eigentlich gerade geschehe. Als endlich Ruhe eingekehrt war, las der Herold den Text noch einmal, und nun brandete großer Jubel auf.

Nero brauchte keinen Herold, sondern verlas die Freiheitserklärung für Griechenland höchstpersönlich.[39] Und bei ihm hörten alle von Anfang an aufmerksam zu. Das sind aber auch die einzigen Unterschiede zwischen den Deklarationen von 196 v. Chr. und 67 n. Chr. Nero inszenierte „seine" Erklärung als perfekte Kopie der Erklärung des Flamininus, wohl wissend, dass diese im kollektiven Gedächtnis der stolzen Griechen immer noch einen festen Platz hatte. Alles stimmte bis ins Detail: Ort, Zeit, Anlass, Inhalt, und als – allerdings originelle – Zugabe die einzigartige Diktion des Kaisers Nero. Keine klaren Sätze, eine gewundene, fast altertümlich anmutende Sprache, gewählt, weil der Anlass so feierlich war, weil die Griechen ein so kluges und bedeutendes Kulturvolk waren und weil der Geist einer Rede reaktiviert werden sollte, die am selben Ort über 250 Jahre zuvor gehalten worden war. Dabei hätte sich der Inhalt der Rede auch auf ein paar Wörter reduzieren lassen: „Nero, der dankbare Wohltäter". Dankbar war er, weil ihn die Griechen als Künstler und Sportler gefeiert hatten. Und ein Wohltäter war er kraft seiner Macht als Kaiser.

Ohne Frage: Der Tag der Befreiung der Griechen war einer der glücklichsten Tage im Leben des Kaisers Nero. Hier war alles so gelaufen, wie er es sich vorgestellt hatte. Die Proklamation war die Krönung seiner Karriere. So, wie er es inzwischen perfekt verstand, die Kunst als Mittel der Politik einzusetzen, so war die Zeremonie von Korinth der Beweis dafür, dass er es auch perfekt verstand, die Politik mit den Mitteln der Kunst zu gestalten – als ein großes, bejubeltes Spektakel. Ähnliches war ihm bisher nur bei dem Empfang des armenischen Königs Tiridates in Italien geglückt.

Mehr wollte Nero nicht. Es ist absolut müßig, sich zu überlegen, ob die Freiheitserklärung für Griechenland Teil eines übergeordneten politischen

Konzepts gewesen sei, unter dem Stichwort: Verbindung von lateinischem Westen und griechischem Osten. Nero war kein politischer Visionär. Die Verpackung war ihm wichtiger als der Inhalt. Im Prinzip war es ihm sogar gleichgültig, ob Griechenland frei oder unfrei war. Wenn Griechenland frei gewesen wäre und die Erklärung der Unfreiheit hätte ein schönes Spektakel hergegeben, so hätte Nero auch dies veranstaltet. Nero hatte keine Grundsätze, keine Konzepte, keine Programmatik – außer sich selbst in Szene zu setzen.

Politisch war die Freiheitserklärung ohnehin nicht von großer Bedeutung. Die Provinzen des Römischen Reiches waren in kaiserliche und senatorische Provinzen aufgeteilt. Nur die kaiserlichen Provinzen, in denen ein Großteil des Militärs stationiert war, standen unter der direkten Regie des Princeps, die senatorischen Provinzen hingegen formal unter der Verfügungsgewalt des Senats. Die Provinz Achaia war senatorisch, insofern konnte Nero hier nicht großzügig und ohne Abstimmung Geschenke verteilen. Außerdem war die Entlassung in die Freiheit für viele Städte in der Provinz kein Geschenk, weil sie, wie Athen und Sparta, innerhalb der römischen Provinzialorganisation schon länger über den Status von „freien Städten" verfügten. Nachhaltig war Neros Maßnahme ebenfalls nicht, auch wenn die Griechen für die Dauer seiner Regierungszeit tatsächlich keine Steuern mehr an den römischen Fiskus entrichten mussten. Doch schon unter Vespasian, der sich in den Machtkämpfen nach Neros Tod als neuer Kaiser durchsetzte, wurde die Freiheitserklärung aus finanziellen Gründen wieder revidiert.

Wenige Wochen nach dem großen Spektakel in Korinth, wahrscheinlich Ende Dezember 67, trat Nero die Heimreise nach Italien an. Offenbar hatte er es selbst nicht sonderlich eilig damit. In Griechenland fühlte er sich wohl, schwamm nach dem Akt der Befreiung der Griechen auf einer Woge der Sympathie. Doch dann musste er die Erfahrung machen, dass ein römischer Kaiser seine heimische Klientel nicht zu lange sich selbst überlassen durfte. Insbesondere bei einem Kaiser wie Nero, an dem sich die Geister schieden und der ebenso viele begeisterte Anhänger, vor allem in der Plebs, wie entschiedene Gegner, vor allem unter den Senatoren, hatte, musste sich die lange Abwesenheit negativ auswirken: Bei der Masse der stadtrömischen Bevölkerung deswegen, weil sie in einem engen persönlichen Konnex zum Kaiser stand, der der ständigen Pflege bedurfte – seine Absenz schuf ein Klima der Unruhe und der Verunsicherung. Bei den Senatoren deswegen, weil sie die Chance sahen, gegen den ungeliebten Kaiser zu arbeiten und sich zu positionieren.

Mit der Geschäftsführung hatte der Kaiser für die Zeit seiner Abwesenheit den Freigelassenen Helius betraut. Er sandte Nachrichten nach Griechenland, die sich zwar nicht alarmierend anhörten, aber doch Anlass zur Sorge gaben. So gab es Probleme mit der Lebensmittelversorgung – ein heikles Dauerthema, dessen Sensibilität sich aus dem Umstand ergab, dass die Hauptstadt von Getreidelieferungen aus Sizilien, Nordafrika und Ägypten abhängig war. In den öffentlichen Kassen klaffte, auch wegen der verschwenderischen Ausgabenpolitik des Kaisers und seiner Administration, ein tiefes Loch.

Da der Kaiser auf die Mahnungen seines Stellvertreters nicht reagierte, machte sich Helius im späten Herbst auf die zu dieser Jahreszeit bereits strapaziöse Schiffsreise von Italien nach Griechenland. Cassius Dio fügt die Information an, man habe in Rom gehofft, er würde während der Überfahrt bei einem Unwetter ums Leben kommen.[40] Die Authentizität dieser Nachricht lässt sich nicht überprüfen. Wenn, dann konnte diese Hoffnung nur von Senatoren artikuliert worden sein, die in Helius den „Mann Neros" sahen und ihre Abneigung gegen den Kaiser auf seinen Helfer übertrugen. Jedoch taten die Götter den Kritikern nicht den erwünschten Gefallen. Helius kam unbehelligt in Griechenland an, konfrontierte Nero mit der Stimmung in der Heimat und deutete wohl auch an, dass Verschwörungen im Gange seien. Daraufhin soll Nero geantwortet haben: „Auch wenn es jetzt dein Rat und dein Wunsch sein mag, dass ich schnell zurückkehre, so müsstest du mir doch eigentlich raten und wünschen, dass ich eines Neros würdig zurückkehre." Wenn diese von Sueton zitierte Aussage nicht authentisch sein sollte, so trifft sie doch ziemlich genau Neros Haltung.[41] Wenn er nach Rom zurückkam, dann nicht als Krisenmanager und Problemlöser, sondern als strahlender, umjubelter Held.

Nero ließ sich überzeugen, setzte sich aber auch mit seinen Vorstellungen durch: Er *kam* nach Italien als ein strahlender Held. Seine Rückkehr gestaltete er zu einem Triumphzug, der ihn noch einmal, sicher auch beflügelt durch die, wenn auch wohl kalkulierte, Euphorie, die ihm in Griechenland entgegengebrandet war, auf der Höhe seiner künstlerischen Virtuosität zeigte. Ein letztes Mal konnte Nero die Inszenierung der Macht in voller Pracht demonstrieren. Das kaiserliche Drehbuch sah eine Verteilung der Zeremonie auf mehrere Stationen vor.[42] Zuerst steuerte der Kaiser die Stadt Neapel an, laut Sueton deswegen, weil er hier seinen ersten, offiziellen Auftritt als Künstler gehabt hatte, aber wohl auch deswegen, weil er es für passend hielt, nach dem Aufenthalt in Griechenland zunächst dieser alten griechischen Stadt auf dem Boden Italiens die Ehre seiner Anwesenheit zu erweisen. Der Kaiser präsentierte sich der Menge dabei auf einem von weißen Pferden gezogenen Wagen, so, wie es die triumphierenden römischen Feldherrn zu tun pflegten, wenn sie ihre Erfolge im Krieg feierten. Und symbolisch ging es weiter: Ein Stück der Stadtmauer wurde niedergerissen, eine Geste, mit der in Griechenland Sieger in sportlichen Wettkämpfen geehrt wurden. Über die so geschaffene Lücke in der Mauer zog der Kaiser in die Stadt ein. Als Nächstes kam Antium an die Reihe, Neros Geburtsort, wo er eine Villa besaß. Auch die Bewohner seiner Heimatstadt sollten in den Genuss des Spektakels kommen. Dritter Anlaufpunkt auf dem Weg nach Rom waren die Albaner Berge. Auch hier befand sich eine von Neros zahlreichen Villen, doch vielleicht hatte er noch einen anderen Grund, die Hügelkette vor den Toren Roms in das Spektakel „Nero kommt nach Hause" einzubeziehen. Die Stadt Alba Longa, im Herzen der Albaner Berge gelegen, war nach der römischen Tradition eng mit der Frühgeschichte der späteren Weltmacht verbunden – mit Namen wie Aeneas, Romulus und Remus. Auch die Familie Iulius Caesars, des Patrons und Ahnherrs der aktuellen Kaiserdynastie, führte ihre Wurzeln auf diese Stadt zurück. So kann man also mutmaßen, dass Nero ganz bewusst auch diese für das römische Selbstverständnis so wichtige Stadt in sein Programm einbezogen hat.

Doch Neapel, Antium und Alba Longa waren nur das Präludium. Höhepunkt war der Einzug in die Hauptstadt Rom. Die Stadt am Tiber hatte in ihrer langen Geschichte schon viel gesehen und erlebt, auch glänzende Triumphzüge von siegreich heimkehrenden Feldherrn, bei denen Zehntausende den Weg säumten, den der Triumphator vom Marsfeld zum Kapitol nahm, begleitet von seinen Soldaten und den Kriegsgefangenen, stolz die Beutestücke präsentierend, die man dem Gegner abgenommen hatte. Nero hatte den Ehrgeiz, alles bisher Dagewesene in den Schatten zu stellen – was ihm auch gelingen sollte. Jetzt war nicht mehr ein einzelnes Theater, sondern ganz Rom seine Bühne. Zum ersten Mal seit fünfzehn Monaten sahen die Bewohner der Hauptstadt ihren Kaiser wieder. Was er ihnen bot, war eine Schau der Extraklasse, bis ins Detail virtuos inszeniert, mit einer Fülle von offenen und versteckten Symbolen. Wer sich zu Neros Anhängern zählte, musste der Meinung sein, dass sich der Kaiser nun selbst übertroffen hatte. Wer Nero skeptisch oder ablehnend gegenüberstand, konnte nur den Eindruck haben, dass Nero nun völlig den Boden der Realität verlassen hatte.

Die Berichte Suetons[43] und Cassius Dios[44] über das römische Spektakel sind so detailliert, dass sie eine plastische Vorstellung vermitteln von dem, was sich an diesem Tag abspielte. Die künstlerisch überarbeitete Simulation eines echten Triumphzuges vollführte Nero auf einem Wagen, den einst Augustus bei einem Triumph verwendet hatte. Die Botschaft, die der Kaiser mit dieser Geste aussenden wollte, lautete: Nero steht in der Tradition des großen Augustus. Vielen Zuschauern mag diese Assoziation unpassend vorgekommen sein. Nero ein neuer Augustus? Der Sänger, Kitharaspieler, Schauspieler und Wagenlenker ein legitimer Nachfolger des Friedenskaisers, der Rom Sicherheit und Ordnung gebracht hatte? Doch hatte Nero nicht gleich zu Anfang seiner Herrschaft betont, in die Fußstapfen des Augustus treten zu wollen? Allerdings nicht in der Weise, wie es damals verstanden worden war: Augustus war für Nero Vorbild dafür, wie man sich selbst inszenierte und dabei seine Herrschaft stabilisierte. Sueton berichtet weiter: „Nero trug ein purpurfarbenes Gewand und einen mit goldenen Sternen verzierten Mantel. Auf dem Kopf trug er den Siegerkranz aus Olympia, in der rechten Hand hielt er den Kranz von den Pythischen Spielen. Ihm voran bewegte sich der Festzug mit den übrigen Kränzen und den Tafeln, auf denen die Orte, an denen er gewonnen hatte, und die Namen der Gegner und die Titel der Lieder und der Stücke standen. Seinem Wagen folgten dabei wie bei einem richtigen Triumphzug die Claqueure und riefen laut, sie seien die Begleiter des Augustus und die Soldaten seines Triumphzuges. Von dort ging der Zug durch einen niedergerissenen Bogen zum Circus Maximus und über das Velabrum und Forum zum Palatin und zum Tempel des Apollo. Überall schlachtete man unterwegs Opfertiere und besprengte die Wege mit Safran. Überschüttet wurde er mit Vögeln, Bändern und Süßigkeiten. Seine heiligen Siegerkränze legte er in seinen Schlafräumen rings um die Betten. Auch ließ er die Statuen aufstellen, die ihn als einen zur Kithara vortragenden Sänger darstellten. Mit diesem Bild ließ er auch Münzen prägen."

Diese letzte Aussage über die Münzen stimmt mit der numismatischen Evidenz ein: Tatsächlich sind entsprechende Emissionen bekannt. Bereits

Abb. 9: Nero-Münze mit Motiv Apollo und Lyra

ein paar Jahre zuvor, wohl im Kontext mit seinen Auftritten in Neapel, waren Münzen in Umlauf gekommen, die auf der Rückseite den auf der Lyra spielenden Gott Apollo zeigten, dessen Gesichtszüge zudem eine, in diesem Fall eher weniger schmeichelhafte Ähnlichkeit mit Kaiser Nero aufwiesen.[45] Es ist keine Überraschung, dass Nero mit seinem Sensus für öffentlichkeitswirksames Handeln auch das Medium Münze nutzte, das ohnehin traditionell im Dienste kaiserlicher Propaganda stand, um seine Botschaften in die Welt hinauszusenden.

Cassius Dio bestätigt weitgehend die Informationen des antiken Biografen Sueton, fügt aber wieder einige Details hinzu. So war auf den Siegestafeln, die in dem Zug mitgeführt wurden, die Nero singulär charakterisierende Angabe zu lesen, der Kaiser habe „als Erster aller Römer vom Beginn der Welt an diesen Sieg errungen". Begleiter in seinem Triumphwagen war der Sänger und Kitharaspieler Diodoros, einer seiner Rivalen, der seine Karriere auch später unter Kaiser Vespasian fortsetzen durfte. So fuhren sie durch die mit Girlanden geschmückte Stadt, bis zu Neros Palast, wo er diesen anstrengenden Arbeitstag auslaufen ließ. Die Menschen aber stimmten die ganze Zeit über hymnische Gesänge an, deren Wortlaut Cassius Dio wiedergibt: „Heil dir, Olympiasieger, heil pythischer Sieger! Augustus! Augustus! Heil Nero, unserem Hercules! Heil Nero, unserem Apollo! Der einzige Sieger der Großen Tour! Der einzige

Eine vom Beginn der Zeit! Augustus! Augustus! Göttliche Stimme! Selig, welche dich hören dürfen!"[46] Dio stellt überrascht fest, dass diese Worte im Chor von der „gesamten Bevölkerung und besonders laut von den Senatoren gerufen wurden". Allerdings ist kaum davon auszugehen, dass die Huldigungen des Chors spontan und improvisiert waren. Vielmehr erweckt der stakkatoartige Text den Eindruck einer gut einstudierten Präsentation, wobei das Drehbuch entweder aus der Feder Neros oder seiner Berater stammte. Die Senatoren waren nicht gerade Neros Freunde, schon gar nicht mehr zu diesem Zeitpunkt seiner Herrschaft, als es bereits an allen Ecken und Enden rumorte. Wahrscheinlich handelte es sich um Mitglieder des Senats, die, mit welchen Mitteln auch immer, von kaiserlicher Seite dazu ermuntert worden waren, sich an der öffentlichen Kaiser-Panegyrik zu beteiligen. Die wirklichen Gegner Neros im Senat wären durch nichts zu bewegen gewesen, Neros „göttliche Stimme" zu preisen und seine Siege bei der „Großen Tour" – so nannte man das Absolvieren aller vier großen panhellenischen Feste – zu feiern.

Nero imitierte bei seinem denkwürdigen Zug durch Rom Ende 67/Anfang 68 die Praxis des römischen Triumphzuges – aber er karikierte sie nicht. Das ist der große Unterschied zu jenem grotesken Schauspiel, das Neros Vorvorgänger Caligula im Jahre 40 der staunend-irritierten stadtrömischen Bevölkerung beschert hatte. Vorangegangen waren eher erfolglose militärische Unternehmungen in Germanien und Britannien. Über diese Feldzüge kursierten in Rom teils skurrile Gerüchte von der Art, der Kaiser habe seine Soldaten am Strand der Nordsee Muscheln sammeln lassen, um diese der Bevölkerung in Rom beim Triumphzug als Trophäen zu präsentieren. Verbürgt ist, dass er einige groß gewachsene Leute auswählte, die sich die Haare rot färben und lang wachsen lassen, zudem Germanisch lernen mussten, um im Triumph glaubwürdige Germanen-Attrappen zu verkörpern.[47] Caligula ging es bei dieser Komödie darum, sich über die Praktiken bei römischen Triumphzügen zu mokieren, sie ins Lächerliche zu ziehen und gleichzeitig seine abgehobene Position zu demonstrieren, indem er respektlos zeigte, was ihm alles erlaubt war. Nero machte sich bei seinem Triumph knapp achtzehn Jahre später nicht über Triumphe lustig. Er instrumentalisierte und choreografierte sie lediglich für seine eigenen Zwecke, ohne sie als solche zu diskreditieren. Im Gegenteil: Indem er sich peinlich genau an die Szenerie der „richtigen" Triumphe hielt mit Einzug des Feldherrn, Soldaten mit Gesängen, Fahrt zum

Kapitol, Bildern, Beutestücken, Gefangenen, nur eben umgedeutet als Triumph für einen siegreichen Künstler, erwies er der traditionellen Form sogar seine Reverenz.

Und was passierte nach der großen Feier? Ging der Kaiser die politischen Probleme an, deretwegen ihm Helius bis nach Griechenland nachgereist war? Wenn man Cassius Dio Glauben schenken darf, geschah nichts dergleichen.[48] Vielmehr machte er dort weiter, wo er in Griechenland aufgehört hatte, und kündigte Wagenrennen im Circus Maximus an. Um den Obelisken herum, der auf der Spina in der Mitte der Rennbahn stand, ließ er seine 1808 Siegeskränze aus Griechenland drapieren – ein deutlicher Hinweis an alle Wagenlenker, dass der Kaiser ihnen, wie auch allen Künstlern weit überlegen war. Es durfte in diesem Zusammenhang allerdings keiner darauf hinweisen, dass er in Olympia gleich nach dem Start gestürzt war. Vielleicht aber war gerade auch diese Tatsache ein Trost für Rennfahrer, die, wie Nero, aus dem Wagen geschleudert wurden. Nur, dass sie dafür nicht auch noch den Siegespreis in Empfang nehmen durften …

Dass Nero seine Position als Kaiser auch jetzt – oder sogar mehr denn je – in der Rolle des Künstlers und Freund des Sportes interpretierte, ist nicht unglaubwürdig, sondern im Gegenteil sehr wahrscheinlich. Er hatte in seiner Entwicklung ein Stadium erreicht, in dem er, nicht mehr wie früher, als er seine politischen Hausaufgaben noch zu erledigen pflegte, die Politik nur noch als Bühne und die Menschen als Theater-Zuschauer ansah. Die Fixierung auf diese Rolle führte dazu, dass ihn die Fähigkeit, ein Frühwarnsystem zum Erkennen atmosphärischer Spannungen zu entwickeln, verlassen hatte, je mehr er die Eigenschaft des Künstlers angenommen hatte. Und so erkannte er auch nicht, was sich nun über ihm und um ihn herum zusammenbraute. In den Provinzen gärte es bei den Legionen, die Prätorianer gingen auf Distanz, die Senatoren witterten Morgenluft, und das Volk, schon früher allmählich gelangweilt von den künstlerischen Einlagen des Kaisers, sodass dieser die Flucht nach Griechenland ergriffen hatte, war mehr und mehr enttäuscht.

Nero aber registrierte diese Schwierigkeiten nicht. Er machte so weiter wie bisher. Über allem standen Kunst, Gesang und Sport. Ansprachen an die Soldaten – ein wichtiges Ritual in der Kommunikation zwischen Militärpatron und militärischer Klientel – fanden nicht mehr statt, oder Nero ließ sie von anderen halten.[49] Bei öffentlichen Anlässen, bei denen es nicht zu vermeiden war, etwas zu sagen, stand regelmäßig ein Gesangslehrer neben ihm, der aufpasste, dass der Kaiser seine Atemwege schonte und sich ein Tuch vor den Mund hielt. Freund oder Feind wählte er nach dem Kriterium aus, wer ihm bei seinen Auftritten mehr und wer weniger Beifall spendete.

Wie berichtet wird, wollte er sich nun auch in Rom als Wagenlenker versuchen.[50] Larcius Lydus, ein reicher Freigelassener,[51] bot ihm eine Million Sesterzen für einen Auftritt als Sänger. Was ihn dazu veranlasste, diese exorbitant hohe Summe auf den Tisch legen zu wollen, wird nicht mitgeteilt. Vielleicht wollte er, der wohl durch lukrative Finanzgeschäfte reich geworden war, seinen Freunden und Bekannten das inzwischen allerdings nicht mehr originelle Spektakel eines Konzerts des amtierenden Kaisers servieren. Nero aber lehnte das Angebot ab, mit der Begründung, es sei seiner unwürdig, etwas für Geld zu tun. Stattdessen kassierte Neros alter Freund Tigellinus, zusammen mit Nymphidius Sabinus Kommandant der Prätorianer, das Geld ein, „als Preis dafür, dass er Larcius nicht tötete", wie Cassius Dio sagt.[52] Diese Information macht keinen rechten Sinn, wenn man sie so interpretiert, dass Tigellinius den Finanzier töten wollte, weil er Nero das generöse Angebot bereitet hatte. Offenbar hat der antike Historiker zwei unterschiedliche Vorgänge kombiniert und versucht, sie in einen kausalen Zusammenhang zu bringen.

Nachdem Nero geklärt hatte, dass er nicht für Geld auftreten würde, erschien er wieder auf den Bühnen der Theater und produzierte sich als Sänger und als Schauspieler in Tragödien. Auch im Circus Maximus erschien er unter den aktiven Teilnehmern der Wagenrennen. Manchmal, so heißt es, verlor er dabei freiwillig, damit es umso glaubwürdiger wirkte, wenn er, wie bei den meisten anderen Gelegenheiten, tatsächlich siegte. Mit dieser Behauptung konnte er praktischerweise jedoch auch Niederlagen rechtfertigen, die er im Circus Maximus einstecken musste.

Nach Griechenland gab es nicht mehr viele Höhepunkte im Leben des Kaisers Nero. Es brauten sich dunkle Wolken über ihm zusammen. Fast könnte man darüber vergessen, dass er bei allen Eskapaden auch ein Kaiser gewesen ist, der sich um die Politik kümmerte – sogar um die normale Politik, auch wenn er es deutlich mehr schätzte, wenn er sich dabei inszenieren konnte. So muss, bevor das Ende Neros in den Blick genommen wird, zuvor von dem Politiker Nero die Rede sein.

11 Nero und die Politik

Nero bekleidete fast vierzehn Jahre lang die Führungsposition im Römischen Reich. Genauer gesagt, stand er dreizehn Jahre und acht Monate an der Spitze der Regierung. Damit nimmt er unter den fünf Kaisern der iulisch-claudischen Dynastie, was die Dauer der Herrschaft angeht, einen unteren Mittelplatz ein. Unangefochtener Spitzenreiter ist Augustus, der Gründer des Principats, der rund vierzig Jahre lang die Geschicke Roms lenkte. Auf Platz zwei folgt sein Nachfolger Tiberius mit dreiundzwanzig Jahren. Dann kommt Neros Adoptiv- und Stiefvater Claudius, der dreizehn Jahre und knapp neun Monate regierte. Damit war er ein paar Wochen länger im Amt als Nero. Abgeschlagener Letzter ist Caligula, der nicht einmal vier Jahre Princeps war.

Diese Rechnung verhilft zu der Erkenntnis, dass, wenn Nero ausschließlich so ruinös regiert hätte, wie es die meisten Quellen suggerieren, es erstaunlich wäre, dass er überhaupt so lange Kaiser sein durfte und dass das Römische Reich unter seiner Herrschaft nicht gleich untergegangen ist. Natürlich war es nicht so, dass Wohl und Wehe des Römischen Reiches einzig und allein von den Qualitäten des jeweiligen Kaisers abhingen. Es hatten sich in den ersten Jahrzehnten des Principats stabile administrative Strukturen gebildet, aufgrund derer es möglich war, das Imperium erfolgreich zu organisieren. Und doch war der Kaiser immer ein wichtiger Faktor. Herrschaft konstituierte sich im Rom auch sehr stark auf der personalen Ebene. Der Kaiser war der Patron aller Römer, was sich auch in dem Titel „Vater des Vaterlandes" ausdrückte. Von der Art und Weise, wie es ihm gelang, den relevanten gesellschaftlichen Gruppen – Senatoren, Ritter, Soldaten, Plebs, Provinzialbevölkerung – das Gefühl zu geben, sich unter dem jeweiligen „Vater" gut aufgehoben zu fühlen, hing das Maß an Zustimmung zur Herrschaft ab, auf die auch der römische Kaiser angewiesen war.

Grundsätzlich darf man von einem römischen Kaiser auch keine Serie von politischen und militärischen Großtaten verlangen – so wie man heute, wenn man die politische Lebensleistung eines Politikers zu bewerten versucht, nach umwälzenden Wegmarken sucht, mit denen die betreffende Persönlichkeit der Zeit ihren eigenen Stempel aufgedrückt hat. Der römische Kaiser war weniger programmatischer Gestalter als Verwalter des Vorgefundenen. Natürlich konnte jeder Kaiser persönliche Akzente setzen, doch meistens agierte er im Rahmen des Bestehenden. So darf man auch von Nero nicht verlangen, dass er sein Amt in dem Bestreben antrat, lauter wichtige, zukunftsweisende Projekte in Angriff zu nehmen.

Unter Nero ist das Römische Reich nachweislich nicht untergegangen. Es profitierte auch unter seiner Herrschaft von den stabilen Strukturen, die sich unter Augustus und seinen Nachfolgern entwickelt hatten. Dazu war Nero, als er mit knapp siebzehn Jahren an die Macht kam, ein besserer Kaiser, als es viele Römer erwartet oder befürchtet hatten. Und auch in späteren Jahren bewies er, dass er vom Geschäft des Regierens etwas verstand. Dass Kaiser Traian im Rückblick Nero attestierte, in den ersten fünf Jahren seiner Herrschaft besser als alle anderen gewesen zu sein, bedeutet auch nicht, dass Nero bis zum Jahr 59 nur gut und danach nur schlecht war. Vielfach wird, auch in der modernen Nero-Forschung, besagtes Jahr 59 als eine Zäsur angesehen, die eng mit dem Tod der Mutter Agrippina verbunden wird. Auch der Rückzug Senecas ins Privatleben 62, sein erzwungener Selbstmord 65 oder der im selben Jahr erfolgte Tod der zweiten Ehefrau Poppaea werden als wichtige Einschnitte gewertet, die aus dem Kaiser Nero den Tyrannen Nero werden ließen. Nun kann nicht übersehen werden, dass Nero als Kaiser eine gewisse Entwicklung durchlief, dass er sich emanzipierte, eigene Wege ging. Vor allem spielte die Vorstellung, ein großer Künstler zu sein, in seinem Denken und Handeln eine zunehmend wichtige Rolle, mit dem Ergebnis, dass für ihn Inszenierung der Macht und die Instrumentalisierung der Kunst für politische Zwecke bald im Vordergrund standen, was gegen Ende seiner Herrschaft zu Spannungen führte. Im Grunde aber blieb sich Nero als Persönlichkeit treu. Und jenseits des grellen Scheinwerferlichts, in dem sich Nero so wohl fühlte, liefen die Dinge weitgehend rund. Der Senat hielt seine Sitzungen ab, die Legionen beschützten effizient die Grenzen, die Händler verdienten Geld, die stadtrömische Bevölkerung freute sich über den meist reibungslosen Ablauf der Lebensmittelversorgung und über Ablenkung in Form von Spielen, Gladiatorenkämpfen und Wagenrennen, die Provinzialbevölkerung schätzte die Segnungen der römischen Zivilisation.

Das System funktionierte an sich, doch es funktionierte auch Kaiser Nero. Er war kein politischer Dilettant und bemühte sich, seine Hausauf-

gaben zu machen. Er liebte die großen Auftritte, vor allem in der zweiten
Hälfte seiner Herrschaft, doch wo sich Politik nicht als Spektakel gestalten
ließ, begnügte er sich mit einfacher, solider Arbeit, die meist im Hintergrund stattfand, daher kaum in die literarischen Quellen Eingang gefunden hat, beispielsweise aber durch Inschriften bezeugt ist.[1]

Mehr noch als die notorisch negativ eingestellten senatorischen Ge-
schichtsschreiber hat der Kaiserbiograf Sueton unter der Rubrik „lobens-
werte Taten des Kaisers Nero" einige Maßnahmen zusammengestellt, die
zeigen, dass Nero auch im politischen und administrativen Tagesgeschäft
aktiv sein konnte. So heißt es in Bezug auf die Beteiligung Neros an der
Jurisdiktion, die zu den zentralen Aufgaben eines römischen Kaisers gehörte: „Als Richter teilte er den Klägern nie am gleichen Tag und dann
auch nur schriftlich gut überlegt sein Urteil mit. Ein Gerichtsverfahren lief
bei ihm immer so ab: Klagereden an einem Stück waren nicht zugelassen.
Abwechselnd äußerten sich die Parteien einzeln zu jedem Punkt. Wenn er
sich zur Beratung zurückzog, beratschlagte er keinen strittigen Punkt gemeinsam mit den Beisitzern und erörterte auch nichts mündlich mit ihnen, sondern ließ jeden von ihnen seine Meinung aufschreiben und las sie
dann, ohne ein Wort zu sagen, ganz für sich. Das Urteil pflegte er so zu
fällen, wie er es für richtig hielt, doch es schien, als gründe es auf der
Meinung von mehreren."[2]

Das hört sich alles nicht sehr spannend an und will auch gar nicht zu
dem Bild des exzentrischen Kaisers Nero passen, unterstreicht aber den
Befund, dass er durchaus in der Lage gewesen ist, jenseits der spektakulären Aktionen seriöse Arbeit zu leisten. Beim Sammeln von Vorgängen, die
den Kaiser vom Odium des bloß tyrannisch regierenden Herrschers zu
befreien, ist Sueton auch noch auf eine Reihe von weiteren Punkten gestoßen. So hielt er sich, jedenfalls anfangs, an die Regel, Söhnen von Freigelassenen den Zugang zum Senat zu verwehren. Dabei ging er so korrekt
vor, dass er denjenigen, die unter seinen Vorgängern auf diese Weise in
den erlauchten Kreis der Senatoren gelangt waren, die Übernahme weiterer Ämter untersagte.

Um Korrektheit bemüht zeigte sich der Princeps auch in einem weiteren Fall. In der Kaiserzeit war die alte republikanische Ordnung noch
insoweit in Kraft, dass aus den Reihen der Senatoren jeweils zwei Konsuln
und anderes politisches Spitzenpersonal bestimmt wurden. Diese durften
dann jeweils ein Jahr amtieren. Starb einer von ihnen während der Amts-

zeit, wurde er durch einen sogenannten Suffektkonsul ersetzt. Die Praxis der Republik wurde nun dahingehend erweitert, dass Suffektkonsuln auch ohne einen solchen Todesfall eingesetzt wurden, die dann für einen bestimmten Teil des Jahres ihr Amt ausüben durften. Hintergrund der Maßnahme war der Umstand, dass damit mehr Senatoren die Gelegenheit bekamen, die begehrten, weil prestigeträchtigen Ämter zu erreichen. Außerdem konnte der Princeps so verdiente Anhänger und Helfer belohnen. Kurz vor dem Jahresende und damit vor Ablauf der Amtszeit starb einer der beiden Konsuln. Theoretisch hätte nun ein weiterer Konsul nachrücken können. Doch Nero entschied, dass der Posten vakant bleiben sollte. Damit brachte er, wie Sueton sagt, seine Missbilligung über einen Fall zum Ausdruck, der schon über 100 Jahre zurücklag, der ihm aber offenbar noch präsent war.[3] Im Jahre 45 v. Chr. hatte Iulius Caesar in einer vergleichbaren Situation einen vertrauten Mitstreiter namens Caninius Rebilus für den „Rest" des Jahres, genauer für einen halben Tag, zum Suffektkonsul ernannt. Der Redner und Politiker Cicero hatte sich damals darüber lustig gemacht. Unter dem Konsulat des Caninius, so schrieb er, habe niemand gefrühstückt. Andererseits sei unter dessen Konsulat auch nichts Schlimmes passiert.[4] Er habe nämlich eine ans Wunderbare grenzende Wachsamkeit bewiesen, da er in seinem gesamten Konsulat nicht geschlafen habe. Andere konnten sich weniger amüsieren und sahen in dem Vorfall einen Ausdruck der Willkür des Dictators Caesar. Nicht nur vor diesem Hintergrund ist Neros Vorgehen bemerkenswert, sondern auch angesichts der Tatsache, dass sein Vorvorgänger Caligula, den man immer noch gerne als einen in Sachen Exzentrik Nero ebenbürtigen Kaiser ansieht – was weder Caligula noch Nero gerecht wird –, den Plan gefasst hatte, einen unerwartet verstorbenen Konsul durch sein Lieblingspferd Incitatus zu ersetzen. Allerdings handelte es sich dabei nicht um Debilität. Caligula wollte den Senatoren einfach nur zeigen, was er von ihnen hielt. Die Botschaft lautete: Es ist völlig gleichgültig, ob ein Senator oder ein Pferd Konsul ist, das Sagen hat der Kaiser. Nero verzichtete auf Demonstrationen dieser Art, jedenfalls zu dem nicht bekannten Zeitpunkt, als die Frage akut war, was mit der vakanten Konsulstelle geschehen solle.

Ein Ressort, um das sich ein römischer Kaiser immer kümmern musste, waren die Finanzen. Von deren ordnungsgemäßem Zustand hing nicht nur das wirtschaftliche Wohlergehen des Staates, sondern auch der Ruf

des Kaisers in entscheidender Weise ab. Ausweis einer erfolgreichen Finanzpolitik waren öffentliche Bauten, die Herstellung einer funktionie-
renden Infrastruktur mit Straßen, Brücken, Wasserleitungen, vor allem
aber auch die Gewährleistung der Versorgung mit Getreide und anderen
Lebensmitteln. In allen diesen Punkten gab es keinen Anlass, sich über die
Regierung Nero zu beschweren. Der Bau des „Goldenen Hauses", das der
Kaiser nach dem Brand von Rom 64 in Auftrag gab und das sämtliche
Dimensionen an Luxus und architektonischer Raffinesse brach, darf nicht
übersehen lassen, dass unter Nero eine Reihe von Projekten realisiert wurde, die weniger unter die Kategorie Größenwahn und Gigantomanie als
vielmehr in die Rubrik Pragmatismus und Rationalität fallen. Dazu gehört
die Erweiterung des überlasteten Hafens von Ostia, einem zentralen Anlaufpunkt für die Getreideschiffe. Ebenfalls im Dienste der Versorgung
mit Getreide stand das Projekt eines Kanals, der den Averner See mit
dem Hafen von Puteoli verband; dieses Vorhaben wurde allerdings nicht
zum Abschluss gebracht. Der Förderung der Wirtschaft diente der Bau
einer Markthalle auf dem Caelius-Hügel in Rom.

Gleich zu Beginn seiner Amtszeit hatte Nero ein Projekt geradezu revo-
lutionären Ausmaßes ins Auge gefasst. Der Plan lautete: Abschaffung
sämtlicher Zölle und indirekten Abgaben, vor allem der Binnen- und Au-
ßenzölle, im gesamten Römischen Reich – also in einem Gebiet, das sich
von Spanien bis Syrien, von Nordafrika bis Britannien streckte. Anlass für
diese radikale Maßnahme sollen massive Klagen der Bevölkerung über die
Praktiken der Steuerpächter gewesen sein.[5] Dabei handelte es sich um
korporativ organisierte Gesellschaften, die vom Staat meistbietend und
für einen bestimmten Zeitraum die Steuereinkünfte aus den Provinzen
des Reiches gepachtet hatten. Dieses System war bereits in den Zeiten der
Republik zur Anwendung gekommen und hatte für den Staat den Vorteil
garantierter regelmäßiger Einnahmen, ohne dass er sich um die technische Seite der Erhebung der Steuern kümmern musste. Die Steuerpächter, profitorientiert wie sie naturgemäß waren, taten alles, um ihre Einnahmen zu maximieren. Der enorme Steuerdruck, der dadurch entstand,
führte immer wieder zu Verstimmungen. Nero versuchte nun den Befreiungsschlag, was ihm in vielen modernen Kommentaren den Vorwurf des
ökonomischen Dilettantismus und des puren Populismus eingebracht hat.
Auch die zeitgenössischen Experten waren alles andere als begeistert. Die
„älteren" Senatoren, wie Tacitus betont und damit den Plan der jugend-

lichen Unkenntnis Neros zuschreibt, warnten ihn, es könne das Ende des Reiches bedeuten, wenn die Einkünfte, von denen der Staat abhängig sei, so drastisch reduziert werden sollten. Der Einwand, dass bei dem Wegfall der Zollschranken sich der Handel in ungeahnte Gewinnzonen hochschrauben könne, wovon wiederum auch der Staat und die Wirtschaft insgesamt profitieren würde, fand kein Gehör. Nero musste aufgrund des starken Widerstands seinen Plan zu den Akten legen, erreichte aber immerhin, dass dem bis dahin fast ungehinderten Treiben der Steuerpächter durch eine Reihe von Vorschriften ein höheres Maß an Transparenz und Ordnung entgegengestellt wurde. In diesem Zusammenhang wurden auch die Abgaben für die Getreideausfuhr aus den Provinzen gesenkt. Steuererleichterungen gab es darüber für die in diesem Metier tätigen Händler, indem festgesetzt wurde, dass die Frachtschiffe nicht zu ihrem Vermögen gerechnet wurden und für sie keine Abgaben zu entrichten waren.

Zur finanzpolitischen Leistungsbilanz des Kaisers Nero gehört auch eine Reform des Münzwesens. Im Jahre 64 wurde eine Reduzierung des Gewichts der Gold- und Silbermünzen vorgenommen, verbunden mit der Beimengung weniger edler Metalle.[6] Zugleich wurde die Münzstätte in der Hauptstadt Rom aufgewertet, indem nun hier, statt wie zuvor in der gallischen Stadt Lugdunum (heute Lyon), die Edelmetallprägung konzentriert wurde.

Nero war also nicht nur, um die gängigsten Attribute, die man allgemein mit ihm in Verbindung zu bringen pflegt, zu nennen, Muttermörder, Brandstifter, Christenverfolger und grausamer Tyrann. Er war auch ein Politiker, der sich um anfallende Probleme kümmerte, ein Umstand, der meist hinter den viel spektakuläreren Vorgängen seiner Regierungszeit zurücktritt. Und es war auch nicht so, dass Nero das politische Tagesgeschäft seinen Beratern überließ. Gerne macht man für alles, was gut lief, Seneca oder andere Berater verantwortlich. Tatsächlich aber zeigen etwa die Nachrichten über die Rechtsprechung, dass Nero sich auch aktiv und persönlich engagierte.

Auf der anderen Seite konnte sich der Kaiser auch nicht um alles selbst kümmern – oder besser gesagt: Im Falle Neros hielt sich der Kaiser aus solchen Vorgängen heraus, bei denen er nicht positiv und konstruktiv etwas bewirken konnte, sondern bei denen es darum ging, entstandenen Schaden zu reparieren, für den der Princeps evidenterweise nicht verant-

Abb. 10: Ausschreitungen im Amphitheater (Fresko aus Pompeji)

wortlich war und er demzufolge nicht, wie beim Brand von Rom, Werbung in eigener Sache machen musste. Ein Vorgang dieser Art ereignete sich im Jahre 59. Schauplatz des Geschehens war nicht die Weltmetropole Rom, sondern eine aufstrebende Landstadt zu Füßen des Vesuvs namens Pompeji. Zwanzig Jahre später sollte sie traurige Berühmtheit erlangen, als sie durch den Ausbruch des Vulkans zerstört und verschüttet wurde. In jenem für Nero persönlich so ereignisreichen Jahr war die kampanische Stadt noch voller Leben und Dynamik. Doch dann ereignete sich eine Katastrophe. Im Amphitheater fanden, wie so häufig, Gladiatorenspiele statt. Zu diesem Spektakel strömten nicht nur die Bewohner von Pompeji, sondern auch viele Besucher aus dem benachbarten Nuceria (heute Nocera). Sie waren in Pompeji nicht unbedingt willkommen, und bald kam es zu gewalttätigen Auseinandersetzungen, deren Ausbruch Tacitus mit hauptstädtischer Arroganz beschrieben hat: „Mit kleinstädtischem Mutwillen neckten sie sich zuerst, dann beschimpften sie sich, griffen zu Steinen und schließlich zum Schwert."[7] Das Geschehen ist in einem einzigartigen Fresko aus Pompeji festgehalten, bei der ein unbekannter Maler die Szenerie rund um das Amphitheater aus der Vogelperspektive dargestellt hat. Aus dem Krawall gingen die pompejanischen Schläger als Sieger hervor. Unter den Gästen aus Nuceria gab es viele Verwundete, sogar Tote.

Die rechtliche Handhabung eines solchen Falles oblag nicht den lokalen Behörden. Vielmehr wurde die Angelegenheit nach Rom verwiesen, wo auch die Verwundeten anklagend vorgezeigt wurden. Im Prinzip hätte Nero die Klärung und Ahndung der Sache selbst übernehmen können. Jedoch verwies er sie an den Senat, der wiederum die Konsuln mit der Untersuchung beauftragte, bevor der Fall zur Entscheidung wieder dem Senat vorgelegt wurde. Neros Zurückhaltung hatte nichts damit zu tun, dass er in diesem Jahr seinen ersten halböffentlichen Auftritt als Sänger hatte, und auch nicht mit dem Tod seiner Mutter. Vielmehr war das Gerangel in einer kampanischen Provinzstadt kein Vorgang, der dem Kaiser Meriten eingebracht hätte. So entschied der Senat allein: Für die Dauer von zehn Jahren wurde den Bewohnern von Pompeji der Besuch von Veranstaltungen im Amphitheater verboten.

Nicht viele Lorbeeren waren aus der Sicht Neros auch bei einem anderen Vorgang in Kampanien zu verdienen. Im Februar 62 wurde die fruchtbare Landschaft von einem schweren Erdbeben heimgesucht, bei dem erhebliche Schäden entstanden. Dies war auch in Pompeji der Fall, wo eine Reihe von Gebäuden einstürzten. Das Erdbeben war so stark, dass viele Häuser, insbesondere die öffentlichen Gebäude, bei dem verheerenden Ausbruch des Vesuv siebzehn Jahre später noch nicht wieder aufgebaut waren. Doch von kaiserlicher Fürsorge, die andere Herrscher bei solchen Gelegenheiten an den Tag legten, konnte nicht die Rede sein. In den Quellen, die über dieses Ereignis berichten, taucht der Name Nero nicht auf. Auch als zwei Jahre zuvor in Kleinasien die Stadt Laodikeia durch ein Erdbeben zerstört wurde, griff der Kaiser nicht helfend ein. Die Stadt, so notiert Tacitus ausdrücklich, weil es wohl nicht der Normalfall war, „half sich ohne irgendwelche Hilfe unsererseits, nur durch eigene Kraft wieder auf"[8].

Dass Nero sich aber bei Bedarf konstruktiv um die Belange der Politik kümmerte, gilt grundsätzlich auch für das große Feld der Außenpolitik.

Auch wenn sich die Römer gerne als Beherrscher der Welt sahen und gerierten, waren sie nicht allein auf dieser Welt. Aufgabe der Politik war es, zum einen die Sicherheit und Ordnung innerhalb der Grenzen des Imperiums zu gewährleisten. Zum anderen ging es darum, diese Grenzen nach außen hin zu schützen. So lautete jedenfalls die offizielle Lesart. In der Realität hatte Rom in seiner Geschichte viele Kriege geführt, die man getrost als Eroberungskriege bezeichnen kann. Bereits in der Republik war der größte Teil der Mittelmeerwelt römisch geworden. Den Kaisern seit Augustus fehlte es daher, sieht man einmal von den Parthern ab, an geeigneten außenpolitischen Objekten, um sich in diese, aus römischer Sicht, glorreiche Tradition einzuordnen. Jedoch war die Außen- und Militärpolitik ein Feld, auf dem sich der Kaiser öffentlichkeitswirksam profilieren konnte. Auch innenpolitisch konnte der Herrscher auf diese Weise Punkte sammeln. Außerdem wollte das Heer beschäftigt werden.

Nero war kein Eroberkaiser. „Er hatte niemals vor, das Reich noch weiter über seine Grenzen auszudehnen, durch keine Aussicht auf Erfolg ließ er sich dazu bewegen",[9] sagt Sueton und meinte dies durchaus positiv, weil in der Zeit, in der er schrieb, unter Kaiser Hadrian, Expansion nicht auf der imperialen Agenda stand. Eigentlich hätten glanzvolle Kriege zu einem exaltierten Charakter wie Nero gut gepasst. Doch waren sie nicht die Bühne, auf der sich der Kaiser selbst gut in Szene setzen konnte. Den Ruhm hätte er den Feldherrn überlassen müssen, denn die Kaiser pflegten nicht selbst in die Schlacht zu ziehen. So brach Nero mehr aus persönlichen denn aus sachlichen Gründen keine Kriege vom Zaun.

Gleichwohl, wenn die Außenpolitik auch nicht sein bevorzugtes Metier war, wurde auch Nero ganz automatisch mit den Konstellationen, die sich im Reich und außerhalb des Reiches ergaben, konfrontiert. Und hier waren seine Vorgaben und seine Entscheidungen gefragt. Und wie bei den innenpolitischen Themen, so zeigte er auch hier ein Engagement, wie man es von einem Kaiser erwarten durfte. Nero wäre indes nicht Nero gewesen, hätte er nicht, wenn sich die Chance bot, sich auch auf außenpolitischem Terrain der Inszenierung der Macht und der Macht der Inszenierung bedient.

Eher unspektakulär und nach den Regeln normaler politischer Administration verliefen Maßnahmen in Pontos und in den Alpen. Das alte Königreich Pontos, im Nordosten Kleinasiens gelegen, war von Caligula in den Status eines faktisch zwar von Rom abhängigen, nominell aber eigenständigen Königreichs versetzt worden, mit einem Herrscher namens Polemon an der Spitze. Nero revidierte diese Ordnung, Pontos wurde als eine römische Provinz, also als reguläres Untertanengebiet, organisiert. Polemon musste sich mit dem Besitz Kilikiens begnügen. Ähnlich handelte Nero bei den „Cottischen Alpen". Nach der Unterwerfung der Alpenvölker hatte Augustus ein kleines Gebiet zwischen dem heutigen Frankreich und Italien einem einheimischen Dynasten namens Cottius vermacht. Neros Stiefvater Claudius hatte diese Tradition weiter gepflegt und den gleichnamigen Sohn des Cottius sogar mit dem Königstitel versehen. Als dieser im Jahr 65 starb, zog Nero sein Territorium als römische Provinz ein.

Anspruchsvoller waren Herausforderungen, die sich aus den Verhältnissen in Britannien ergaben. Kaiser Claudius hatte den südlichen Teil der Insel 43 erobert und zu einer Provinz gemacht. Die römische Präsenz erfreute sich dort jedoch nur eingeschränkter Sympathien, obwohl sich die Administration alle Mühe gab, aus den antiken Briten gute Römer zu machen.[10] Immer wieder regte sich daher Widerstand. In der Fürstin Boudicca fanden die oppositionellen Kräfte eine außergewöhnliche Führungspersönlichkeit. Sie gehörte zum Volk der Icener und war die Witwe eines Königs, der einen prorömischen Kurs gefahren, damit aber bei seinen britannischen Mitstreitern wenig Anklang gefunden hatte. Seine vermeintlichen Freunde aus Rom hatten diese Umgänglichkeit als Schwäche ausgelegt und zu einer Reihe von provozierenden Restriktionen genutzt, die in der Vergewaltigung weiblicher Mitglieder der Boudicca-Familie gipfelten. Daraufhin blies die selbstbewusste, energische Fürstin zum Aufstand. Städte wie Camulodunum (heute Colchester), Verulamium (St. Albans) und Londinium (London) gingen in diesem denkwürdigen Jahr 61 in Flammen auf. Der römische Legat Petilius Cerialis musste schwere Niederlagen einstecken. Erst als der Statthalter Suetonius Paulinus die Initiative zum militärischen Gegenschlag ergriff, brach der Aufstand zusammen. Wie einst Kleopatra mit Blick auf Octavian, den späteren Augustus, so wollte auch Boudicca Nero nicht die Genugtuung gönnen, sie als Attraktion eines Triumphzuges über das Forum Romanum zum Kapitol zur Schau zu stellen. Und so endete die große Widersacherin der Römer durch die Einnahme von tödlichem Gift.

Dieser Version ist der Vorzug zu geben gegenüber der Information Dios, wonach Boudicca an einer Krankheit gestorben sei.[11] Cassius Dio überliefert im Übrigen den Wortlaut einer Ansprache der Boudicca an ihre Soldaten vor der entscheidenden Schlacht gegen Paulinus.[12] In bester Tradition antiker Feldherrenrhetorik lässt der Autor die Königin eine flammende Ansprache halten, in der viel von Freiheit und Sklaverei die Rede ist. Auch Nero findet Erwähnung, natürlich nicht lobend. Er sei „zwar dem Namen nach ein Mann, in Wirklichkeit aber eine Frau, wie er durch seinen Gesang, sein Leierspiel und seinen Putz bestätigt". Diese Rede ist in ihrer Gesamtheit wie in den Details eine pure Fiktion des Historikers. Dio setzt hier auf den Effekt, eine Frau Nero vorwerfen zu lassen, er verhalte sich nicht wie ein Mann, sondern wie eine Frau – eine späte Abrechnung mit einem Herrscher, der mit seinen künstlerischen Ambitionen so gar nicht zu den Vorstellungen passte, die der Autor mit einem römischen Herrscher verband.

Nero selbst hielt es für angebracht, nach der Niederwerfung des Aufstandes der Boudicca die Regelung der britannischen Angelegenheiten selbst in die Hand zu nehmen. Zwar begab er sich nicht persönlich auf die Insel, entsandte aber seinen Freigelassenen Polykleitos.[13] Wie Tacitus berichtet, sollte er zwischen rivalisierenden römischen Funktionären vermitteln, zugleich aber auch dafür sorgen, dass die rebellischen Briten nun wirklich Ruhe gaben. Tacitus nutzt, wie so oft, diese Maßnahme zu einer Grundsatzkritik an Neros Entscheidung. „Die Feinde", so behauptet er, „wunderten sich, dass ein Feldherr und ein Heer, die einen so großen Krieg geführt hatten, jetzt einem Sklaven gehorchten." Sie kannten eben noch nicht, fügt der Historiker süffisant hinzu, die Macht der kaiserlichen Freigelassenen. Befreit man diese Darlegungen von ihrer polemischen Tendenz, so ergibt sich das Bild eines Kaisers, der in der gegebenen Situation durchaus richtig und vernünftig handelte. Mit der Entsendung eines persönlichen Gesandten zeigte er, dass er gewillt war, die Kontrolle über die Dinge zu behalten und sie nicht etwa den miteinander streitenden Feldherrn und Legaten vor Ort zu überlassen.

Ein anderer Schauplatz, der die politische Aufmerksamkeit des Kaisers Nero erforderte, war Judäa. Das Land der Juden gehörte zu den wenigen Teilen des großen Römischen Reiches, in denen es immer wieder zu Unruhen kam. Die Probleme waren dabei vielschichtig. So gab es nicht nur Gegensätze zwischen der jüdischen Bevölkerung und den römischen Besatzern, die auch noch durch gezielte Provokationen vonseiten der Römer geschürt wurden. Eine beliebte Zielscheibe waren dabei die jüdische Religion und die damit verbundenen Sitten und Gebräuche. Dazu kamen Konflikte innerhalb der jüdischen Bevölkerung: Die thoratreuen Fundamentalisten sahen in modernen, der hellenistischen Kultur nacheifernden Gruppierungen eine Bedrohung der jüdischen Identität.

In der Vergangenheit waren diese Gegensätze immer wieder in allerdings zeitlich begrenzten Auseinandersetzungen, auch interner Art, eskaliert. Doch in der Regierungszeit Neros brach ein Aufstand aus, der alle bisherigen Konflikte in den Schatten stellte. Er begann 66, dauerte in seiner akuten Phase bis 70, mit einem tragischen Nachspiel in der von den Zeloten besetzten Festung Masada am Toten Meer, die 73 von den Römern nach langer Belagerung gestürmt wurde. Die Endphase des Krieges hat Nero nicht mehr miterlebt. Sie wurde im Wesentlichen von dem späteren Kaiser Vespasian und seinem Sohn Titus gestaltet, der mit der Eroberung von Jerusalem und der Zerstörung des Tempels im Jahre 70 die Wende des „Jüdischen Krieges", wie man ihn allgemein bezeichnet, herbeiführte.

Nach diesem Krieg hat Nero weder gestrebt noch hat er ihn, als er ausbrach, zu verhindern versucht. Der Funke, der die ohnehin latent gespannte Lage zum Explodieren brachte, waren Streitigkeiten, die der Statthalter mit den Juden wegen der Steuern hatte. Die Aktivisten unter den Juden ergriffen die Initiative, stürmten Masada und gewannen die Kontrolle über Jerusalem. Flavius Josephus, der jüdische Historiker, zunächst am Kampf gegen die Römer beteiligt und später, nach seinem Scheitern, auf die Seite der Römer gewechselt, hat in seiner berühmten Darstellung des Krieges („Der Jüdische Krieg") auch die Rolle, die Nero in der Anfangsphase spielte, beschrieben.[14] Er behauptet zu wissen, dass Nero beim Eintreffen der schlechten Nachrichten aus Palästina in Furcht und Schrecken geraten sei, jedoch so getan habe, als könnten sie ihn nicht weiter beunruhigen. Die Schuld an der Entwicklung gab er seinen Legaten und Feldherrn. Doch bei der Besetzung des Oberkommandos im Jüdischen Krieg bewies Nero eine glückliche Hand. Seine Wahl fiel auf Vespasian, dem er es also nicht übel nahm, dass er bei einem seiner Konzerte eingeschlafen war. Für die Kunst hatte der Mann aus der Familie der Flavier auch keinen Sensus. Dafür lagen ihm, wie Nero erkannt haben dürfte, der Krieg und das Militärwesen in einer solchen Weise, dass der Kaiser ihm bedenkenlos den Befehl über die Truppen des Orients anvertraute. Tatsächlich gelang es ihm, wenn auch unter großen Schwierigkeiten, die jüdischen Armeen allmählich zurückzudrängen. Seinen Kaiser bediente er mit der Deportation einer großen Zahl jüdischer Kriegsgefangener, die Nero bei seinem letztlich gescheiterten Kanalbauprojekt am Isthmos von Korinth als Zwangsarbeiter einsetzte. Keine Ahnung hatte Nero zu diesem Zeitpunkt allerdings davon, dass der tüchtige Vespasian, nach dem Intermezzo der drei Kurzkaiser Galba, Otho und Vitellius, ihm gar nicht so viel später (69) als Kaiser nachfolgen würde. Flavius Josephus war da, nach eigener Auskunft, besser informiert. Rechtzeitig prophezeite er dem Feldherrn, er werde einmal Kaiser werden.[15] Diese Ankündigung beeindruckte Vespasian so sehr, dass er den bisherigen Kommandanten der Juden, der ihm als Gefangener in die Hände gefallen war, nicht nur begnadigte, sondern ihn auch in seine Familie aufnahm – danach hieß er Flavius Josephus – und ihm in Rom eine komfortable Versorgung zukommen ließ, die es dem Historiker erlaubte, gut abgesichert die Geschichte jenes Krieges zu schreiben, an dessen Anfang er ein jüdischer Kämpfer gewesen und an dessen Ende er ein römischer Bürger geworden war.

Ein Dauerbrenner der römischen Außenpolitik war die Armenienfrage. Das Hochland am Kaukasus, heute umgeben von der Türkei, dem Iran, Aserbeidschan und Georgien, war für Rom vor allem wegen seiner strategischen Lage im Übergang von Kleinasien nach Vorderasien von Bedeutung. Seine herausragende Funktion war die eines Pufferstaates zwischen dem Römischen Reich und dem mächtigen Reich der Parther in Persien. Sowohl Römer als auch Parther waren bemüht, in Armenien Könige ihrer Wahl und Couleur einzusetzen. So wechselte das Land, je nachdem, wie der Herrscher ausgerichtet war, stets zwischen dem Status eines römischen und eines parthischen Vasallen. Die jeweiligen Prätendenten mussten dann versuchen, mit der Hilfe ihrer Schutzmacht im Lande Akzeptanz und Loyalität zu gewinnen.

Als Nero 54 an die Macht kamen, standen die Signale in Armenien aktuell auf Vorteil für die Parther. Zwei Jahre zuvor war Tiridates von seinem Bruder, dem parthischen Herrscher Vologaises I., als König eingesetzt worden. Nach den bereits bekannten Spielregeln musste Rom nun alles daran setzen, den Einfluss der Parther in Armenien zu reduzieren. Dies gelang nach allen Erfahrungen am besten, wenn man einen neuen König eigener Wahl installierte. Zu den Spielregeln gehörte es ebenfalls, dass die jeweils andere, in diesem Fall: parthische Seite bemüht war, eben dieses zu verhindern. Unter Nero liefen die Dinge nicht anders ab. Rom

musste Flagge zeigen, auch auf Kosten einer militärischen Auseinandersetzung mit den Parthern. Auf Veranlassung der bewährten Helfer Seneca
und Burrus stattete der Kaiser den bewährten Feldherrn Domitius Corbulo mit einem Kommando im Orient aus.

Trotz der angespannten militärischen Lage kam es im Vorfeld des Krieges gegen die Parther zu Rivalitäten zwischen den römischen Funktionsträgern – in diesem Fall zwischen Corbulo und Ummidius Quadratus,
dem Statthalter der Provinz Syrien. Beide beanspruchten den Umstand,
dass der Partherkönig Geiseln geschickt hatte – als Zeichen der Anerkennung der Oberhoheit Roms – als Erfolg ihrer jeweiligen Bemühungen.
Nero traf in diesem wenig sachdienlichen Streit der Eitelkeiten, der bis in
die Hauptstadt Rom getragen wurde, eine weise Entscheidung: Die kaiserlichen Standarten sollten mit Lorbeer geschmückt werden, aus Anlass der
sowohl von Corbulo als auch von Ummidius errungenen Erfolge. Diese
Maßnahme war geeignet, die erhitzten Gemüter wenigstens für den Augenblick zu kühlen.

In den folgenden Monaten eilte Corbulo von Sieg zu Sieg. 58 war ein
besonders erfolgreiches Jahr. Neros Feldherr gelang es, die armenische
Hauptstadt Artaxata gegenüber dem Berg Ararat zu erobern. Im Jahr da-
rauf wiederholte sich derselbe Coup mit der Metropole Tigranokerta. Zu
diesem Zeitpunkt war Armenien wieder fest in römischer Hand. In der
Kaiserzeit war es üblich, Siege in Kriegen als Verdienst des regierenden
Herrschers zu deklarieren. Nero hatte nie ein Heer in die Schlacht geführt.
Die Vorgänge in Armenien hatte er in Rom, aus gesicherter Distanz, verfolgt. Dennoch setzte nun in der Hauptstadt, sicher unter kaiserlicher
Regie, eine intensive Kampagne ein mit dem Ziel, Nero als siegreichen
Feldherrn zu präsentieren. Zu dem Paket an Maßnahmen, das zu diesem
Zweck geschnürt wurde, gehörte die Akklamation des Kaisers zum Imperator und die inflationäre Abhaltung von Dankfesten. Auf dem Kapitol
wurde, allerdings erst, wie es aussieht, im Jahre 62, ein Triumphbogen
errichtet,[16] weniger für die Siege in Armenien als vielmehr mit dem Anspruch, die Parther bezwungen zu haben.[17] Das machte sich auf jeden Fall
besser, galten die Parther doch im allgemeinen Bewusstsein als die großen
Rivalen im Osten, die einst einen Crassus besiegt hatten (53 v. Chr.) und
denen selbst der vergöttlichte Augustus nicht mehr als einen diplomatischen Erfolg hatte abringen können, als er 20 v. Chr. die in der Crassus-
Schlacht verloren gegangenen Feldzeichen zurückerhalten hatte. Flankiert

Abb. 11: Nero besiegt die personifizierte Armenia. Relief aus Aphrodisias

wurden die triumphalen Feierlichkeiten durch entsprechende Münzprägungen. Bemerkenswerterweise wurden in die Siegesfeiern auch die Provinzen einbezogen, wie archäologische und epigrafische Funde aus Athen,

Korinth oder Kappadokien zeigen. Aus dem Sebasteion im kleinasiatischen Aphrodisias ist eine Reliefgruppe erhalten, die Nero zeigt, wie er die personifizierte Gestalt der Armenia besiegt.[18] An sich war das nicht ungewöhnlich – für Nero aber schon. Es sieht so aus, als habe er die Vorgänge in Armenien dazu genutzt, um sein bis dahin nicht sonderlich entwickeltes Image als sieghafter Imperator im gesamten Reich aufzupolieren. In dieser Phase seiner Herrschaft scheint Nero, dem ansonsten wenig an außenpolitischen Unternehmungen lag, sogar an größere und weitergehende Aktionen gedacht zu haben. Cassius Dio liefert entsprechende Informationen,[19] in denen von Expeditionen in den Kaukasus und nach Äthiopien die Rede ist. Sollte es sich dabei um konkrete Pläne gehandelt haben, so kamen sie jedenfalls über ein Anfangsstadium nicht hinaus. Letztlich blieben für den Künstlerkaiser Nero Rom und Griechenland die Bühnen, auf denen er sich wohlfühlte und seine Inszenierungen der Macht betreiben konnte.

In Armenien war jetzt aber wieder die Planstelle eines Königs, nunmehr von römischen Gnaden, frei. Ein Kandidat war schnell zur Hand: Tigranes V., der Sohn eines einstigen, bald wieder abgesetzten römischen Thronprätendenten, der bis dahin ein komfortables Leben in Rom geführt hatte und nicht eben begeistert war von dem Auftrag, die mondäne Hauptstadt gegen das unruhige, gefährliche armenische Pflaster einzutauschen. Doch er hatte keine Wahl. Tiridates, der von den Parthern installierte Herrscher, hatte es nach den Erfolgen Corbulos vorgezogen, am parthischen Hof bei seinen königlichen Gönnern Schutz und Hilfe zu suchen. Im Vertrauen auf die römischen Helfer kümmerte sich der neue König wenig um politische Erfordernisse, fiel sogar mutwillig nach Adiabene ein, das zum parthischen Reich gehörte, und setzte damit das labile Gleichgewicht zwischen den Großmächten leichtfertig aufs Spiel. So kam es in der Folgezeit immer wieder zu kriegerischen Auseinandersetzungen, mit wechselndem Ausgang.

Es blieb Tiridates, dem Kandidaten der Parther, vorbehalten, in die insgesamt verfahrene Situation Bewegung und Zukunftsperspektive zu bringen. Sein eigentlich einfaches Kalkül lautete: Er musste als parthischer Prätendent auch von Rom akzeptiert werden. Als Reaktion auf die Installierung des unglücklichen Tigranes hatte der Partherkönig Vologaises 61 Tiridates mit dem Diadem gekrönt und somit symbolhaft seine Wiedereinsetzung als König von Armenien vollzogen. Um diese auch in der Praxis zu realisieren, zogen die Parther erneut gegen die Römer ins Feld. Bei Rhandeia in der Nähe des Euphrats fügten sie den Legionen Neros eine schwere Niederlage zu. Damit hatte Tiridates mit seinen Plänen eine glänzende Verhandlungsposition. Wenn Rom ihn als König anerkannte, wolle er, so ließ er gegenüber Corbulo verlauten, dem Kaiser gerne seine Reverenz erweisen. So kam es im fernen Armenien zu einer Szene, bei der Nero sicher gerne dabei gewesen wäre, weil sie so ganz seinem Sinn von zeremoniellem Prunk entsprach. Bei Tacitus heißt es: „Wenige Tage später versammelten sich die beiden Heere mit großer Prachtentfaltung. Hier stand die parthische Reiterei, in Abteilungen geordnet und mit dem heimischen Schmuck verziert, dort standen die Reihen der Legionen mit ihren glänzenden Adlern, Feldzeichen und Götterbildern, die zu einer Art heiliger Stätte zusammengestellt waren. In der Mitte sah man eine Bühne mit einem Sessel, der Neros Bild trug. Nachdem man die üblichen Opfertiere geschlachtet hatte, trat Tiridates heran, nahm sein Diadem vom Kopf und legte es zu Füßen des Bildnisses nieder."[20] In Rom, erklärte er daraufhin, wolle er das Diadem aus den Händen Neros wieder in Empfang nehmen.

Dieses Vorhaben wurde nach einiger Verzögerung 66, also drei Jahre später, in die Tat umgesetzt. Man mag sich fragen, ob der Besuch des Tiridates seine eigene Idee gewesen ist, oder ob dahinter nicht vielmehr Nero persönlich stand, der darin eine Möglichkeit witterte, einmal mehr die Macht der Inszenierung zu erproben und zur Perfektion zu bringen. Jedenfalls wurde die Reise des Tiridates nach Rom zu einem der größten Spektakel, das die an Spektakeln nicht arme Regierungszeit Neros zu bieten hatte. So hat es auch Sueton gesehen, der seinen Bericht über dieses denkwürdige Ereignis mit den Worten einleitet: „Zu den von Nero veranstalteten Schauspielen darf ich wohl mit einigem Recht auch den Einzug des Tiridates in die Stadt rechnen."[21] Und der Biograf lässt es sich im Folgenden nicht nehmen, diesen Höhepunkt neronischer Regiekunst genau zu beschreiben. So erfährt man, dass Nero so ziemlich alles beeinflussen konnte, nicht aber das Wetter: Da an dem festgesetzten Tag der Krönung die römische Sonne sich hinter den Wolken versteckte, wurde die Veranstaltung kurzerhand verschoben. Dann aber konnte es richtig losgehen: „Der Kaiser ließ Kohorten in voller Rüstung rund um die Tempel am Forum aufmarschieren. Dann nahm er im Ornat des Triumphators neben der Rednertribüne auf einem Sessel Platz, mitten zwischen den

Feldzeichen der Standarten. Zuerst schritt der König über eine Rampe von unten zu ihm nach oben. Er ließ ihn vor sich auf die Knie fallen und hob ihn dann mit seiner Rechten wieder auf und begrüßte ihn mit einem Kuss. Dann nahm er ihm, während er seine Bitten vortrug, die Tiara vom Haupt und setzte ihm das Diadem auf. Die Worte des Bittstellers übersetzte ein ehemaliger Praetor und teilte sie auch dem Volk mit. Von dort brachte man den König ins Theater. Er fiel noch einmal vor ihm auf die Knie und flehte ihn an, und Nero ließ ihn zu seiner Rechten Platz nehmen. Deswegen begrüßte man ihn als Imperator. Seinen Lorbeerkranz ließ er in den Tempel auf dem Kapitol bringen. Beide Pforten des Ianus-Tempels wurden geschlossen, so als ob es keinen aktuellen Krieg mehr gebe."

Beide Monarchen spielten, das lässt der authentische Bericht Suetons erkennen, ihre Rollen perfekt. Tiridates tat so, als erkenne er den Vorrang Neros vorbehaltlos an. Nero erwies sich als großzügig und gönnerhaft. Tiridates vollzog die aus dem orientalischen, insbesondere persischen Kulturkreis bekannte Proskynese, indem er vor dem Kaiser auf die Knie fiel. Nero erwies ihm daraufhin seine Reverenz, indem er ihn mit der rechten Hand aufhob und küsste. Indem er dem König die heimische Tiara abnahm und stattdessen das Diadem auf den Kopf setzte, ordnete er die Prozedur in den zeremoniellen Ablauf hellenistischer Krönungen ein. Die Schließung des Ianus-Tempels, die auch auf vielen damals in Umlauf gebrachten Münzen dokumentiert wird, unterstrich den Anspruch des Kaisers, der römischen Welt den Frieden gebracht zu haben – im römischen Verständnis: Denn *pax* war für die Römer kein Zustand an sich, sondern konnte erst nach vorhergehendem *bellum* (Krieg) eintreten. Ohne Krieg kein Frieden, lautete die einfache Formel. So präsentierte sich Nero der römischen Bevölkerung anlässlich der Krönung des armenischen Königs Tiridates nicht etwa als Friedens-, sondern im Gegenteil als Kriegskaiser.

Sueton berichtet ausführlich und überwiegend zutreffend, geht aber nicht auf alles ein, was bei diesem denkwürdigen Besuch des Tiridates passierte. Denn die Zeremonie in der Hauptstadt war nur Abschluss und Höhepunkt einer Inszenierung, die bereits begann, als der armenische Monarch den Boden Italiens betrat. Genau genommen sogar noch früher, doch da noch unter der alleinigen Regie des Tiridates. Denn der armenische König wählte für seine Reise nicht den schnelleren Seeweg, sondern den langwierigen Landweg, sodass er, bis er endlich in Italien eintraf,

Abb. 12: Geschlossener Janus-Tempel auf Sesterz Neros

neun Monate unterwegs war. Syrien, Kleinasien, Illyrien – so lauteten die Stationen bis zu seiner Ankunft in Italien. Nur für die kurze Strecke über den Asien von Europa trennenden Hellespont – das heutige Marmarameer – brauchte der König die Hilfe von Schiffen. Warum machte sich Tiridates solche Mühen? Wollte er sich unterwegs möglichst vielen Menschen zeigen? Oder wurde er etwa leicht seekrank? Der gewöhnlich gut unterrichtete römische Autor Plinius der Ältere hat für diese unkonventionelle Art des Reisens eine spezielle Erklärung parat.[22] Plinius spricht von Tiridates nicht als einem „König", sondern bezeichnet ihn als „Magier". In dieser Eigenschaft sei es ihm nicht erlaubt gewesen, über das Meer zu fahren. „Die Magier", belehrt Plinius seine staunende Leserschaft, „sehen es als Unrecht an, in das Meer zu spucken oder die Natur durch andere menschliche Notdurft zu entehren." Tatsächlich waren die armenischen Könige, zumal, wenn sie, wie Tiridates, von den parthischen Arsakiden abstammten, bestens mit den kultisch-religiösen Verhältnissen der Perser vertraut. Die Magier waren Priester des Gottes Mithras, gehörten aber auch in den Kontext der zoroastrischen Feuerreligionen. So kann Tacitus nach den Ereignissen um die Schlacht von Rhandeia Tiridates sagen lassen, er würde gerne nach Rom kommen, um von Nero das Diadem zu empfangen, „wenn ihn sein hohes Priesteramt nicht daran hindert"[23]. Nero hatte keinen Sinn für die Magier und die von ihnen repräsentierte persische Religion. Wie Plinius mitteilt, unternahm Tiridates während seines Aufenthaltes in Rom den komplett erfolglosen Versuch, Nero für die Geheimnisse kultischer Mahlzeiten persischer Provenienz zu gewinnen. Indirekt zollt ihm der Autor dafür Lob und Anerkennung, da die Praktiken der Magier seiner Auffassung nach außerordentlich fragwürdig waren – ein schönes Beispiel dafür, wie eine an sich kluge und gebildete Persönlichkeit wie Plinius gängige Vorurteile über die Religionen Asiens teilte.

Der längste Bericht über den denkwürdigen Tiridates-Besuch stammt von Cassius Dio.[24] Er bietet eine willkommene Ergänzung zu den Angaben Suetons, der sich, als typischer Hauptstadt-Biograf, primär für die Vorgänge in der Metropole am Tiber interessierte. Dio lenkt das Augenmerk dagegen auch auf die Etappen der Reise, die sich vor der Ankunft in der Metropole abspielten. Während seiner Tour Richtung Italien entfaltete er einen Prunk, mit dem er sich nicht vor dem Luxus früherer persischer oder hellenistischer Monarchen zu verstecken brauchte. 3000 parthische Reiter befanden sich in seinem Gefolge, dazu auch als Eskorte Römer, wahrscheinlich aus den Kontingenten Corbulos. Für die Bewohner der Gegenden, die von der Luxusgesellschaft passiert wurden, war die Reise des Tiridates zu Nero alles andere als ein Grund zur Freude, wurden sie doch dazu verpflichtet, an den Straßen Spalier zu stehen und dem König zuzujubeln. Das hört sich ganz nach Neros Choreografie an, der für seine künstlerischen Darbietungen immer wieder zum Mittel des zwangsrekrutierten Publikums griff. Auch finanziell wurde der Zug des Tiridates für die römischen Behörden eine ziemliche Belastung. Der tägliche Aufwand für die Staatskasse belief sich auf die stattliche Summe von 800.000 Sesterzen. Entschädigt wurden die Kassenhüter durch den Anblick eines stolzen, prächtig gekleideten Königs, der, wie Dio vermerkt, „auf der Höhe seines Lebens war" und seiner Gattin, die anstelle eines Schleiers einen goldenen Helm trug, sodass sie ihr Gesicht nicht zeigen musste und dadurch die heimische Sitte verletzte".

Nero wartete ungeduldig auf die Ankunft des Königs. Das Treffen mit dem armenischen König sollte zu einem Höhepunkt eines Jahres werden, das etwa mit dem Selbstmord des frühen Nero-Vertrauten Petronius negative Schlagzeilen produziert hatte. Sobald Tiridates Italien erreicht hatte, übernahm der Künstlerkaiser Regie, Choreografie und Hauptrolle. Der Besuch des Tiridates war Außenpolitik nach seinem Geschmack, hier erkannte er sofort das schier unerschöpfliche Potenzial an Möglichkeiten der Inszenierung – genauer: der Macht der Inszenierung. Dabei war es aus seiner Sicht von Vorteil, dass der Gast aus dem Orient stammte und damit von einer exotischen Aura umgeben war, die beispielsweise dem Pontier Polemon oder dem Alpenfürsten Cottius komplett abging. Diese Dynasten mussten vergeblich auf eine Einladung nach Rom warten, weil sie kein propagandistisch verwertbares Charisma ausstrahlten.

Das war bei Tiridates, dem Armenier mit parthischen Wurzeln, ganz anders. Bei der Ankunft im Norden Italiens erwartete ihn ein zweispänniger Wagen, den Nero ihm geschickt hatte. Die Reise ging jedoch nicht direkt nach Rom. Nero dirigierte seinen Gast zunächst nach Kampanien und in seine Lieblingsstadt Neapel. Die malerische Szenerie des Golfes von Neapel bildete die erste Kulisse für das Theaterstück mit dem Titel „Nero empfängt Tiridates". Der Besucher aus dem Orient spielte brav mit, kniete bei der ersten direkten Begegnung der beiden Monarchen vor Nero nieder, kreuzte seine Arme, nannte ihn seinen Herrn und erwies ihm auf diese Weise, ganz, wie es im kaiserlichen Drehbuch stand, seine Reverenz.

Nach Neapel stand die Stadt Puteoli auf dem Programm (das heutige Pozzuoli), Hafenstadt und Tor zum Osten mit Verbindungen insbesondere zu Alexandria. Im dortigen Amphitheater wollte der Kaiser seinem Gast Gladiatorenspiele vorführen, die von einem seiner Freigelassenen namens Patrobius veranstaltet wurden. Dieser scheute keine Kosten und Mühen, um die illustren Gäste zufriedenzustellen. So ließ er an einem Tag ausschließlich Äthiopier auftreten, und zwar nicht nur Männer, sondern auch Frauen und Kinder. Auch Tiridates leistete einen bemerkenswerten Beitrag zu dem Spektakel: Von seinem erhöhten Platz auf der Tribüne aus schoss er auf wilde Tiere in der Arena und tötete – der skeptische Cassius Dio fügt an: „wenn man das glauben darf" – mit einem einzigen Schuss zwei Stiere zugleich. Möglicherweise handelte es sich bei dieser Aktion nicht nur um eine rein sportliche Einlage, mit der der Armenier Eindruck machen wollte. Vielleicht handelte er hier in seiner Eigenschaft als Magier und Priester, der den stiertötenden Gott Mithras imitierte und in der Wirksamkeit sogar übertraf, weil er gleich zwei Stiere erlegte.

Danach ging es endlich nach Rom. Hier weiß Dio manches zu berichten, was auch von Sueton mitgeteilt wird. Doch bietet er darüber hinaus einige besondere Informationen. So beschreibt er das eindrucksvolle Bild, das sich der Regisseur Nero hatte einfallen lassen, um die Stadt ordentlich herauszuputzen: „Die ganze Stadt war mit Lichtern und Kränzen geschmückt, und überall, vor allem auf dem Forum, waren Massen von Menschen zu sehen." Die Bevölkerung hatte der Kaiser nach sozialem Status getrennt antreten lassen, dekoriert mit weißen Gewändern und Lorbeerzweigen. Die Soldaten, denen eigene Plätze zugewiesen waren, trugen Feiertagsuniform, und ihre Waffen und Feldzeichen leuchteten, wie Dio beeindruckt schreibt, wie Blitze. Die Dächer der Häuser waren voll von Zuschauern, die begierig waren, keine Einzelheit des Spektakels zu verpassen.

Nun war alles bereitet für die Hauptdarsteller Nero und Tiridates. Vielleicht befürchteten einige, dass der Kaiser nicht der Versuchung widerstehen würde, einige Lieder vorzutragen. Doch das stand hier, wo es mehr um die Macht der Inszenierung als um die Inszenierung der Macht ging, noch nicht auf dem Theaterzettel. Nach der erneuten Huldigung Neros durch den Armenier kam es zu einer Panne. Denn die Aktion wurde von den Zuschauern mit einem solchen Johlen und Lärmen quittiert, dass es Tiridates die Sprache verschlug. Die Situation hat Cassius Dio sensibel beschrieben: „Der Lärm erschreckte Tiridates so, dass er eine Zeitlang keinen Laut hervorbrachte, so als ob er sterben müsse. Als dann Ruhe geboten wurde, fasste er wieder Mut, unterdrückte seinen stolzen Sinn" und begann mit einer Rede, deren Grad der Authentizität hoch eingestuft werden darf, weil man davon ausgehen kann, dass sie genau protokolliert worden ist. Was Tiridates sagte, dürfte Nero erfreut, aber nicht überrascht haben, denn es besteht der dringende Verdacht, dass der Armenier sagte, was ihm Nero oder Neros Leute ins Manuskript geschrieben hatten: „Herr, ich bin der Nachkomme des Arsakes und der Bruder der Könige Vologaises und Pakoros, und nun doch dein Sklave. Und ich bin zu dir als meinem Gott gekommen, um dich wie Mithras anzubeten. Ich werde das sein, wozu du mich bestimmst. Bist du doch mein Glück und mein Schicksal."

Nero, froh, dass der König seine Stimmblockade schnell abgelegt hatte, antwortete mit feierlichen Worten: „Du hast wohl daran getan, persönlich hierher zu kommen, damit du von Angesicht zu Angesicht meine Gnade erfahren kannst. Denn was dir weder dein Vater hinterließ noch was deine Brüder dir übergaben und für dich bewahrten, das gewähre ich dir jetzt. Und ich mache dich zum König von Armenien, damit du wie auch jene erkennen, dass ich die Macht besitze, Königreiche zu nehmen, wie auch zu geben." Um diesen Worten die entsprechenden Taten folgen zu lassen, setzte Nero dem Armenier nun das Diadem auf den Kopf, womit jene Prognose erfüllt wurde, die Tiridates drei Jahre zuvor nach der Schlacht von Rhandeia gegeben hatte.

Nach dem Theater auf dem Forum lud Nero in ein richtiges Theater. Alle wussten: Bei dieser Gelegenheit wird er mit Sicherheit singen wollen – und so kam es auch. Mühelos wechselte der Künstlerkaiser von der Macht der Inszenierung zur Inszenierung der Macht. Es war das alte, schon so oft erprobte Spiel: Nero gerierte sich als Künstler, doch alle wussten, dass es der Kaiser war, der da auftrat und sich der Kunst bediente, um herrschaftspolitisch verwertbare Wirkung zu erzielen, um sein politisches Programm, das auf den einzigen Punkt „Nero" reduzierbar war, zu präsentieren. Und natürlich um jenen Beifall zu ernten, der für ihn zum Lebenselixier geworden war.

Die Dekorateure und Requisiteure hatten sich alle Mühe gegeben, um im Theater einen prunkvollen Rahmen zu schaffen: „Es waren nicht nur die Bühne, sondern auch das ganze innere Rund vergoldet und ebenso alle Gegenstände, die man hineintransportierte, mit Gold verziert worden, sodass das Volk dem Tag selbst die Bezeichnung ‚Goldener' gab. Die über die Köpfe hin gegen die Sonnenstrahlen gespannten Vorhänge waren purpurn und in ihrer Mitte ein Bild Neros aufgestickt, wie er einen Wagen lenkt. Dabei umstrahlten ihn riesige goldene Sterne."

Erst wurde gegessen – Nero ließ ein opulentes Mahl servieren –, dann wurde gesungen. Der Kaiser produzierte sich mit der Kithara und kombinierte diese Vorführung mit der Simulation eines Wagenlenkers, indem er sich wie die Grünen kleidete und sich einen entsprechenden Helm auf den Kopf setzte. Die Grünen waren eine der sogenannten „Circusparteien", die von den Roten, Blauen und Weißen komplettiert wurden. Sie waren nach den Farben der Anhänger einzelner Wagenlenker aus dem Circus Maximus in Rom benannt. Nero gab sich damit an dem Theaterabend als Grüner zu erkennen.

Wenn man Dio in dieser Hinsicht trauen darf, so war Tiridates von der musikalischen Darbietung des Kaisers alles andere als begeistert. Er war sogar, wie Dio sagt, angeekelt. Wenn er wirklich so empfunden haben sollte, so dürfte er jedoch kaum so unklug gewesen sein, den Künstlerkaiser dies merken zu lassen. Sicher hatte es sich auch bis nach Armenien herumgesprochen, dass Nero keinen Spaß verstand – am wenigsten, was seine Qualitäten als Sänger und Künstler betraf. So wird sich Tiridates allenfalls in kleinem, vor Nero-Spionen sicheren Kreis so kritisch über den Sänger Nero geäußert haben – wenn es sich bei dieser Angabe nicht ohnehin um eine Erfindung Dios handelt, der den königlichen Besucher als Instrument eigener Kritik an dem Künstler Nero genutzt haben mag. Wie dem auch sei – sonst verhielt sich Tiridates, wie Dio bestätigt, tadellos. Er wusste, wie man den Kaiser zu nehmen hatte, schmeichelte ihm, schlich sich nach den Worten Dios sogar so geschickt in seine Gunst, dass dieser ihn reich beschenkte. Die Rede ist von Geschenken im Wert von 200 Millionen Sesterzen. Außerdem gestattete ihm der generöse Kaiser den Wiederaufbau der im letzten Krieg zerstörten armenischen Hauptstadt Artaxata. Dass er dafür überhaupt die Erlaubnis einholen musste, zeigt im Übrigen, dass die mit der Krönung verbundenen politischen Kompetenzen eher bescheiden waren. Weil er offenbar wenig Vertrauen in das heimische Handwerk hatte, bat Tiridates Nero darum, römische Bauspezialisten mitnehmen zu dürfen, was ihm der Kaiser ebenfalls großzügig gewährte. Einige weitere köderte der König mit hohen Geldsummen, doch der bewährte Feldherr Corbulo, der den Feierlichkeiten selbstverständlich beiwohnte, setzte durch, dass er nur die bekam, die Nero ihm zur Verfügung gestellt hatte. Und wieder ergreift Dio die Chance beim Schopf, den König für seine eigenen Ansichten zu instrumentalisieren – jener Dio, der sowieso nicht müde wurde, sich über Nero zu beklagen. Angeblich also kommentierte Tiridates die Handhabung der Handwerkerfrage auf die Weise, dass er ein noch größerer Bewunderer Corbulos und ein noch größerer Verächter Neros wurde.

Im armenischen Garni, nicht weit entfernt vom heutigen Erewan, kann noch heute ein römischer Tempel mit schönen ionischen Kapitellen bewundert werden. Seinen hervorragenden Erhaltungszustand verdankt das Heiligtum dem neuzeitlichen Wiederaufbau nach einem Erdbeben. Wer hat dieses römische Bauwerk am Kaukasus in Auftrag gegeben? Einiges spricht für Tiridates, der hier eine seiner Residenzen als Erinnerung

Abb. 13: Tempel von Garni in Armenien

an seine Romfahrt mit einem römischen Tempel schmückte und damit seinen Landsleuten, die bei der Reise nicht dabei sein konnten, ein attraktives Souvenir präsentierte. Wenn diese Vermutung zutreffend ist, darf man vielleicht auch weiter folgern, dass es die von Nero ausgeliehenen Handwerker gewesen sind, die bei dem Bau praktische Hilfe leisteten. In diesem Fall wäre der Tempel auch ein Denkmal, dass an eine denkwürdige römisch-armenische Begegnung erinnert und das seine Existenz nicht zuletzt auch Kaiser Nero verdankt.

Der Wiederaufbau von Artaxata wurde ebenfalls in die Wege geleitet. Die Bewohner mussten sich an einen neuen Namen gewöhnen: Ihre Stadt hieß jetzt auf königliche Anweisung Neronia. Der Namensgeber wird sich über diese urbane Huldigungsadresse gefreut haben. Weniger dürfte ihm, wenn er denn davon erfahren hat, ein Ausspruch des parthischen Königs Vologaises gefallen haben. Als ihn Nero dazu überreden wollte, nach dem Vorbild des Tiridates Rom einen Besuch abzustatten, und über diplomatische Kanäle die Chance für eine solche Reise auslotete, lautete die schriftliche Antwort: „Für dich ist es wesentlich leichter als für mich, über ein so großes Meer zu fahren. Kommst du aber nach Asien, so können wir einen Treffpunkt vereinbaren." Eine kluge Entscheidung des Partherkönigs, wusste er doch, dass ein Besuch in Rom als Anerkennung der römischen Vorrangstellung ausgelegt werden konnte. So musste Nero – wohl schweren Herzens – ein noch größeres Spektakel als bei der Krönung des Tiridates zu den Akten legen. Doch Nero hatte zu dieser Zeit auch schon ein anderes Projekt im Visier: die große Reise nach Griechenland, die, wie er fest hoffte, zu einem künstlerischen Triumphzug werden würde. Für Corbulo, den verdienten Feldherrn aus den Kriegen gegen die Parther und die Armenier, sollte Griechenland die Endstation seiner Karriere und seines Lebens bedeuten. Nero waren die Erfolge, die Popularität und der Einfluss Corbulos ein Dorn im Auge. Der Kaiser duldete keine Größen neben sich. 67 zitierte er den Feldherrn ins griechische Kenchreai. Seine anfängliche Arglosigkeit wandelte sich bald in Misstrauen, dann in Angst und Schrecken. Nero wünsche seinen Tod, teilte man ihm diskret mit. In realistischer Einschätzung seiner zeitlich extrem limitierten persönlichen Zukunft bohrte sich der Held der Armenienkriege ein Messer in den Bauch.

12 Gegner

Häufig liest man in modernen Nero-Darstellungen von einer „Opposition" gegen den Kaiser. Bei der Verwendung dieses Begriffs ist es auf jeden Fall notwendig, ihn zu präzisieren und im Hinblick auf seine Bedeutung zu differenzieren. Sinnvoll ist die Unterscheidung zwischen einer System-Opposition und einer Personen-Opposition. Die System-Opposition ist eine Richtung, die auf eine Veränderung des politischen Systems zielt. Die Personen-Opposition richtet sich gegen den oder die aktuell Herrschenden und strebt nach deren Austausch. Weiterhin ist wichtig zu unterscheiden, ob es sich um eine isolierte oder um eine organisierte Opposition handelt, sie also individuell oder kollektiv strukturiert ist. Wie verhält es sich in dieser Hinsicht mit einer „Opposition" in den vierzehn Jahren, in denen Nero das Römische Reich regierte?

Nero hatte viele Gegner, Widersacher, Opponenten. Keiner von ihnen forderte jedoch – wie dies noch nach dem Tod Caligulas im Jahre 41 der Fall gewesen war – den Ersatz der Monarchie durch eine Republik, in der wie früher der Senat als Versammlung des Adels das Sagen hatte. Das von Augustus geschaffene Prinzip hatte sich inzwischen so sehr etabliert, dass von einer Abkehr von der Herrschaft eines Einzelnen keine Rede mehr war. Das System an sich war so stabil, dass es auch „schwache" Herrscher vertragen konnte. Die „Opposition" gegen Nero war daher eine Opposition, die sich gegen die Person des Kaisers richtete und nach dessen Ablösung und Ersatz durch einen anderen strebte. Der Widerstand gegen den Kaiser war dabei sowohl individueller als auch kollektiv organisierter Natur, wie insbesondere die berühmte, viel zitierte „Pisonische Verschwörung" beweist.

Wodurch machte sich Nero, nach einem vielversprechenden Beginn, in der zweiten Hälfte seiner Regierungszeit so viele Feinde? Viele Feinde? Man muss vorsichtig sein und nicht ohne Weiteres der suggestiven Kraft der Quellen erliegen, die nicht müde wurden, dem Kaiser alle möglichen Untaten anzuheften. „Nero" war, wie immer wieder zu betonen ist, auch ein Produkt der ihm überwiegend feindlich gesinnten Quellen, allen voran Tacitus und Cassius Dio, das mit Nero nicht in jeder Hinsicht übereinstimmte. Diese Autoren fahndeten geradezu nach tatsächlichen oder vermeintlichen Kron-, Zeit- und Augenzeugen, durch die sie ihre eigene Aversion gegen den Kaiser artikulieren konnten.

Jedoch wäre es umgekehrt natürlich auch falsch, Nero zu einem Friedensengel zu stilisieren. Nero pflegte auf Menschen keine Rücksicht zu nehmen, wenn sie ihn störten, ihm in die Quere kamen, wenn sie berühmt wurden oder populär waren. Bei Sueton findet sich eine umfangreiche, instruktive Liste, die zeigt, wie man in den Bannstrahl des Kaisers geraten konnte – und danach natürlich nicht mehr zu dessen glühenden Anhängern gehörte, vielmehr sich in die große Zahl der Nero-Gegner einreihte.[1] Nero kannte, so beginnt das eindrucksvolle Register des Biografen, auch und gerade keine Verwandten, wenn es darum ging, die Macht auszuüben und zu sichern. Antonia, die Tochter des Claudius, ließ er töten, weil sie ihn nach dem Tod der Poppaea nicht heiraten wollte. Als offizielle Begründung wurde angegeben, sie sei an einer Verschwörung beteiligt gewesen. Tatsächlich war die prominente Frau in die „Pisonische Verschwörung" verwickelt. Einen Sohn der Poppaea aus deren früherer Ehe ließ er von Sklaven im Meer ertränken, während dieser beim Angeln war. Grund: Der Junge nahm beim Spielen gerne die Rolle von Kaiser und Feldherr an. Nicht eben Freundschaften wurden geknüpft, wenn Nero auch außerhalb der eigenen Familie mit derselben Skrupellosigkeit vorging. Auch dafür hat Sueton einen großen Vorrat an Beispielen parat. Eingeleitet wird das diesbezügliche Sündenregister mit der Bemerkung, Nero habe gegen Ende seiner Regierung „vollkommen wahl- und maßlos jeden Beliebigen aus jedem nur denkbaren Grund aus dem Weg räumen lassen"[2]. Als Beweis liefert er die folgenden Beispiele:

Salvidienus Orfitus – Konsul des Jahres 51, Prokonsul der Provinz Africa um 62: Beseitigt, weil er drei Räume seines Hauses am Forum in Rom an auswärtige Gesandtschaften als Quartier vermietet hatte. Das Vergehen wurde wahrscheinlich als sogenanntes Majestätsverbrechen eingestuft. Dabei handelte es sich um das seit Kaiser Tiberius definierte und verfolgte Delikt der Beleidigung oder Herabwürdigung des Kaisers und seiner Familie. Auch für Nero diente es als rechtliches Instrument zur Verfolgung und Beseitigung von tatsächlichen oder potenziellen Gegnern.

Cassius Longinus – Suffektkonsul des Jahres 51, ein bekannter Rechtsgelehrter, inzwischen erblindet: In die Verbannung getrieben im Jahre 65, weil er zu Hause in der Galerie seiner Vorfahren das Bild des Cassius nicht beseitigt hatte – jenes Cassius, der 44 v. Chr. führend an dem Attentat auf Iulius Caesar, Ahnherr der iulisch-claudischen Dynastie und Wegbereiter der römischen Monarchie, beteiligt gewesen war.

Paetus Thrasea – Suffektkonsul des Jahres 56, gebildeter Mann, Anhänger der in Kreisen der römischen Aristokratie verbreiteten Philosophie der Stoa, zog sich aus Protest gegen die servile Haltung von aristokratischen Nero-Freunden aus dem Senat zurück: Prozess und Tod im Jahre 66. Sueton liefert für Neros Aversion gegen den standhaften Politiker die merkwürdige Erklärung, er sei mit der mürrischen Miene eines Schulmeisters herumgelaufen – diese Vorhaltung wird auch von Tacitus bestätigt und mag als Hintergrund den Umstand haben, dass es Paetus Thrasea als philosophisch gebildeter Mensch für passend hielt, sich in der Öffentlichkeit mit einem Gesichtsausdruck zu zeigen, der als Sorge über die Abläufe auf der Welt interpretiert werden konnte.[3]

Ein beliebtes Stilmittel des Kaisers war es, den auf der Abschiebe- oder Todesliste stehenden Kandidaten die Möglichkeit zu einem ehrenhaften Selbstmord zu geben. Diese Methode wandte er auch bei langjährigen Mitstreitern wie seinem Lehrer Seneca an. Für die Durchführung einer solchen Tat räumte er, wie Sueton betont, den Opfern nur wenig Zeit ein. Wer zu lange brauchte, bekam Unterstützung von Ärzten, die beim Aufschneiden der Adern assistierten.

Es ist einmal mehr und so auch in diesem Zusammenhang darauf hinzuweisen, dass die notorischen Nero-Gegner, allen voran Tacitus und Cassius Dio, mit wenigen Abstrichen auch Sueton, viel Energie investiert haben, das Bild vom grausamen Scheusal Nero im Bewusstsein der Zeitgenossen und der Nachwelt zu installieren. Dies ist ihnen gelungen – auch durch ein geschicktes Arrangement diesbezüglicher Fälle. Tacitus war das Sprachrohr der Senatoren, eines Standes, der ganz besonders im Visier des Kaisers stand, jedoch nicht als Ausdruck eines pathologischen Hasses. Konservative Mitglieder des altehrwürdigen Gremiums hatten keinen Sensus für einen Kaiser, der zwar auch seine politischen Hausaufgaben machte, der sich vor allem aber selbst produzieren und inszenieren wollte und daher seinerseits keinen Zugang zum Denken von Aristokraten hatte, die die Aufgabe des Princeps anders interpretierten. Ein Augustus war so klug gewesen, auch als Monarch den Senatoren wenigstens das Gefühl zu geben, im Staat noch gebraucht zu werden und etwas zu sagen zu haben. Für Nero war der Staat seine persönliche Spielwiese, auf der

Senatoren, die bei diesem Spiel nicht mitmachen wollten, nur störten. So degradierte er sie zu Statisten, delektierte sich daran, ihnen seine Macht zu zeigen, gerne und bevorzugt in Komplizenschaft mit der stadtrömischen Plebs, die er bei Auftritten in Theater oder Circus hofierte. Ein solches Verhalten, das auch ein so kluger und politisch denkender Kopf wie Tacitus oder auch Cassius Dio nicht in seiner ganzen Komplexität durchschaute – auch, weil man weniger versuchte, das Phänomen Nero zu verstehen, als über den zunehmenden Bedeutungsverlust der Senatoren zu klagen – führte zu der literarischen Produktion eines Nero-Bildes, das von Produzenten und späteren Rezipienten auf das Bild eines tobsüchtigen, krankhaften Tyrannen reduziert wurde.

Aber sicherlich, das ist zu konzedieren, war es für die Senatoren, die einstige Elite des Staates, nicht einfach, mit einem Kaiser wie Nero leben zu müssen. Manche versuchten sich zu arrangieren, andere jedoch waren bereit, für ihren Standpunkt zu kämpfen. Und das konnte nach Lage der Dinge nur heißen: Nero zu beseitigen. Beispielhaft dafür ist die „Pisonische Verschwörung", deren führender Kopf und Namenspatron Gaius Calpurnius Piso war. Aus höchstem Adel stammend, verfügte er über beste Beziehungen in der römischen Gesellschaft. Über Kreuz lag er mit Kaiser Caligula, der ihm am Tag der Hochzeit seine Frau entführte. Caligula war es auch, der Piso in die Verbannung schickte. Claudius holte ihn wieder zurück. Unter diesem Kaiser bekleidete er das Konsulat. Mit Nero pflegte er anfangs wenn nicht freundschaftliche, so doch gute Beziehungen. Ein solches Verhältnis entsprach der Natur Pisos, der sich eigentlich nicht gerne politisch engagierte, stattdessen lieber die Rolle des wohlhabenden, gebildeten Lebemanns spielte. Vielleicht gerade deswegen scharte sich um ihn schon seit etwa 60 eine im Laufe der Zeit zahlenmäßig wachsende Zahl von Senatoren und auch Rittern, die alle unterschiedliche Motive, aber ein gemeinsames Ziel hatten: Nero zu beseitigen. Das Spektrum der Gründe, sich dieser Verschwörung anzuschließen, reichte von persönlichem Hass etwa wegen Beleidigungen vonseiten des Princeps über verbaute Karriere-Hoffnungen wie tatsächlich auch die Sorge um die Zukunft des römischen Staates. Der wichtigste Grund aber war Nero, dessen unkonventionelles Verhalten viele konservative Senatoren abschreckte. Tacitus hat diese Haltung einem der Verschwörer – einem verdienten Militärtribun – mit treffenden Worten in den Mund gelegt, der beim Verhör durch Nero bekannte: „Ich hasste dich. Und doch war keiner deiner Soldaten dir treuer, solange du geliebt zu werden verdientest. Zu hassen aber begann ich dich, nachdem du zum Mörder deiner Mutter und Gattin, zum Wagenlenker, Schauspieler und Brandstifter wurdest."[4] Deutlicher konnte das Missverständnis, das zwischen Nero und seinen Gegnern herrschte, nicht formuliert werden: Der Wagenlenker und der Schauspieler Nero waren im Selbstverständnis des Kaisers wesentliche Elemente des Gesamtkunstwerkes namens Nero. Nach der Überzeugung der Konservativen waren dies aber gerade jene Punkte, die ihn als Princeps disqualifizierten.

Die „Pisonische Verschwörung" verlief insgesamt unglücklich. Das lag daran, dass es keine richtige Führung gab, und auch daran, dass von den Beteiligten keiner über Erfahrungen darüber verfügte, wie man am besten einen verhassten Kaiser beseitigt. So war man sich nicht einig, wie man den entscheidenden Schritt – die Ermordung des Kaisers – praktisch durchführen sollte. Nach langem Zaudern und Zögern wollte man am 19. April des Jahres 65 endlich zuschlagen. Dass dieser Tag nicht Neros Todestag wurde, lag daran, dass der Plan der Verschwörer vor dem Vollzug aufgedeckt wurde. Ausgesucht hatte man sich für das Attentat das Fest zu Ehren der Göttin Ceres. Einer der Verschwörer sollte sich Nero scheinbar harmlos nähern, ihn festhalten und den anderen die Gelegenheit geben, ihn zu erdolchen. Das Vorbild war ganz offensichtlich die Ermordung Caesars an den Iden des März des Jahres 44 v. Chr. Auch an das, was danach passieren sollte, hatte man gedacht. Piso sollte Nero beerben. Dafür brauchte man die Unterstützung der Prätorianer. Dieser für jeden Kaiser wichtigen Leibgarde sollte er sich gemeinsam mit Antonia, der Tochter des früheren Kaisers Claudius, vorstellen. Auf diese Weise hoffte man, die fehlende dynastische Legitimität des neuen Kaisers Piso kompensieren zu können. Das amateurhafte Verhalten eines der Beteiligten führte dann zum Scheitern der Verschwörung. Er hatte im vorauseilenden Gehorsam sein Testament versiegelt, seine Sklaven freigelassen, seinen Dolch schärfen lassen und um Verbandsmaterial gebeten. Genauso gut hätte er die Pläne der Piso-Gruppe auf dem Forum öffentlich ausrufen können.

In den gehobenen Kreisen der römischen Gesellschaft wusste immer jeder alles, und so informierten Zuträger aus der Dienerschaft Nero über das seltsame Benehmen des übereifrigen Verschwörers. So brach das ganze Unternehmen in sich zusammen. Es gab eine Welle von Verhaftungen,

Verhören, Folterungen, Hinrichtungen, Selbstmorden. Auch Piso, nominell der Anführer des Unternehmens und verhinderter Nachfolger Neros,
nahm sich das Leben. Mehr als 200 Menschen, darunter auch einige Frau-
en, wurden als Beteiligte identifiziert. 200 Menschen, die keinen Kaiser
Nero mehr haben wollten. Doch es gab noch drei weitere Jahre einen
Kaiser Nero. Aber wenn er auch bei der Verfolgung der Verschwörer des
Jahres 65 noch einmal Stärke und Entschlossenheit demonstriert hatte, so
büßte er durch diese Ereignisse doch an Prestige und Akzeptanz ein. Ein
Vorgehen gegen den Kaiser war, so die Botschaft dieser Ereignisse, prinzi-
piell möglich. Und wenn man es klüger anstellte, war sogar ein vorzeitiges
Ende der Herrschaft Neros nicht mehr ganz und gar undenkbar.

13 Der Vorhang fällt

Der spätantike Autor Aurelius Victor hatte wenig Platz. Seine für eilige Leser gedachte Kaisergeschichte musste sich auf das Wesentliche oder für das damalige Publikum wirklich Wissenswerte beschränken. Aus der Perspektive des 4. Jahrhunderts hielt er das Folgende für entscheidend, was das Ende des Kaisers Nero betraf: „Von aller Welt verlassen, außer einem Eunuchen, den er einst kastriert und zu einer Frau zu machen versucht hatte, tötete er sich selbst durch einen Dolchstoß, da er, lange um einen Ausführenden bittend, nicht einmal zum Tod jemandes Hilfe hatte erlangen können. Dies war das Ende des iulischen Hauses."[1]

Kürzer geht es kaum. Darüber, wie es zu diesem für Nero tragischen Finale kommen konnte, schweigt sich der Historiker aus. Für ihn ist allein wichtig, dass Nero tot war. Und er will zeigen, dass der Kaiser auf eine zu ihm passende jämmerliche Art starb. Welche Umstände aber führten zu diesem 9. Juni 68? Knapp sechs Monate zuvor war Nero von seiner fünfzehnmonatigen Tournee durch Griechenland zurückgekehrt. Nicht unbedingt freiwillig – es hatte der drängenden Worte seines Freigelassenen Helius bedurft, der aus Italien alarmierende Nachrichten mitgebracht hatte. Es herrschte Lebensmittelknappheit, die Staatskassen waren, nicht zuletzt wegen der diversen Prestigeprojekte des Kaisers, leer. Das alles schien Nero nicht zu beeindrucken, der seinen üblichen Lebensstil fortsetzte. Doch diese Eskapaden, die für Nero konstitutive Elemente seiner Herrschaft waren, samt den Auftritten als Künstler und Wagenlenker, kamen auch beim Volk, Neros treuestem Verbündeten, nicht mehr so gut an. „Volk" bedeutet hier in erster Linie: die Masse der stadtrömischen Bevölkerung, Neros treues Publikum bei seinen Darbietungen als Künstlerkaiser. Doch ließ, je länger, desto mehr, die Wirkung seiner Auftritte, die für Nero essenzieller Bestandteil seiner Machtinszenierungen waren, nach. Es war einfach nicht mehr originell, immer einen singenden Kaiser sehen zu müssen. Und es stimmten die Rahmenbedingungen nicht mehr. Solange die Wirtschaft funktionierte, hatte man dem Nero viel nachgesehen. Doch nun hagelte es Sparmaßnahmen und Steuern. Der kaiserliche Fiskus beanspruchte einen deutlich höheren Anteil an dem Vermögen verstorbener Freigelassener. Ämter wurden an diejenigen vergeben, die am meisten dafür bezahlten. Goldene und silberne Weihegeschenke aus dem Besitz von Tempeln wurden konfisziert und eingeschmolzen. Einen typischen Nero präsentieren Tacitus[2] und Sueton[3], wenn sie im Kontext der kaiserlichen Sparpolitik auf einen kurios anmutenden Vorgang aus dem Jahr 65 eingehen. Ein gebürtiger Punier namens Caesellus Bassus glaubte aufgrund eines Traumes das Versteck eines unermesslichen Schatzes zu kennen. Es sollte sich um Pretiosen handeln, die die karthagische Königin Dido bei ihrer Flucht aus dem phönizischen Tyros mitgenommen und in einer Höhle in Afrika versteckt habe. Nero rüstete ohne weitere Prüfungen eine Expedition aus mit dem Auftrag, den Schatz zu bergen und nach Rom zu bringen. Aus heutiger Sicht konnte die Angelegenheit schon deswegen nicht erfolgreich sein, weil Dido keine reale Persönlichkeit, sondern eine Figur des Mythos war, die bei den Römern, etwa in der berühmten Aeneis Vergils dazu herhalten musste, die Bedeutung und die Charakterfestigkeit des Aeneas, des Ahnherrn aller Römer, deutlich werden zu lassen. Aber dass er die Ergebnisse der modernen Forschung nicht kannte, darf man Nero nicht vorwerfen. Wie alle Römer, so war er von der Historizität der gängigen Mythen überzeugt. Nicht befreien kann man ihn hingegen von dem Vorwurf, die Sache allzu leichtfertig angegangen zu sein. Natürlich fand man an der Stelle, die Bassus genannt hatte, nichts. Seinen senatorischen Kritikern hatte Nero mit dieser Aktion nur ein weiteres Argument dafür geliefert, dass es mit seinen Fähigkeiten als Herrscher nicht weit her war. Auch für Tacitus war die Jagd nach dem Schatz der Königin Dido eine willkommene Gelegenheit, um Nero einmal mehr in ein schlechtes Licht zu rücken.

Von der restriktiven Finanzpolitik waren die Menschen in den Provinzen noch mehr betroffen. Hier begann es je länger, desto mehr zu brodeln. Neros Herrschaft erodierte von den Rändern her. Bedrohlich wurde es für den Kaiser jedoch erst, als die Stimmung auch bei den Soldaten zu kippen begann, die an den Grenzen des Reiches stationiert waren. Die Pflege der militärischen Klientel war für jeden Kaiser eine Art von herrschaftspolitischer Lebensversicherung gewesen. Im Kern war das römische Principat, so wie es Augustus eingerichtet hatte, eine Militärdiktatur. Ohne die Loyalität der Soldaten und ihrer Feldherrn konnte ein römischer Kaiser wenig ausrichten. Hier hatte Nero von Anfang an Defizite. Seine bevorzugten Stützen der Macht waren die Prätorianer und die stadtrömische Bevölkerung. Bei den Legionen ließ er sich nicht blicken, das operative Geschäft überließ er ganz den Kommandanten. Solange der Sold stimmte und es Gelegenheit gab, in Kriegen Ruhm zu erwerben und Beute zu machen, ließen die Legionen selbst einen Kaiser wie Nero gewähren, auch wenn sich seine Fürsorge für die Soldaten in engen Grenzen hielt. Doch Soldkürzungen, wie sie nun vorgenommen wurden, waren eine gefährliche Angelegenheit. So kam es nicht von ungefähr, dass der Anfang vom Ende der Herrschaft Neros von einem Teil des römischen Heeres eingeleitet wurde, das in Gallien stationiert war.

Der Sturz des Kaisers Nero war nicht Folge und Ergebnis eines sich immer despotischer gebärdenden Herrschers. Das muss deutlich unterstrichen werden, weil die Lektüre der Quellen und auch von Teilen der modernen Forschungsliteratur einen anderen Eindruck hervorrufen könnte. Nero, so wird suggeriert, wurde am Ende immer schlimmer, sodass sein Ende ganz zwangsläufig kam. Diese Vorstellung geht von seinem frühzeitigen Tod aus und finalisiert demzufolge alles, was in den letzten Monaten seiner Herrschaft passierte, auf diesen Punkt hin. Bei den antiken Quellen kommt eine gewisse, auch bereits bei den Griechen literarisch populäre Tyrannentopik hinzu. Sie funktioniert nach dem Muster: Ein zunächst guter, wenn nicht gar passabler Herrscher mutiert im Laufe der Zeit, entweder zwangsläufig oder durch bestimmte einschneidende Ereignisse wie zum Beispiel Krankheit oder signifikante Veränderung der familiären Verhältnisse verursacht, zu einem grausamen Despoten, der am Ende jedes Maß verliert, gestürzt wird und stirbt. Der Nero des Jahres 68 war jedoch kein anderer Nero als der des Jahres 67 oder auch 65. Nero war, jedenfalls seit 62, immer der alte. Was sich änderte, waren die äußeren Umstände und Konstellationen. Zu ihnen passte der Nero der Jahre 67 und 68 nicht mehr. Und sich ihnen zu stellen, ihnen konstruktiv zu begegnen, etwa indem er, was in dieser Situation angemessen gewesen wäre, ihnen entgegenkam, lag nicht in der Natur eines Herrschers, der sich selbst im Zentrum des Universums glaubte und alle anderen Menschen um sich herum kreisen sehen wollte. Wer die Welt als Bühne zur Inszenierung der Macht ansieht und die Politik als Kulisse für die Macht der Inszenierung betrachtet, besitzt nicht die Fähigkeit, seinen Stil zu ändern.

Eingeleitet wurde Neros Sturz von dem Aufstand des Gaius Iulius Vindex. Die Nachricht von dieser Erhebung erhielt Nero entweder noch in Griechenland oder nach seiner Rückkehr in Neapel. Eigentlich war dieser

Vindex ein personifiziertes römisches Integrationsmodell. Denn seine Familie war keltischer, genauer: aquitanischer Herkunft. Doch Gallien, das einst der berühmte Caesar für Rom erobert hatte, gehörte zu den am intensivsten romanisierten Provinzen des Römischen Reiches. So konnte auch ein Vindex aus der romanisierten gallischen Oberschicht eine römische Karriere machen. Im Jahre 67 bekleidete er das Amt des Statthalters der Provinz Gallia Lugdunensis mit der Hauptstadt Lugdunum, dem heutigen Lyon. In dieser Eigenschaft animierte er die ihm unterstellten römischen Truppen zum Aufstand, zum Widerstand, zum Abfall vom Kaiser. Über seine genauen Motive ist nichts bekannt. Angewiesen ist man wieder auf die Angaben der bekannten antiken Autoren, die sich alle Mühe geben, das Engagement des Vindex als Indikator einer allgemeinen Unzufriedenheit mit Nero und seiner Herrschaft zu deuten. Wie es aussieht, war Vindex weniger ein Freiheitskämpfer, zu dem man ihn in der Neuzeit gelegentlich stilisiert hat, als vielmehr ein Traditionalist, der sich die Reform des Principats im augusteischen Sinne auf die Fahnen geschrieben hatte.

Was auch immer Vindex gewollt haben mag – seine nicht zu bestreitende geschichtliche Bedeutung liegt darin, dass er einen Impuls gegeben hat, der eine eigene, nicht mehr aufzuhaltende Dynamik auslöste. Es war, als hätten die verschiedenen Kräfte, die letztlich für Neros Untergang verantwortlich waren, nur auf ein Signal dieser Art gewartet. Jedoch war auch klar, dass Nero immer noch nicht völlig isoliert dastand. Zwar war die Zahl der Nero-Anhänger gerade in den Führungsschichten überschaubar geworden. Doch wirkte auch der Abschreckungs-Effekt. Man wusste, wie der Künstlerkaiser mit seinen Gegnern umzugehen pflegte, mit jenen, die ihn um das Vergnügen brachten, sich so zu produzieren, wie er das gerne wollte. Der Ausgang der Pisonischen Verschwörung war allen noch präsent. So war Vindex klug genug, sich auf die Suche nach Partnern zu machen. Die Kommandanten der Legionen in Spanien und Nordafrika signalisierten die Bereitschaft zur Unterstützung. Anders Verginius Rufus, seines Zeichens Befehlshaber der obergermanischen Legionen. Er zog mit seiner Armee gegen Vindex und besiegte ihn in der Nähe des heutigen Besançon. Sicher tat er dies nicht, weil er gerne Nero als Kaiser behalten wollte, obwohl er insofern zu den Profiteuren des neronischen Herrschaftssystems gehörte, als er von seiner Herkunft her nicht zu den politischen Eliten zählte, denen Nero stets mit Misstrauen begegnete, weil sie so wenig Verständnis für seinen egozentrischen Herrschaftsstil zeigten.

Zum gefährlichsten Gegner Neros entwickelte sich Sulpicius Galba, der schon etwas bejahrte Statthalter der spanischen Provinz Tarraconensis mit der Hauptstadt Tarragona. Auf diesen Posten war der Angehörige einer alten patrizischen Familie von Nero einige Jahre zuvor berufen worden. Nach dem Scheitern des Vindex wurde er zum Hoffnungsträger der Nero-Gegner. Er mobilisierte unter seinen Kollegen eine ansehnliche und zunehmend größer werdende Schar von Mitstreitern. Anfang April 68 – zwei Monate vor Neros Tod und noch vor der Niederlage des Vindex – warf er dem amtierenden Kaiser offen den Fehdehandschuh hin, indem er sich im heutigen Cartagena von seinen Truppen und ausgewählten Teilen der Bevölkerung praktisch zum neuen Kaiser ausrufen ließ. Offiziell nannte er sich „Legat des Senates und des römischen Volkes" – ein kluger Schachzug, weil er sich anders als der autokratische aktuelle Amtsinhaber damit als Exponent und Repräsentant von Senat und Volk von Rom präsentierte.

Gerne hätte man gewusst, wie Tacitus die Reaktion Neros auf diese bedrohlichen Vorgänge dargestellt hat, doch sind die entsprechenden Partien seiner Annalen nicht erhalten. Von Cassius Dio liegen nur einige Fragmente vor, die jedoch in der Tendenz klar sind: Nero gerierte sich demnach kopflos und eines Kaisers unwürdig – eben so, wie er sich gemäß dem Bild, das der Autor von Nero generell entwarf, verhalten musste. Am ausführlichsten ist die Darstellung des Biografen Sueton. Die Nachricht vom Abfall Galbas rief demnach bei Nero folgende Reaktionen hervor: Erst fiel er in Ohnmacht, lag lange regungslos da, wie ein Toter. Wieder aufgewacht, zerriss er sein Gewand, schlug sich an den Kopf und teilte mit, nun sei es um ihn geschehen.[4] Seine Amme musste ihn beruhigen, erinnerte ihn daran, dass anderen Herrschern so etwas auch schon passiert sei. Nein, antwortete Nero, sein Schicksal sei etwas ganz Einmaliges, weil er noch zu Lebzeiten den Thron verliere. Nach dieser Litanei wandte er sich wieder dem gewohnten Lebenswandel zu, schwelgte in Luxus und parodierte bei einem Gastmahl die Anführer des Aufstands. Außerdem ging er heimlich ins Theater.

Sueton war kein Erfinder. Derlei Geschichten wurden damals wohl wirklich verbreitet. Ihre Glaubwürdigkeit ist indes nicht sehr hoch. So wollte man sich den in Bedrängnis geratenen Nero eben gerne vorstellen. Sortiert man die Fakten, ergibt sich ein etwas anderes Bild. Tatsächlich reagierte Nero auf die Erhebung Galbas auf die Weise, dass er den Senat veranlasste, den Prätendenten zum Staatsfeind zu erklären. Dann traf er Anstalten zu einem militärischen Vorgehen, in Italien wurden neue Truppen ausgehoben sowie Zwangsabgaben zur Finanzierung angeordnet. Die Handlungsfähigkeit des Kaisers war also nicht komplett eingeschränkt. Doch er setzte auf Konfrontation statt auf Deeskalation. Aber immerhin handelte er, wenn auch falsch. Demgegenüber wirkt es außerordentlich skurril, wenn Sueton von weiteren angeblichen Verzweiflungsakten und Wahnsinnsplänen berichtet.[5] Bei einem Gastmahl sollten alle Senatoren vergiftet werden. Rom sollte in Brand gesteckt werden, dabei wollte er wilde Tiere auf das Volk loslassen, um Rettungsmaßnahmen zu verhindern. Die Mätressen, die er auf den Feldzug gegen seine Gegner mitnehmen wollte, sollten einen Männerhaarschnitt erhalten und wie die legendären Amazonen mit Streitaxt und Schildern ausgestattet werden.

Doch wurde die Lage für Nero seit dem April immer kritischer. Aus den Provinzen wurden weitere Widerstände gemeldet. Alles kam nun darauf an, dass die Prätorianer auf seiner Seite blieben. Seit Augustus war es für jeden Kaiser unverzichtbar, die Truppe und vor allem die jeweiligen Präfekten auf ihrer Seite zu wissen. Nach Entmachtung und Tod des Burrus im Jahre 62 kommandierte Tigellinus bis 65 zusammen mit Lucius Rufus und danach mit Gaius Nymphidius Sabinus die kaiserliche Garde. Tigellinus wird in den Quellen als übler Komplize der Untaten Neros charakterisiert. Diesen Ruf verdankt er wohl allerdings weniger seinem tatsächlichen Handeln als vielmehr dem Umstand, dass er als einer der wichtigsten Helfer Neros auch vor dem Hintergrund von dessen Bild, das die antiken Autoren zu zeichnen bemüht waren, gesehen wurde. Ein schlechter Kaiser musste einen schlechten Präfekten haben. Bezeichnend ist die Formulierung bei Cassius Dio: Tigellinus war nur ein „Anhängsel Neros".[6] Aber natürlich war Tigellinus ein wichtiger Faktor im System Nero. Seine Inszenierungen konnten nur funktionieren vor dem Hintergrund einer strukturell stabilen Organisation der Herrschaft, bei der den Prätorianern eine wichtige Rolle zukam.

Die Prätorianer waren also eine bedeutende Stütze der Herrschaft. Sie waren potenziell aber immer auch eine Gefahr für die Herrschaft – und zwar dann, wenn die Präfekten ihre exponierte Position dazu ausnutzten, um eine eigene Machtstellung aufzubauen. Dies hatte bereits der zweite Kaiser Tiberius schmerzlich erfahren dürfen, dem mehr und mehr die Zügel der Herrschaft entglitten waren, weil die Prätorianer-Kommandanten Seianus und Macro das Heft in die Hand genommen und den Princeps fast zur politischen Wirkungslosigkeit verurteilt hatten. Bis zum Anfang des Jahres 68 hatte Nero auf seine beiden Prätorianer-Chefs bauen können. Tigellinus blieb auch in der kritischen Situation, die sich nach dem Vindex-Aufstand ergab, loyal. Anders sein Kollege. Nymphidius hatte die lange Abwesenheit Neros in Griechenland genutzt, um seine Macht in Rom auszubauen. Dabei vermochte er davon profitieren, dass Tigellinus mit Nero in Griechenland unterwegs gewesen war. Fünfzehn Monate waren genug, das Ziel zu erreichen, wenigstens in der Stadt Rom zum mächtigsten Mann zu avancieren. Die meisten Informationen über seine Rolle beim Sturz Neros liefert Tacitus – nicht in den Annalen, sondern am Beginn der Historien, in denen er die Geschichte der Kaiserzeit nach Nero beschrieben hat. In seiner typischen Diktion geißelt der Historiker „verbrecherische Umtriebe" des Präfekten und unterstellt ihm, selbst nach der Herrschaft getrachtet zu haben, obwohl die Entwicklungen doch auf Galba als Nachfolger Neros hinaus liefen.[7] Richtig erfolgreich verlief die weitere Karriere des Nymphidius nicht. Vielmehr wurde er in den Machtkämpfen nach Neros Tod von seinen eigenen Prätorianern ermordet. Dennoch kommt ihm im Rahmen dieser Ereignisse mehr als nur die Rolle einer Fußnote im Buch der großen Geschichte zu. Indem er Tigellinus ins Abseits stellte und sich von Nero distanzierte – sei es, weil er für ihn keine Zukunft mehr sah, sei es, weil er sich selbst etwas ausrechnete –, vollzog er den entscheidenden Schritt zur Destabilisierung und zum schließlichen Untergang des Systems Nero. Der Meister der Inszenierung hatte die substanzielle und materielle Grundlage seines Herrschertums verloren, die ihm seine Inszenierungen überhaupt erst ermöglichten.

So blieb es Nymphidius Sabinus vorbehalten, den letzten Akt in Neros Drama zu eröffnen, bei dem nicht mehr der Kaiser die Regie führte, sondern neben den Prätorianern der Senat, Galba und die Legionen der mit ihm verbündeten Legaten und Feldherrn das Geschehen diktierten. Indem Nymphidius Nero das Vertrauen entzog und die Garde von ihm löste, war das Ende des Kaisers Nero eingeläutet. Am 8. Juni brachte der Präfekt den Senat dazu, Nero zum Staatsfeind zu erklären. Diese Deklaration war gleichbedeutend mit seiner Absetzung und dem Todesurteil. Gleichzeitig wurde Galba in Abwesenheit zum neuen Princeps erhoben. Den Prätorianern stellte man, um ihre Bereitschaft, die neuen Verhältnisse zu akzeptieren und zu fördern, großzügige Geldgeschenke in Aussicht.

Noch einmal soll Nero alle möglichen Rettungsszenarien durchgespielt haben. Der Gedanke an Flucht kam auf. Schon schickte der Kaiser Vertraute in die nahe gelegene Hafenstadt Ostia, um eine Flotte klarzumachen. Das kann glaubwürdig sein, denn dabei handelte es sich um ein nachprüfbares Faktum. Sonst ist auch bei den vielen, namentlich von Sueton für diese Endphase der Herrschaft überlieferten Plänen und Aktionen Neros der Wahrheitsgehalt geringer als das Bestreben, die Konfusion eines überforderten Kaisers zu dokumentieren. Flucht aber wäre tatsächlich eine reale Alternative für Nero gewesen. Aber wohin sollte er sich wenden? Als Ziele werden die Parther und Galba genannt. Nero als Asylant bei den Parthern? Mit dem König pflegte er seit Beendigung der Armenienkriege halbwegs gute Beziehungen. Doch Galba? Das wäre eine pure Verzweiflungstat gewesen, ohne Aussicht auf Erfolg. Dann habe er überlegt, in schwarzer Kleidung vor das Volk zu treten, um eine rührende Rede zu halten, mit der Bitte um Verzeihung und die Erlaubnis, die Statthalterschaft in Ägypten antreten zu dürfen. Sueton unterstreicht die Authentizität dieser Information: Man habe den Text der Rede später gefunden. Von Ägypten ist auch in einer kurzen Passage bei Cassius Dio die Rede.[8] Der Kaiser habe nach Alexandria fliehen wollen, um dort als einfacher Privatmann zu leben und um dort wieder in die Saiten der Kithara zu greifen. Die Glaubwürdigkeit dieser Information tendiert deutlich gegen null. Privatleben war etwas, was völlig außerhalb von Neros Welt lag. Alles, was er tat, war für die Öffentlichkeit gedacht. Und das galt ganz besonders für die Musik und den Gesang. Musik im Verborgenen habe keinen Wert, pflegte Nero zu sagen. Die Vorstellung, ihn in einem kleinen Zimmer im Exil in Alexandria leise vor sich hin musizieren zu sehen, wäre völlig absurd gewesen.

Unter dem Strich bleibt als einziger Punkt, der bei all diesen Aussagen und Gerüchten einer kritischen Betrachtung standhält, der Plan Neros, Italien zu verlassen. Doch dazu kam es nicht mehr. Er stand auf der Todesliste des Senats und der Prätorianer. Der Weg zum Hafen war durch die Truppen versperrt. In der Nacht vom 8. auf den 9. Juni verließen ihn die letzten loyal gebliebenen Mitglieder der Palastwache. Verlassen von allen Freunden und Vertrauten, fand er in seinem Freigelassenen Phaon ein letzte Stütze. Seine Aufgabe war bis dahin das Hüten der kaiserlichen Kasse gewesen.[9] Dessen Vorschlag, ihn aus dem Palast in sein nahe gelegenes Landgut zu bringen,[10] sicherte ihm einen festen Platz in jeder Darstellung zur Geschichte der frühen römischen Kaiserzeit. Neros letztes Refugium befand sich in nordöstlicher Richtung von Rom, wie Sueton sagt, „zwischen der Via Salaria und der Via Nomentana beim vierten Meilenstein".

Neros letzte Stunden hat Sueton sehr genau beschrieben. Im Prinzip dürfen seine Angaben als glaubwürdig gelten, gab es doch einige Zeugen, die über die Vorgänge aus erster Hand berichten konnten. Sueton spricht von vier Begleitern, einer von ihnen war Sporus, sein „Lustknabe", den Nero nach dem Tod der Poppaea ganz offiziell geheiratet hatte. Gleichwohl sollte man sich auch die Möglichkeit offenhalten, dass manches eine aus dramaturgischen Gründen angefügte Zutat ist. Aus dem Prunkkaiser war nun eine traurige Gestalt geworden. Die Flucht aus dem Palast trat der entthronte Herrscher zu Pferd, aber barfuß an, nur mit einer Tunika und einem verblichenen Mantel bekleidet. Man sollte ihn nicht erkennen, er verbarg sein Haupt unter einem Hut und hielt sich ein Taschentuch vor das Gesicht. Cassius Dio lässt in dem Moment, als Nero den Palast verließ, ein Erdbeben ausbrechen, das man jedoch getrost in die Abteilung Fiktion einordnen kann.[11] Antike Autoren ließen gerne einschneidende politische oder militärische Vorgänge von einem Toben der Naturgewalten begleiten, um das Chaos zu illustrieren. Sueton kommt auch nicht ohne Erdbeben aus und nimmt es zum Anlass, Neros Ängstlichkeit zu geißeln.

Plötzlich hörte man das Lärmen von Soldaten. Sie ergingen sich in Verfluchungen Neros und Glückpreisungen Galbas. Reisende kamen entgegen und machten der kleinen Gruppe die wenig überraschende Mitteilung, dass die Soldaten hinter Nero her waren. Man begegnete unpassenderweise einem ehemaligen Prätorianer, der Nero erkannte, es aber bei einem Gruß beließ. Auf abgelegenen Wegen gelangten Nero und seine letzten Begleiter zu Phaons Villa. Da man befürchten müsste, dass sie unter Bewachung stand, wurde durch das Gestrüpp, das das Haus umgab, eine Schneise geschlagen, durch die sich Nero in eine neben dem Hauptgebäude gelegene Kammer zwängte, wo er sich auf eine Matratze legte. Da die Lage inzwischen aussichtslos war, drängten ihn die Begleiter, seinem Leben ein noch halbwegs würdiges Ende zu bereiten. Nero zauderte, ließ aber immerhin schon eine nach seinen Maßen gefertigte Grube ausheben. Die Arbeiten dazu begleitete er mehrmals mit dem Ausspruch: „Was für ein Künstler geht mit mir zugrunde"[12]. Auch Cassius Dio zitiert diesen Satz, deklariert ihn aber als Neros letzte Worte. Ein Satz, der zu Nero passt.

Ein Satz, der zu einem Kaiser passt, der so lange Zeit virtuos die Kunst als Mittel der Herrschaft zelebriert hatte. Die Kunst, die für ihn elementarer Bestandteil seiner Existenz als Kaiser gewesen war. War der Ausspruch ein spontaner Einfall, einem plötzlichen Impuls folgend? Oder hatte ihn Nero schon vorher konzipiert für den ja nicht unbedingt unwahrscheinlichen Fall der Fälle? Eine gewisse Verwandtschaft zu einem der letzten Worte seines propagandistischen Vorbilds Augustus ist jedenfalls unverkennbar. Der erste Princeps hatte die um sein Bett versammelten Freunde und Berater gefragt, ob er die Komödie des Lebens gut gespielt habe, und bat sie für diesen Fall um Beifall. Bei Nero stand keiner um ein Totenbett herum. Doch seine finale Klage konnte als eine Anleihe bei dem großen Augustus interpretiert werden, und somit handelte es sich auch nicht um eine plötzliche Eingebung.

Und die Dinge spitzten sich weiter zu. Es erschien ein Bote, der Phaon ein Schreiben mit den Beschlüssen des Senats überreichte. Nero wusste nun offiziell, dass er ein dem Tod geweihter Staatsfeind war. Zur Sicherheit fragte er nach, welche Strafe ihn erwarte, würde er sich denn stellen. Man würde ihn nackt zu Tode peitschen, lautete die Antwort, mit dem Hals in einer Gabel. Diese Aussicht war selbst für den Meister der Inszenierung zu viel. Nero wollte bei seinen Spektakeln immer die Regie führen. Die Opferrolle lag ihm nicht. In einem letzten Akt Selbstmord zu begehen, beließ ihm wenigstens noch die Chance, die Dinge selbst in die Hand zu nehmen. So holte er jetzt zwei Dolche hervor, die er mitgebracht hatte. Er prüfte ihre Schärfe, zögerte dann wieder, meinte, seine Stunde sei noch nicht gekommen. Dann animierte er Sporus, die Totenklage anzustimmen, traditionell die Aufgabe von Frauen, was bei dem Eunuchen also passend war. Der Gedanke, nun den Selbstmord ausführen zu müssen, schreckte ihn so sehr, dass er um Assistenz bat. Glaubt man Sueton oder seinen Informanten, stammelte Nero dabei immer wieder konfuse Worte, wechselweise auf Lateinisch und Griechisch: „Mein Leben ist nur noch eine einzige Schmach und Schande. (lateinisch) Das gehört sich nicht für einen Nero, wirklich nicht. In einer solchen Lage gilt es, besonnen zu sein. Nun komm schon, mach dich auf! (griechisch)" Sprach er in dieser Situation Griechisch, weil sein Vorbild Augustus sich ebenfalls dieser Sprache bedient hatte? Doch Augustus hatte darauf geachtet, als ein Herrscher zu erscheinen, der sich bis zum letzten Atemzug um das Wohl des Reiches, der Stadt und der Seinen kümmerte. Von einer solchen Einstellung zeugen Neros Worte nicht. Vielmehr spricht aus ihnen das Erstaunen und das Entsetzen, auch das völlige Unverständnis, dass es so weit hatte kommen können, dass er, der große Künstlerkaiser, am Ende ganz isoliert dastand, zum Staatsfeind erklärt, von Soldaten gejagt, mit dem Selbstmord als letzter Option.

Plötzlich hörte man, wie sich Reiter dem Haus näherten. Ihr Auftrag war auch Nero klar: Sie sollten ihn nach Rom bringen, vor den Senat, zu den Prätorianern. Und dann würde man ihn hinrichten. Kurz flackerte noch einmal der Künstler auf, der wiederum auf Griechisch Homer zitierte: „Donnernd schallt mir zu Ohren der Hufschlag eilender Rosse."[13] Daraufhin stieß er sich den Dolch in die Kehle. Nicht ganz von selbst. Sein Freigelassener Epaphroditus musste ihm dabei helfen. Als der Anführer der Reitertruppe ins Haus stürzte, war Nero noch am Leben. Der Prätorianer, im Konflikt, seinen Auftrag ausführen zu müssen und dem Kaiser helfen zu wollen, warf seinen Mantel auf die Wunde. Nero blieben noch zwei finale Mitteilungen an die Nachwelt. Sie bezogen sich beide auf den Prätorianer und seinen Mantel: *sero* und *haec est fides* – „zu spät" und „das ist Treue". Mit diesen Worten starb er. „Die Augen traten ihm hervor und erstarrten. Den Leuten, die ihn anschauten, lief es kalt den Rücken herunter, und sie erschauderten."

Eine der letzten Verfügungen Neros an seine Begleiter war gewesen, dafür Sorge zu tragen, dass man ihm nach seinem Tod nicht den Kopf abschlage. Er wollte komplett begraben werden, mit allen seinen Gliedmaßen. Dahinter stand die Furcht, man würde seinen Kopf als Trophäe durch die Straßen von Rom tragen. Icelus, einer der Leute Galbas, der nun das Heft in der Hand hatte, erteilte die Erlaubnis, es so zu machen, wie es der Kaiser gewünscht hatte.

Normalerweise wäre Nero im Mausoleum des Augustus, auf dem Marsfeld in Rom, bestattet worden. Doch für einen Staatsfeind war kein Platz in der Grabstätte der iulisch-claudischen Familie. Vielmehr fand er seine letzte Ruhestätte im Grab der Domitier, zu der er von Haus aus gehört hatte, bevor er dank seiner Mutter Zugang zur iulisch-claudischen Familie erhalten hatte. Dieses Grab der Domitier befand sich auf dem heutigen Monte Pincio, einer vornehmen Gegend, wo reiche Römer opulente Parkanlagen besaßen. Natürlich gab es auch keine große Begräbniszeremonie, und auch für irgendwelche Inszenierungen war kein Platz. Um die technische Abwicklung kümmerten sich zwei Ammen namens Egloge und

Alexandria, dazu Acte, seine Geliebte, die nach einer langen Zeit der Abwesenheit in den Quellen nach dem Tod Neros unvermittelt wieder auftaucht. Die Frauen waren bemüht, Nero trotz aller widriger Umstände ein standesgemäßes, halbwegs würdiges Begräbnis zu ermöglichen. Immerhin investierten sie dafür die stolze Summe von 200.000 Sesterzen. Die Leiche wurde in weiße, mit Gold durchwirkte Decken gehüllt, die, wie Sueton anmerkt, Nero zuletzt am Neujahrstag getragen hatte. Der Sarkophag mit den sterblichen Überresten des Kaisers bestand aus Porphyr, dem Material der Könige und Kaiser. Dazu befand sich in der Grabstätte ein Altar mit Steinen aus den Marmorbrüchen aus Carrara und von der griechischen Insel Thasos.

14   Nero lebt

Als Nero am 9. Juni 68 seinem Leben ein Ende setzte, war er offiziell immer noch „Staatsfeind". Jedoch lag in Rom keinerlei Erfahrung vor, wie man mit einem toten Kaiser umgehen sollte, der als Staatsfeind galt. Prinzipiell kannte man die Praxis der *damnatio memoriae*, der „Tilgung der Erinnerung". Man löschte alle verfügbaren Spuren aus, die geeignet waren, die Existenz der betreffenden Person im Gedächtnis zu bewahren. Zum Repertoire der Sanktionen gehörte etwa die Zerstörung von Statuen oder die Entfernung von Inschriften, auf denen der Name des Betreffenden auftauchte. Nero fiel nicht dieser Maßnahme anheim, auch wenn dies in modernen Darstellungen und Biografien immer wieder behauptet wird.[1] Nachdem die Nachricht von seinem Tod die Runde gemacht hatte, liefen Menschen mit Mützen, die Sklaven nach ihrer Freilassung trugen, durch die Straßen der Hauptstadt und feierten.[2] Andere legten Blumen auf sein Grab und schmückten eigens aufgestellte Statuen mit seinem Bild. Auf diesen Statuen war Nero mit der *toga praetexta*, dem purpurfarbenen Prunkgewand der Amtsträger, dargestellt. Und sie verkündeten in seinem Namen Edikte, von Sueton zutreffend mit den Worten kommentiert: „so als lebe er noch oder werde in Kürze zum großen Verderben seiner Feinde zurückkommen"[3].

Nero hinterließ, wie diese Reaktionen zeigen, jubelnde Gegner und trauernde Anhänger. Froh über seinen Tod waren insbesondere die Mitglieder jener Eliten, die der Kaiser zu politischen Statisten verurteilt und die er gerne zu Objekten seiner Inszenierungen degradiert hatte. Unter den Senatoren und den reichen Rittern herrschte Erleichterung, und man setzte darauf, dass mit Galba alles besser werden würde. Die Nero-Freunde rekrutierten sich zu einem großen Teil aus der Masse der Bevölkerung – in Rom, aber auch in Neapel, Neros bevorzugter Künstlerstadt. Die einfachen Menschen wussten zu schätzen, dass der Kaiser sich um ihre Gunst, ihre Sympathie, vor allem aber ihren Beifall bemüht hatte. Da nahmen sie es auch in Kauf, dass sie faktisch nicht mehr als eine Kulisse für Neros Selbstdarstellung gewesen waren. Und mochten sie die endlosen, sich im Repertoire wiederholenden musikalischen Darbietungen allmählich auch genervt haben, so faszinierte viele doch die schillernde Persönlichkeit dieses Herrschers. Natürlich spielte dabei auch eine wichtige Rolle, dass es den Menschen unter Nero lange Zeit auch wirtschaftlich gut gegangen war – jedenfalls so lange, bis die sündhaft teuren Bauprojekte des Kaisers ein tiefes Loch in den Staatskasse rissen und die Kosten nunmehr durch Steuern und Abgaben auf die Bevölkerung abgewälzt wurden. Doch es war wie beim bayerischen „Märchenkönig" Ludwig II.: Das Volk mochte ihn trotzdem.

Galba kam, Otho und Vitellius kamen, die nur ganz kurz an der Macht waren, dann kam Vespasian, Neros einstiger Feldherr in Judäa, der 69 die flavische Dynastie gründete – und Nero blieb. Er schwebte gewissermaßen über seinen Nachfolgern, je nach Einstellung als guter oder böser Geist. Galba versuchte sich abzugrenzen, sein Nachfolger Otho ging schon moderater mit der Erinnerung an Nero um. Vitellius, ausgestattet mit einem feinen Gespür dafür, wie man bei der Bevölkerung der Hauptstadt punkten konnte, setzte ganz auf die Karte Nero. „Damit bei niemandem ein Zweifel aufkomme", so erzählt Sueton, wen er sich als Vorbild in der Leitung des Staates ausgesucht habe, veranstaltete er mitten auf dem Marsfeld eine Totenfeier für Nero, bei der die staatlichen Priester in großer Zahl anwesend waren. Beim Festessen animierte er ganz ungeniert einen Kitharaspieler, der seinen Beifall gefunden hatte, etwas aus dem „Dominicus" vorzutragen. Als dieser die Gesänge Neros anstimmte, sprang er als Erster wiederholt vom Sitz hoch und klatschte Beifall"[4]. Ohne Zweifel war dieses Verhalten genau kalkuliert. Vitellius rechnete damit, Anhänger zu finden und seine Herrschaft zu stabilisieren, wenn er sich wie ein zweiter Nero verhielt. Mit Nero war nach seinem Tod eben weiter Staat zu machen. Und nebenbei erfährt man, dass Neros Musik, zusammengefasst in einer ‚Dominicus' genannten Sammlung, noch immer vorhanden und vor allem auch noch salonfähig war.

Posthume Popularität genoss Nero aber nicht nur in Rom und Italien. Auch bei den Parthern scheint man ihm nachgetrauert zu haben. König Vologaises, sein Kontrahent in den Kämpfen um Armenien, nutzte die Entsendung einer Delegation nach Rom, um den Gastgebern ins Stammbuch zu schreiben, das Andenken an Nero zu pflegen.[5] Erklärbar ist diese Haltung vor dem Hintergrund des Umstandes, dass die Parther, wie überhaupt die Dynasten des Orients, die mit ihm politische Kontakte hatten, ihn als Herrscher erfahren hatten, dessen Inszenierungen auf sie weniger römisch als orientalisch wirkten – obwohl Nero seine Inspiration eher aus dem römischen Kontext bezog.

Sueton schließt seine Nero-Biografie mit der Schilderung eines Falles ab, den er selbst als junger Mann miterlebte. Da Sueton um 70, also kurz nach Neros Tod, geboren wurde, dürfte sich dieser Vorgang um 89/90 ereignet haben. Ein Mann obskurer Herkunft sei damals mit der Behauptung aufgetreten, er sei Nero. Die Parther unterstützten diesen Anspruch, und nur unter großer Anstrengung sei es gelungen, den mutmaßlichen Hochstapler nach Rom zu überführen. Dabei handelte es sich bereits um den dritten Fall des Auftritts eines „falschen" Neros. Der erste war schon im Jahre 69 aufgetaucht. Darüber liegt ein ausführlicher Bericht in den Historien des Tacitus vor.[6] Achaia und Asia – also Griechenland und Kleinasien – wurden, so heißt es, durch die Falschmeldung aufgeschreckt, Neros Wiederkehr stehe bevor. Viele Menschen waren der Ansicht, er lebe noch, und – eine typische Tacitus-Sentenz – noch mehr Menschen glaubten daran. Der angebliche Nero war ein Sklave aus der Pontos-Region, also aus dem östlichen Kleinasien. Andere sagten, es handle sich um einen Freigelassenen aus Italien. Er konnte Lyra spielen, singen und sah aus wie Kaiser Nero. Das reichte aus, um mit großen Versprechungen und Bestechungen eine Anhängerschaft aus mittellosen Deserteuren, die sich ziellos herumtrieben, um sich zu scharen. Zieht man die Polemik ab, die bei allem zum Vorschein trat, wenn Tacitus über Nero sprach, so bleibt unter dem Strich als Faktum, dass sich wie beim echten Nero vor allem die Unterschichten zu dem falschen Nero hingezogen fühlten. Er wurde letztlich aufgegriffen, und sein Kopf, „auffallend durch Augen, Haar und finsterer Blick", wurde zur Abschreckung nach Rom geschickt.

Zwischen dem ersten und dem dritten Nero war ein zweiter zur Zeit des Kaisers Titus zwischen Juni 79 und September 80 erschienen. Wenn er dem Original halbwegs ähneln wollte, musste er zu diesem Zeitpunkt etwa 40 Jahre alt sein. Zum Glück war Nero früh genug gestorben, um auch noch älteren Herrschaften mit Aussicht auf Erfolg die Chance zu bieten, sich für ihn auszugeben. Sein richtiger Name wird als Terentius Maximus wiedergegeben, und er sollte ebenfalls aus Kleinasien stammen.[7] Er sammelte dort viele Anhänger und landete schließlich bei den Parthern, die er daran erinnerte, dass Nero ihnen bei den Auseinandersetzungen um Armenien freundlich entgegengekommen war. Später, als man seine wahre Identität lüftete, fand er den Tod.

Es war kein Zufall, dass die Nero-Imitate alle im Osten agierten. Dort konnten sie damit rechnen, Akzeptanz und Gefolgschaft zu gewinnen. Auch in Griechenland hatte der Name Nero einen guten Klang, nicht zuletzt wegen der Freiheitserklärung von Korinth, aber auch wegen seines unkonventionellen Auftretens. Diese Stimmung hat um das Jahr 100 der Redner Dion von Prusa in die Worte gekleidet: „Nichts hätte Nero gehindert, bis in alle Ewigkeit zu herrschen, wünscht sich doch bis zum heutigen Tag jeder, Nero wäre noch am Leben. Die meisten glauben sogar, dass er noch lebt, obwohl er nicht nur einmal, sondern in gewisser Hinsicht viele Male gestorben ist, gleich denen, die fest daran glauben, dass er noch lebe."[8]

Weniger gut waren die Christen auf Nero zu sprechen. Aus ihrer Sicht war er der erste Verfolger ihrer Religion, und christliche Autoren wurden nicht müde, ihn zum Dämon, zum Ungeheuer, zum Antichristen schlechthin zu stilisieren. Gleichwohl genoss der Kaiser auch in der Zeit, als sich das Christentum als führende Religion im Römischen Reich etablierte, weiter Sympathien. Ein Beweis dafür sind die sogenannten Kontorniaten, im 4. und 5. Jahrhundert in Form von Medaillons geprägte Münzen, die als Neujahrsgaben ausgegeben wurden. Auf ihnen taucht auffällig häufig das Bild Neros auf. Möglicherweise handelte es sich dabei um die Artikulation von Opposition gegen die damaligen Kaiser, die sich mehr und mehr dem Christentum öffneten.[9]

So hat Nero in der Rezeptionsgeschichte der Antike eine wesentlich bessere Reputation aufzuweisen, als dies heute in der allgemeinen Wahrnehmung der Fall ist. An dem negativen Nero-Bild strickten dabei nicht nur die zeitnahen Quellen wie vor allem Sueton, Tacitus und Cassius Dio. Die Verantwortung liegt auch bei Peter Ustinov, der in dem *Quo vadis*-Film von 1951, nach der literarischen Vorlage von Henryk Sienkiewicz Nero so schön dämonisch spielte, dass man in ihm den Inbegriff eines despotisch-dekadenten Kaisers sieht, verbunden mit den Attributen Christenverfolger, Brandstifter und Muttermörder – und weniger einen Herrscher, der eine außergewöhnliche Begabung bei der Inszenierung seiner Macht unter Beweis stellte.

15 Bilanz

* Nero war ein Meister der Inszenierung. Er beherrschte die Inszenierung der Macht und wusste um die Macht der Inszenierung. Sein Anspruch, Künstler zu sein, war elementarer Bestandteil seines kaiserlichen Selbstverständnisses. Am wichtigsten war für ihn der Beifall der Masse.
* Nero kümmerte sich auch, jenseits der großen, von ihm einer Inszenierung für geeignet betrachteten Politik, um das politische Alltagsgeschäft.
* Das gängige Bild von Nero als Despot und Ungeheuer ist das Produkt der antiken Biografie und Historiografie. Die Autoren schufen einen Nero, den sie ganz nach ihren Interessen und ihrer politischen Vorstellungswelt gestalteten. Für den echten Nero fehlte ihnen der Sensus.
* In den vierzehn Jahren seiner Herrschaft blieb Nero sich selbst treu. Er mutierte nicht, wie in den antiken Quellen postuliert, von einem guten, beziehungsweise passablen zu einem schlechten Kaiser. Nicht Nero änderte sich. Es änderten sich die Rahmenbedingungen und die Einstellung der Menschen zu seinem Herrschaftsstil.

Nero war ein schlechter Kaiser. Nero war ein guter Kaiser. Nero war ein guter Kaiser, der später ein schlechter Kaiser wurde. Nero war ein schlechter Kaiser, der aber auch seine guten Seiten hatte. Jenseits solcher Schablonen, die in der Literatur lange Zeit angelegt wurden, wenn von Nero die Rede war, hat es sich in der Forschung der letzten Jahre und Jahrzehnte gezeigt, dass es notwendig ist, ein differenzierteres Bild vom letzten Kaiser der iulisch-claudischen Dynastie zu zeichnen.[1] Frei von der moralischen Empörung über einen grausamen, dekadenten, verrückten Kaiser, die sich im Anschluss an die antiken Autoren durch viele moderne Darstellungen zieht, stehen Bestrebungen, Nero konsequent aus den Bedingungen seiner Zeit heraus zu interpretieren und insbesondere das Künstlertum nicht als exotische Marotte, sondern als elementaren Bestandteil seiner Existenz als Kaiser zu begreifen.

Mit diesem Ansatz lässt sich das Phänomen Nero am besten erfassen. Entwickelt man ihn in den Kategorien der Herrschaftssoziologie und der

Herrschaftspolitik weiter, so kommt man, wie in den vorhergehenden Ausführungen gesehen, zum Porträt eines Kaisers, für den die Macht nicht etwas war, was ihm die Möglichkeit gab, Politik zu gestalten. In dieser Hinsicht war Nero nicht einmal eine Ausnahme. Grundsätzlich war es schon in den Zeiten der alten Republik so gewesen, dass die Senatoren politische Ämter nicht als Aufgabe, sondern als Anerkennung des persönlichen und gesellschaftlichen Status ansahen. Augustus legitimierte seine Ausnahmestellung mit der *auctoritas*, das heißt mit in der Vergangenheit erbrachten Leistungen und dem daraus resultierenden Anspruch auf eine herausgehobene persönliche Stellung. Um diesen Anspruch zu unterstreichen, entwickelte der erste Princeps ausgefeilte Methoden der Propaganda – in Wort, Bild, Schrift und Architektur. Er sprach viel vom römischen Staat und meinte meist seinen Staat. Nero nahm sich Augustus zum Vorbild. Im Mittelpunkt, so lernte er, muss die Person des Herrschers stehen. Doch während Augustus noch behutsam auf der Klaviatur der Macht spielte, führte diese Vorstellung bei Nero zu einer bis dahin beispiellosen Konzentration der Politik auf die eigene Person. Der Kaiser war dazu da, umjubelt zu werden, und das Volk war dazu da, dass ihm der Kaiser etwas zu bieten hatte. In der Musik und im Gesang fand Nero die Mittel, um beides zu gewährleisten.

Auf der anderen Seite war Nero gelegentlich auch Politiker in dem Sinne, dass er die Regierungsgeschäfte lenkte. Diese Arbeiten, mit denen für seine Person keine Meriten zu erwerben waren, regelte er ganz unkünstlerisch zu Hause im Arbeitszimmer oder hinter den verschlossenen Türen des Senats.

Die Bühne des Forums oder des Theaters war für die ganz großen Themen reserviert, bei denen der Kaiser im Brennpunkt des allgemeinen Interesses stehen und Beifall ernten konnte. Beispielhaft waren die Krönung des Tiridates in Rom und die Freiheitserklärung für die Griechen. Hier demonstrierte der Kaiser die Macht der Inszenierung, während er bei seinen musikalischen Auftritten auf die Inszenierung der Macht setzte.

Für das schlechte Image, das Nero bis heute hat, sind in erster Linie die antiken Autoren verantwortlich. Bei den Hauptquellen handelt es sich um zwei Senatoren (Tacitus, Cassius Dio) und einen Hofbeamten (Sueton), die aus den Interessen ihres Standes heraus dem Kaiser negativ gegenüberstanden. Würden die drei Hauptquellen aus der Feder von Angehörigen der stadtrömischen Bevölkerung und von Griechen des Jahres 67 stammen, sähe die Lage anders aus.

Erst war Nero gut, dann wurde er schlecht. Dieses Schema, das sich in den Quellen wie auch in der modernen Literatur findet, stammt aus der antiken Tyrannentopik und entspricht auch einer bestimmten Vorstellung von der Entwicklung von Charakteren. In der Realität war der Nero des Jahres 68 immer noch der Nero der früheren Jahre, auch wenn die Rolle des Künstlers im Laufe der Jahre für ihn wichtiger wurde. Doch die Umwelt hatte sich verändert: Wirtschaft und Finanzen waren in einem desolaten Zustand, die Soldaten ärgerten sich über geringere Soldzahlungen, die Masse der Bevölkerung über Rationierungen in der Lebensmittelversorgung und höhere Abgaben. In einer solchen Situation kam ein singender Kaiser nicht mehr so gut an wie in den Zeiten, als alles prosperierte.

Welchen Platz nimmt Nero in der römischen Geschichte ein? Faktisch gesehen, hat er wenig bewirkt. Politische Taten mit Langzeitwirkung fehlen. Seine Bedeutung liegt in anderen Bereichen. Seine Herrschaft zeigt die Strapazierfähigkeit der römischen Monarchie. Das System konnte auch einen Kaiser verkraften, der sich ganz darauf konzentrierte, sich selbst in den Vordergrund zu stellen, der das System dazu benutzte, sich zu inszenieren. Den Nachfolgern hatte Nero damit die Erinnerung an einen besonderen Herrschaftsstil hinterlassen. Für die einen war er Anlass, es anders zu machen, die anderen sahen das darin enthaltene Potenzial, bei den städtischen Massen, aber auch bei der Bevölkerung im griechischen Osten des Imperiums Pluspunkte zu sammeln. So steckte in einigen späteren Kaisern wie Domitian oder Commodus noch mehr Nero, als es dessen aristokratische Kritiker nach seinem Tod für möglich hielten, wenn sie daran dachten, wie künftige Kaiser beschaffen sein sollten. In Vergessenheit ist Nero jedenfalls nie geraten, was ihn vermutlich, hätte er dies voraussehen können, eine große Genugtuung gewesen wäre.

Anmerkungen

1 Einleitung: Der berühmteste römische Kaiser

[1] Aurelius Victor, Liber de Caesaribus 5, 2; Epit. 5,2 ff.
[2] Der Untertitel der ebenso kompakten Nero-Studie von Elbern („Kaiser–Künstler–Antichrist") spiegelt die Bandbreite moderner Nero-Bilder ebenso wie die Häufung von Attributen wie Brandstifter, Christenverfolger, Tyrann, Wahnsinniger. Nach dem Vorbild der instruktiven und innovativen Caligula-Monografie Winterlings wird auch die Herrschaft Neros in der jüngeren Forschung verstärkt unter herrschaftspolitischen und herrschaftssoziologischen Perspektiven betrachtet (Waldherr, Flaig, Meier). Außerordentlich bedeutsam ist das Buch Champlins, der Neros viel zitiertes Künstlertum nicht als Spleen eines exzentrischen Herrschers interpretiert, sondern es in den Kontext von Person und Zeit einordnet.
[3] The Development of Greek Biography, Cambridge/Mass. 1971, S. 11.

2 Die Herstellung eines Tyrannen: Nero-Bilder in den Quellen

[1] Tac. ann. 1,1
[2] Tac. ann. 16,35
[3] Suet. Nero 22
[4] Suet. Nero 19,3
[5] Suet. Nero 18
[6] Dazu und zum Folgenden Sonnabend, Biografie 172 ff.
[7] Suet. Aug. 9,1
[8] Suet. Caes. 44,4
[9] Suet. Aug. 61,1
[10] Suet. Tib. 42,1
[11] Suet. Nero 40,1
[12] Tac. ann. 15,38 ff.
[13] Dio 61,4 ff.
[14] Cass. Dio 61,5,1–3
[15] Aur. Vict. Caes. 5,2
[16] Aur. Vict. Caes. 5, 4 f.
[17] Aur. Vict. Caes. 20,5
[18] Aur. Vict. Caes. 5,17
[19] Aur. Vict. Caes. 5,17
[20] Aur. Vict. Caes. 13,6

[21] Aur. Vict. Caes. 13,7
[22] Aur. Vict. Caes. 15,3
[23] Aur. Vict. Caes. 3, 9
[24] Aur. Vict. Caes. 20,5
[25] Aur. Vict. Caes. 16,9
[26] Aur. Vict. Caes. 20,22
[27] Aur. Vict. Caes. 20,23
[28] Aur. Vict. Caes. 25,1
[29] Suet. Nero 10,1

3 Der Bezugsrahmen: Die frühe römische Kaiserzeit

[1] Anders M. Clauss, Kaiser und Gott. Herrscherkult im römischen Reich, Stuttgart/Leipzig, 2. Aufl. 2001, S. 98–111
[2] Tac. Ann. 4,40,1

4 Nero wird Kaiser

[1] Suet. Nero 4,5
[2] Plin. nat. 7,46
[3] Suet. Nero 6,3
[4] Tac. Ann. 13,10,1
[5] Suet. Nero 7.1
[6] Suet. Claud. 26,3
[7] Suet. Claud. 44
[8] Tac. Ann. 12,66
[9] Dio 61,34
[10] Juv. Sat. 5,147 f.
[11] Juv. Sat. 6,620–623
[12] Ant. 20,8,1
[13] Suet. Claud. 46
[14] Tac. Ann. 12,69,3
[15] Tac. Ann. 12,68

6 Familie

[1] Tac. Ann. 15,23
[2] Suet. Nero 35,2
[3] Tac. Ann. 14,64
[4] Etwa in der Edition von Th. Thomann, Seneca. Sämtliche Tragödien Bd. 2, 1969

5 Suet. Nero 51
6 Das Geburtsjahr der Poppaea liegt zwischen 30 und 32. Vgl. Kienast 99
7 Dio 62,27,4
8 Tac. Ann. 16,1
9 Suet. Nero 35,3
10 Suet. Oth. 10,2
11 Suet. Nero 39,2
12 Aur. Vict. Caes. 5,13
13 Tac. Ann. 14,1–9
14 Dio 62,13,5
15 Tac. Ann. 14,12
16 Tac. Ann. 14,9,3
17 Tac. Ann. 13,14
18 Tac. Ann. 13,15
19 Dio 61,7,4
20 Suet. Nero 34,1
21 vgl. Suet. Nero 34,1
22 Suet. Nero 34,5
23 Dio 61,17,2

7 Freunde und Helfer

1 Dio 61,4
2 Cass. Dio 61,4,3–4
3 Tac. Ann. 13,2
4 Tac. Ann. 13,2,2
5 Tac. Ann. 12,42,19
6 Tac. Ann. 13,20
7 Tac. Ann.14,7
8 Tac. Ann. 14,7,4
9 Dio 62,13,1
10 Tac. Ann. 14,51
11 Suet. Nero 35,5
12 Tac. Ann. 14,51,1
13 Tac. Hist. 1,72
14 Tac. Ann. 14,52
15 Dio 61,10,3
16 Tac. Ann. 13,42
17 Sen. de beata vita 22,1
18 Tac. Ann. 14,53–56
19 Siehe dazu die Studie von Brinkmann
20 Tac. Ann. 15,64

[21] Sen. de brevitate vitae 1,4
[22] Tac. Ann. 16, 18
[23] Tac. Ann. 16,18
[24] Tac. Ann. 16,18
[25] Tac. Ann. 16,19,2
[26] Tac. Ann. 16,18
[27] Tac. Ann. 14,62
[28] Dio 62,14,3
[29] Tac. Ann. 14,25
[30] Tac. Ann. 14,65; Dio 62,14,3
[31] Suet. Nero 28
[32] Aur. Vict. Caes. 5,16
[33] Oros. 7,7,2
[34] Zon. 11,12
[35] Dio 62,28,2
[36] Instruktiv dazu Champlin 145–150
[37] Dio 63,13,1
[38] Dio 62,28,3
[39] Suet. Nero 28,1
[40] Tac. Ann. 14,2
[41] CIL XV 7835; XI 1414; X 8046,9

8 Der Brand von Rom und die Verfolgung der Christen

[1] Am ausführlichsten ist Tacitus, Ann. 15,38 ff.
[2] Suet. Nero 38
[3] Suet. Nero 38,3
[4] Dio 62,16
[5] Suet. Nero 31
[6] Tac. Ann. 15,43
[7] Dio. 63,29,1; Iuv. 8,221
[8] Dafür wird bei ihm schon Seneca gesorgt haben. Vgl. zu Neros diesbezüglichen Kenntnissen Champlin 84 ff.
[9] Tac. Ann. 15,39
[10] Tac. Ann. 15,44
[11] Dio 62,14,2
[12] Anders M. Clauss, Ein neuer Gott für die alte Welt. Die Geschichte des frühen Christentums, Berlin 2015, S. 78–82
[13] Zu dieser These vgl. die Studie von Baudy

9 Der Künstler

1 Suet. Nero 49,1
2 Suet. Nero 53,1
3 Tac. Ann. 4,40,1
4 Suet. Nero 10,1
5 Dazu Sonnabend, August 14, S. 44 ff.
6 Suet. Aug. 99,1
7 Suet. Nero 20,2
8 Römische Kaisergeschichte, hg. v. B. und A. Demandt, 1992, S. 199
9 Römische Geschichte, 6. Aufl, 1998, S. 333
10 Musica Romana, 1967, S. 333
11 Dio 62,20
12 Suet. Nero 20,3
13 Dio 61,20,5
14 Tac. Ann. 15,34
15 Suet. Nero 20,2
16 CIL IV 3822
17 Tac. Ann. 16,4
18 Suet. Nero 21,2
19 Tac. Ann. 16,4
20 Tac. Ann. 16,4,4
21 Suet. Ner. 21,3
22 Suet. Nero 23,2; Tac. Ann. 16,5
23 Dio 63,10,1a
24 Tac. Ann. 16,5,2
25 Tac. Ann. 16,5,1
26 Tac. Ann. 16,5,2
27 Suet. Nero 21,2
28 Vgl. dazu den Kommentar bei Kierdorf 188
29 Dio 62,21,2
30 Suet. Nero 22

10 Griechenland-Tournee

1 Allgemein zur Funktion und Bedeutung der Kaiserreisen Halfmann passim.
2 Tac. Ann. 15,36; Suet. 19,1
3 Suet. Nero 35,5
4 Suet. Nero 19,1
5 Tac. Ann. 15,36,2
6 Tac. Ann. 15,36
7 Auch in neueren Darstellungen verwenden Nero-Forscher, unter dem Einfluss

eines Tacitus oder Cassius Dio, bei diesen gerne atavistische, auf jeden Fall wenig hilfreiche Bezeichnungen wie „Hofschranzen" (Waldherr 237)

[8] Die angebliche Vision einer zukunftsweisenden „Symbiose zwischen lateinischem Westen und griechischem Osten" wird thematisiert bei Elbern 139 ff., Waldherr 240–242; Malitz (1999) 95

[9] Champlin 54

[10] Dio 63,8,4

[11] Philostratos, Vita Apollonii 4,24

[12] Pseudo-Lukian, Nero

[13] Philostratos, Vita Sophistarum 2,6

[14] Suet. Nero 19

[15] Dio 63,16

[16] Dio 63,16

[17] Oracula Sibyllina 5,32

[18] Paus. 2,1,5

[19] Siehe dazu Halfmann 173–177

[20] Waldherr 241

[21] Dio 63,14,3

[22] Suet. Nero 34,4

[23] Dio 63,21,1

[24] Suet. Nero 23 f.

[25] Suet. Nero 23,3

[26] Dio 63,14,4

[27] Dio 63,9,ff.

[28] Dio 63,11,1

[29] Paus. 10,7,1

[30] Suet. Nero 24,2; Dio 63,14,1

[31] Tac. Ann. 14,14

[32] Suet. Nero 53

[33] Aufschlussreich für die Bedeutung von Wagenrennen im sozialen Koordinaten-netz der Römer ist, wenngleich aus elitärer Perspektive, Plin. Epistulae 9,6.

[34] Siehe Neros Itinerar in dieser Phase Halfmann 173 ff. Zur Datierung Bönisch-Meyer/Witschel S. 88 Anm. 20

[35] Dio 63,11,1

[36] Suet. Nero 24,2

[37] ILS 8794

[38] Plut. Flam. 10

[39] Notiert auch von Plut. Flam. 12,8

[40] Dio 63,19,2

[41] Suet. Nero 23,1

[42] Suet. Nero 25

[43] Suet. Nero 25

[44] Dio 63,20

[45] RIC I² 73; dazu Wolters/Ziegert 53

[46] Dio 62,10,5

[47] Suet. Cal. 47

[48] Dio 63,21

[49] Suet. Nero 25,3

[50] Dio 63,21

[51] Zu ihm und seinem Sohn, einem Senator unter Trajan, S. Mratschek-Halfmann, Divites et praepontes. Reichtum und soziale Stellung in der Literatur der Prinzipatszeit, 1993, S. 93 f.

[52] Dio 63,21,2

11 Nero und die Politik

[1] Dazu insgesamt Bönisch-Meyer/ Witschel, 81–179

[2] Suet. Nero 14–17

[3] Suet. Nero 15,2

[4] Cic. fam. 7,30,1

[5] Tac. Ann. 13,50

[6] Wolters/Ziegert 46 f.

[7] Tac. Ann. 14,17

[8] Tac. Ann. 14,27,1

[9] Suet. Nero 18

[10] Tac. Agr.

[11] Dio 62,12,6

[12] Dio 62,3–6

[13] Tac. Ann. 14,39,1

[14] Jos. Ant. Jud. 3,1,1–3

[15] Jos. Ant. Jud. 3,8,9

[16] Tac. Ann. 15,18,1

[17] Bönisch-Meyer/Witschel 106 f.

[18] Abbildung u. a. bei Susan E. Alcock, Archaeologies of the Greek Past, 2002, S. 92, fig. 2.15

[19] Dio 63,8; auch Plin. nat. 6,184 ff.

[20] Tac. Ann. 15,29

[21] Nero 13,1

[22] Plin. nat. 30,16

[23] Tac. Ann. 15,24

[24] Dio 63,2 ff.

12 Gegner

[1] Suet. Nero 35 ff.
[2] Suet. Nero 37
[3] Tac. Ann. 16,22,2
[4] Tac. Ann. 15,67

13 Der Vorhang fällt

[1] Aur. Vict. Caes. 5, 16
[2] Tac. Ann. 16,1–3
[3] Suet. Nero 31,4
[4] Suet. Nero 42
[5] Suet. Nero 43,1 f.
[6] Dio 63,12,3
[7] Tac. Hist. 1,5,1
[8] Dio 63,27,2
[9] CIL III 14112,2
[10] Suet. Nero 48,2
[11] Dio 63,28,1
[12] Suet. Nero 49,1
[13] Hom. Il. 10, 535

14 Nero lebt

[1] Waldherr 268, dagegen Champlin 29
[2] Suet. Nero 57
[3] Suet. Nero 57,1
[4] Suet. Vit. 11,2
[5] Suet. Nero 57,2
[6] Tac. Hist. 2,8 f.
[7] Dio 66,19,3
[8] Dio 21,10
[9] A. Alföldi, Die Kontorniaten, 1943

15 Bilanz

[1] Bestes Beispiel für diese Sichtweise ist das instruktive und innovative Buch von Champlin

Bibliografie

Quellenausgaben

Die übersetzten Zitate aus den Hauptquellen basieren (in teils überarbeiteter Form) auf den folgenden Editionen:

Aurelius Victor
Die römischen Kaiser. Liber de Caesaribus, hg., übersetzt u. erläutert v. K. Groß-Albenhausen und M. Fuhrmann, Zürich/Düsseldorf 1997

Cassius Dio
Römische Geschichte, übersetzt v. O. Veh, Bd. 5, Zürich/München 1987

Sueton
Die Kaiserviten. De Caesarum, hg. und übersetzt v. H. Martinet, Düsseldorf/Zürich 1997

Tacitus
Annalen, übers. v. C. Hoffmann, München 1954

Forschungsliteratur

D. W. Ball, A Gentler Kind of Beast. Nero's Image in the Greek World, Diss. University of Cincinnati 1993

G. J. Baudy, Die Brände Roms. Ein apokalyptisches Motiv in der antiken Historiographie, Hildesheim/Zürich/New York 1991

S. Bönisch-Meyer/C. Witschel, Das epigraphische Image des Herrschers. Entwicklung, Ausgestaltung und Rezeption der Ansprache des Kaisers in den Inschriften Neros und Domitians, in: Classica Monacensia 46 (2014) S. 81–180

M. Brinkmann, Seneca in den Annalen des Tacitus, Diss. Bonn 2002

E. Champlin, Nero, Cambridge, Mass./London 2003

K. Christ, Geschichte der römischen Kaiserzeit, 5. Aufl. München 2005

M. Clauss, Kaiser und Gott. Herrscherkult im römischen Reich, Stuttgart/Leipzig 2. Aufl. 2001

S. Elbern, Nero. Kaiser, Künstler, Antichrist, Mainz 2010

E. Flaig, Wie Nero die Akzeptanz bei der Plebs urbana verlor. Eine Fallstudie zum politischen Gerücht im Prinzipat, in: Historia 52 (2003), S. 351–372

E. Flaig, Die Imago des Kaisers und das Risiko für seine Akzeptanz. Überlegungen zum Nerobild beim Brand Roms, in: Classica Monacensia 46 (2014) S. 265–282

M. Fuhrmann, Seneca und Kaiser Nero. Eine Biographie, Berlin 1997

M. T. Griffin, Nero. The End of a Dynasty, London 1984

H. Halfmann, Itinera principum. Geschichte und Typologie der Kaiserreisen im Römischen Reich, Stuttgart 1986

K. Heinz, Das Bild Kaiser Neros bei Seneca, Tacitus, Sueton und Cassius Dio, Diss. Bern 1948

W. Jakob-Sonnabend, Untersuchungen zum Nero-Bild der Spätantike, Hildesheim/ Zürich/New York 1990

W. Kierdorf, Sueton: Leben des Claudius und Nero (UTB 1715), Paderborn 1992

T. Kissel, Kaiser zwischen Genie und Wahn. Caligula, Nero, Elagabal, München/Zürich 2006

J. Krüger, Nero. Der römische Kaiser und seine Zeit, Köln/Wien 2012

J. Malitz, Nero, München 1999

J. Malitz, Nero. Der Herrscher als Künstler, in: A. Hartmann/M. Neumann (Hrsg.), Mythen Europas. Schlüsselfiguren der Imagination, Regensburg 2004, S. 145–164

M. Meier, „Qualis artifex pereo". Neros letzte Reise, in: Historische Zeitschrift 286 (2008), S. 561–603

O. Pausch, Kaiser, Künstler, Kitharöde. Das Bild Neros bei Sueton, in: Litora Classica 7 (2013), S. 45–80

C. Ronning, Zwischen ratio und Wahn. Caligula, Claudius und Nero in der altertumswissenschaftlichen Forschung, in: A. Winterling (Hrsg.), Zwischen Strukturgeschichte und Biographie. Probleme und Perspektiven einer römischen Kaisergeschichte (Schriften des Historischen Kollegs 75), München 2011, S. 253–276

V. Schulz, Nero und Domitian bei Cassius Dio. Zwei Tyrannen aus der Sicht des 3. Jh. n. Chr., in: Classica Monacensia 46 (2014), S. 405–436

H. Sonnabend, Geschichte der antiken Biographie, Stuttgart/Weimar 2002

H. Sonnabend, August 14. Der Tod des Kaisers Augustus, Darmstadt 2013

G. Waldherr, Nero. Eine Biografie, Regensburg 2005

B. H. Warmington, Nero. Reality and Legend, London 1969

A. Winterling, Caligula. Eine Biographie, 3. Aufl. München 2004

R. Wolters/M. Ziegert, Umbrüche – Die Reichsprägung Neros und Domitians im Vergleich, in: Classica Monacensia 46 (2014), S. 43–80

Abbildungsnachweis

Register

Namen

Orte